Harvard Business School Press

THE FIRST 90DAYS, Updated and Expanded:
Proven Strategies For Getting Up to Speed Faster and Smarter

ハーバード流 マネジメント講座

90日で成果を出すリーダー

マイケル・ワトキンス 著
伊豆原弓 訳

SE
SHOEISHA

90日で成果を出すリーダー

装幀 戸田ツトム

The First 90 Days, Updated and Expanded:
Proven Strategies for Getting Up to Speed Faster and Smarter
by Michael D. Watkins

Published by arrangement with Harvard Business Review Press, Watertown,
Massachusetts through Tuttle-Mori Agency, Inc., Tokyo

90日で成果を出すリーダー　目次

はじめに　最初の九〇日　xi
キャリア移行能力を身につける　xii
ブレイクイーブンポイントに達する　xiv
移行の落とし穴にはまらない　xv
流れをつくる　xvii
基本原則を理解する　xviii
移行リスクを評価する　xxii
最初の九〇日を計画する　xxiii
早速始めよう　xxvi

第一章　準備をととのえる　1
昇進する　3
新しい会社に溶け込む　8
コラム　文化規範を見きわめる　16
準備をととのえる　17

まとめ …… 25
チェックリスト …… 25

第二章　効率よく学ぶには …… 27

学習の障害を克服する …… 29
学習を投資プロセスと考える …… 32
学習課題を決める …… 33
コラム　過去に関する質問 …… 34
コラム　現在に関する質問 …… 35
コラム　未来に関する質問 …… 36
知識を得るために最高の情報源を見きわめる …… 37
構造化学習法を取り入れる …… 40
コラム　新任リーダーの同化 …… 43
学習計画の作成 …… 46
コラム　学習計画のテンプレート …… 47
支援を得る …… 49
まとめ …… 50
チェックリスト …… 50

第三章　状況に合った戦略を立てる……53
STARSモデルを使う……55
STARSポートフォリオを診断する……61
変革を主導する……63
自己管理……67
成功に報いる……69
まとめ……72
チェックリスト……72
第四章　上司と成功条件を交渉する……75
基本的なことに注意する……78
五つの会話を計画する……81
組織の状況についての会話を計画する……84
上司の期待についての会話を計画する……85
資源についての会話を計画する……89
仕事のスタイルについての会話を計画する……92
自己啓発についての会話を計画する……96
複数の上司と協力する……97

離れて働く …… 98
まとめ――九〇日計画を交渉する …… 98
チームと五つの会話を計画する …… 100
コラム　移行の黄金律 …… 102
チェックリスト …… 102

第五章　初期の成果をあげる …… 105
波をつくる …… 107
目標から始める …… 109
基本原則を使う …… 110
初期の成果を見きわめる …… 113
コラム　かつての同僚の上司になる …… 114
変革を主導する …… 123
予測可能な不意討ちは避ける …… 128
チェックリスト …… 130

第六章　組織のバランスをととのえる …… 133
落とし穴にはまらない …… 135

組織構造を設計する …… 137
アンバランスを診断する …… 140
さあ、漕ぎだそう …… 141
戦略的方向性を定義する …… 143
コラム　SWOTからTOWSへ …… 146
グループの構造を形成する …… 149
コアプロセスのバランスをとる …… 152
グループのスキルベースを開発する …… 157
文化を変えるために構造を変える …… 158
バランスをとってみよう …… 159
チェックリスト …… 159

第七章　理想のチームをつくる …… 161
落とし穴にはまらない …… 163
チームを評価する …… 166
チームを進化させる …… 175
チームのバランスをとる …… 178
コラム　インセンティブの方程式 …… 180

コラム　オフサイト・ミーティング計画のチェックリスト……185
チームを主導する……187
チームを始動させる……194
チェックリスト……195

第八章　味方の輪をつくる……197
影響力の目標を定める……200
影響力の全体を把握する……201
重要人物を理解する……209
相手を動かす戦略を立てる……211
まとめ……218
チェックリスト……218

第九章　自己管理の意味を考える……221
現状を検討する……223
コラム　構造的内省のガイドライン……224
自己管理の三本の柱を理解する……228
軌道を外れないために……238

チェックリスト …… 239
第一〇章　組織全体の移行を速める …… 241
重要な移行を特定する …… 244
失敗が決定づけられているケースを特定する …… 246
既存の移行支援を診断する …… 247
共通の核となるモデルを採用する …… 249
タイムリーに支援する …… 250
構造化プロセスを使う …… 252
移行のタイプに合わせて支援する …… 253
リーダーの階層に合わせて移行を支援する …… 254
コラム　移行コーチングと開発コーチング …… 255
役割をはっきりさせインセンティブのバランスをとる …… 256
ほかの人材管理システムと統合する …… 256
まとめ …… 259
チェックリスト …… 261
謝辞　一〇周年記念版に寄せて …… 263

訳者あとがき …… 269
注 …… 277
索引 …… 280

はじめに　最初の九〇日

アメリカ大統領は、就任から一〇〇日で実力を証明しなければならない。あなたは九〇日だ。新しい任務について最初の数カ月にとった行動で、成功するか失敗するかがほぼ決まる。

新しい任務に失敗すれば、明るい未来への道は断たれてしまうかもしれない。しかし、移行に成功するには、失敗を避ければよいというものではない。リーダーが挫折する場合、必ずといっていいほど、着任から数カ月のうちに生まれた悪循環に原因がある。また、脱落しないまでも潜在能力を十分に発揮できずに終わるリーダーは、完全に失敗するリーダーの何倍もいる。そのせいで、出世して会社の繁栄を支えるチャンスを失っていく。

なぜ移行が重要なのか。一三〇〇人以上の人事担当上級管理者を対象に調査をおこなったところ、約九〇%が「新しいポストへの移行期は、リーダーの職業生活において最も難しい時期である」[1]に同意した。また、約三分の二が、「最初の数カ月の成否は、その職務全般の成否を占う重大な要素である」に同意した。つまり、移行がうまくいかないからといって、必ずしも失敗するわけではないが、成功の見込みははるかに薄くなる。

移行の良い点は、一からスタートして組織に必要な改革に取り組むチャンスを得られることである。しかし、移行期は、仕事上の人間関係が確立されておらず、新しい仕事についても詳しくは理解していないため、きわめて危うい時期でもある。あなたがどのような人間で、リーダーとしてどうなのかを探ろうと周囲の人々が厳しい視線を向ける中で、一歩一歩慎重にマネジメントをおこなう。そうこうするうちにもあなたの能力についての評価が形成され、一度くだされた評価はなかなか変えられない。信用を築いて初期の成果をあげることに成功すれば、流れに乗って残りの在任期間もうまくいく可能性は高い。しかし、早い段階で落とし穴にはまると、そこから先は苦しい戦いになるだろう。

■キャリア移行能力を身につける

ひとつの会社（あるいは二社、三社でも）に長く勤める時代はとうに過ぎた。リーダーは何度も移行を経験するため、短期間で効果的に新しい任務に移行する能力が重要なスキルとなってきた。ジェネシス・アドバイザーズ、ハーバード・ビジネス・レビュー、国際経営開発研究所が共同で実施した五八〇人のリーダーを対象とした調査（以下、「ジェネシス・HBR・IMD調査」という）では、回答者の実務経験は平均一八・二年だった。[2] リーダーは平均で四・一回昇進し、職務分野の異動（営業からマーケティングへの異動など）を一・八回経験し、新しい会社に三・五回入社し、同じ社内の別の事業部門に一・九回移り、離れた土地へ二・二回転勤していた。合計すると、大きな移行がリーダー一人につき一三・五回、つまり一・三年に一回の計算となる。あとで述べるように、これらの移行のいくつかは並行して起きることがある。しかし、明らかに言えるのは、キャリアの成功はすべて任務の成功の連続であり、任務の成功はすべて移行の成功から始まるということだ。

これらのわかりやすい節目のほかに、リーダーたちは隠れた移行を何度も経験している。たとえば、肩書きは変わらないままリーダーの役割と責任が大きく変化したときなどだ。急成長、再編、買収による組織の変化などによって、こうしたことはよくある。隠れた移行が特に危険なこともある。リーダーがそれと気づかなかったり、十分に注意を払わなかったりするからだ。最も危険な移行は、自分でも移行中だと気づかない移行である。

また、リーダーは、周囲のさまざまな人の移行によって影響を受ける。フォーチュン五〇〇企業のマネジャーのうち、毎年平均で約四分の一が職を変えている。[3]そして、一回のリーダーの移行が、上司、同僚、部下、その他のステークホルダーなど、約一二人の業績に実質的な影響を与える。[4]つまり、自分自身が移行中ではなくても、ほかの人の移行を負わされる可能性があるのだ。このことを確かめるため、ごく近くにいる人で、九〇日の移行期間中にある人が何人いるか考えてみよう。その数にきっと驚くはずだ。

問題は、一般的にすぐれたリーダーになる方法については数多くの書物や議論があるのに、リーダーシップとキャリアの移行をうまく速める方法を扱う研究や書物がほとんどないことだ。人々は、ほとんど準備もなく、信頼できる知識や道具による支えもないまま、このきわめて重要な人生の試練を経験するのだ。それこそが、本書が読者に届けようとしているものである。

■ブレイクイーブンポイントに達する

どのような移行でも、リーダーの目標は、できるだけ早くブレイクイーブンポイントに到達することである。これは、あなたが新しい組織に与えてきた価値が、組織から消費してきた価値と同等に達するポイントである。図Ｉ-１に示すように、新任リーダーは最初は消費する価値のほうが大きい。学習して行動をとるようになると、リーダーは価値を創出し始める。ブレイクイーブンポイントから先は、組織に与える価値のほうが大きくなる。

二〇〇社以上のＣＥＯと社長に、一般的な中間層のリーダーが登用または採用されてからブレイクイーブンポイントに達するまでの期間を見積もってもらったところ、平均回答は六・二カ月だった。[5] もちろん、ブレイクイーブンポイントに達するまでの時間には大きなばらつきがある。足元が燃えているような惨状を引き継いだ場合、任命が発表された瞬間から価値を生み出すかもしれない。成功している企業に外部から採用された場合、正味の価値がプラスに転じるまで一年以上かかるかもしれない。しかし、かかる時間はさまざまでも（移行のタイプごとの課題については、あとで詳しく述べる）、目標は同じだ。できるだけ早く、できるだけうまくそこへ到達することであ

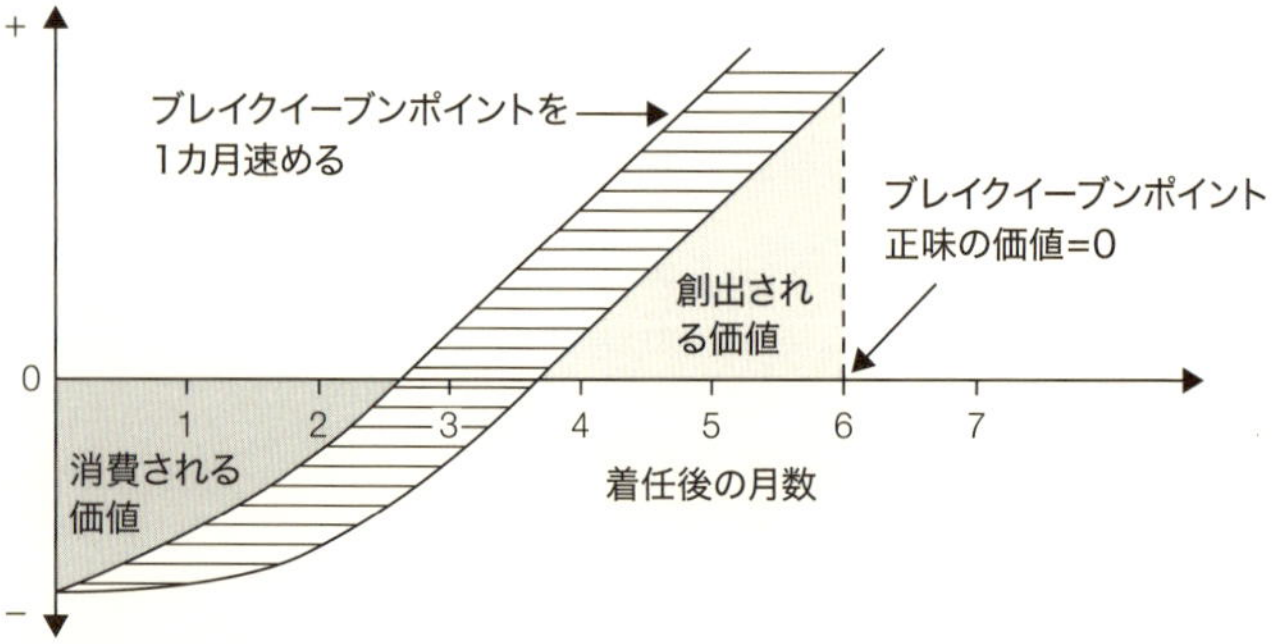

図Ｉ-1　ブレイクイーブンポイント

る。
本書では、組織内の階層に関係なく、ブレイクイーブンポイントに達するまでの期間を大幅に短縮するための青写真を提供する。実際、第三者の調査によれば、本書で説明する原則を厳格に適用すれば、この期間を四〇％も短縮できることがわかっている。[6]

■移行の落とし穴にはまらない

ほとんどのリーダーは、試行錯誤の末にようやく先へ進むという厳しい経験を繰り返す中で、移行について学んできたことだろう。その過程で、自分に合う方法を開発してきたはずだ——少なくとも、これまでは。しかし、ある状況でうまくいった方法がほかの状況でも通用するとはかぎらない。そのことを悟ったときには、もう手遅れかもしれない。そのため、包括的な枠組みに従って移行することが重要になる。さまざまな状況に直面した多くのリーダーの経験をもとに構築された枠組みである。

たとえば、次に掲げるような落とし穴について考えてみよう。これらは、経験豊富なリーダーからの聞き取り調査をもとに、ジェネシス・ＨＢＲ・ＩＭＤ調査のアンケート回答で補足して作成したものである。このリストを読んで、自分自身の経験について考えてほしい。

□自分の知識にこだわる：前職でやったのと同じことを、さらにがんばってやれば、新しい任務でも成功すると考えている。新しい任務で成功するためには、今までやっていたことの一部をやめ、新しい能力を身につける必要があることがわかっていない。

□**「行動強迫症」にとらわれる**：何か行動しなければと考え、組織に足跡を残そうと焦って必死にやろうとする。忙しくて学習するひまもなく、誤った判断をくだして周囲の抵抗をまねく。

□**非現実的な期待をつくる**：自分に与えられる命令について上司と交渉していない、または明確で達成可能な目標を立てていない。たとえ好業績をあげても、上司やほかのステークホルダーの期待に応えていない可能性がある。

□**多くのことをやろうとしすぎる**：あらゆる方向に手を出し、どれか当たるだろうといくつもの取り組みを始める。部下は混乱し、肝心な取り組みに必要最低限の資源を投入できない。

□**最初から「答え」をもっている**：何が「問題」で何が「解決策」なのか、最初から決めつけている、またはさっさと結論を出してしまう。現状を理解するために役立ったはずの人を遠ざけ、適切な解決策に向け支援を構築する機会を失ってしまう。

□**誤った方法で学習する**：ビジネスの技術的な部分の学習に時間を費やしすぎ、新しい職場の文化的、政治的側面の学習に力を入れていない。実際に何が起きているのかを理解するために必要な文化面の見識、人間関係、情報パイプを構築していない。

□**横方向の人間関係を無視している**：上司や部下など、縦方向の人間関係に時間を費やしすぎ、同僚やその他のステークホルダーとの関係に力を入れていない。成功するために何が必要かを十分に理解しておらず、早い段階で味方の輪をつくる機会を失っている。

過去にこのような落とし穴にはまったことはないか。ほかの人がはまったのを見たことはないか。

さらに、自分の新しい任務について考えてみよう。これらの誤りのいずれかを冒す危険はないか。挫折することなくブレイクイーブンポイントに速く到達するには、新しい任務につくときにこれらの落とし穴に注意することだ。

■流れをつくる

これらの落とし穴は、**悪循環**（図Ⅰ-２）に犠牲者を巻き込んでいく。たとえば、最初に正しいことを正しい方法で学ばないと、最初の決定を誤り、それによって信用を傷つける。そして、周囲の人があなたの判断を信用しないため、ますます必要な情報を得ることが難しくなる。最初の計算ミスを埋め合わせるためにエネルギーを消費し、下方スパイラルが定着する。

しかし、悪循環を避けることだけが目標ではない。良い流れをつくり、成功に向けた上方スパイラルを確立する**好循環**を生み出す必要があ

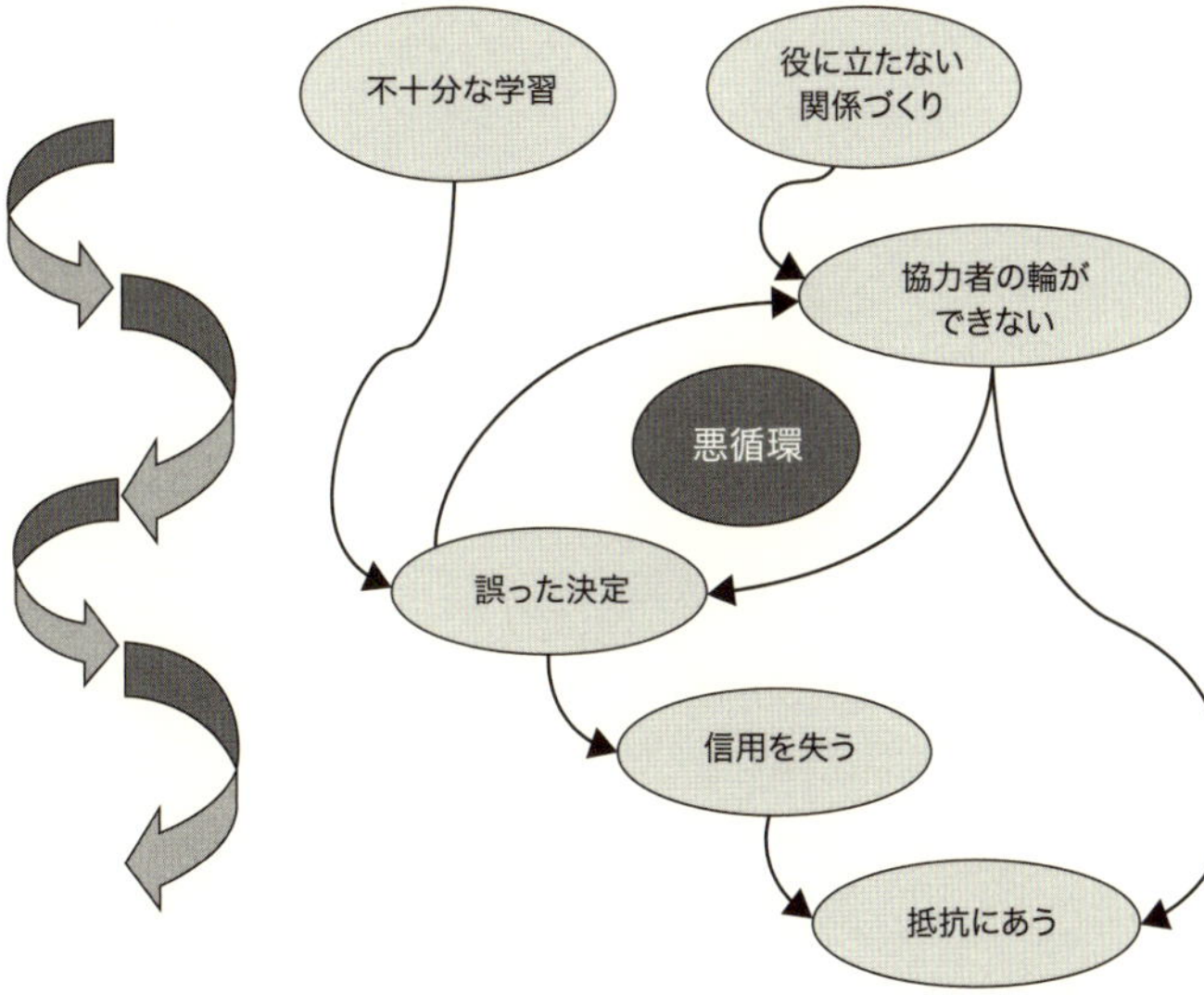

図Ⅰ-2　移行の悪循環

る（図Ⅰ‐3）。たとえば、最初に正しい学習法にもとづく適切な決定をくだせば、リーダーの信用は高まる。周囲の人があなたの判断を信用するようになれば、効率よく学習できるようになり、より難しい問題についても堅実な判断をくだせるようになる。

軌道に乗りリーダーシップを発揮するための最優先目標は、好循環を生み出して弾みをつけ、信用を落とす悪循環にはまらないようにすることだ。リーダーシップとは、結局、いかに影響力をおよぼすかである。所詮、あなたはひとりの人間にすぎない。成功するためには、組織にいる多くの人々のエネルギーを動かす必要がある。適切な行動をとれば、リーダーのビジョン、ノウハウ、活力が推進力を生み出し、組織に種をまくことができる。適切な行動をとらなければ、容易に逃れられない負のフィードバックループに巻き込まれる。

■基本原則を理解する

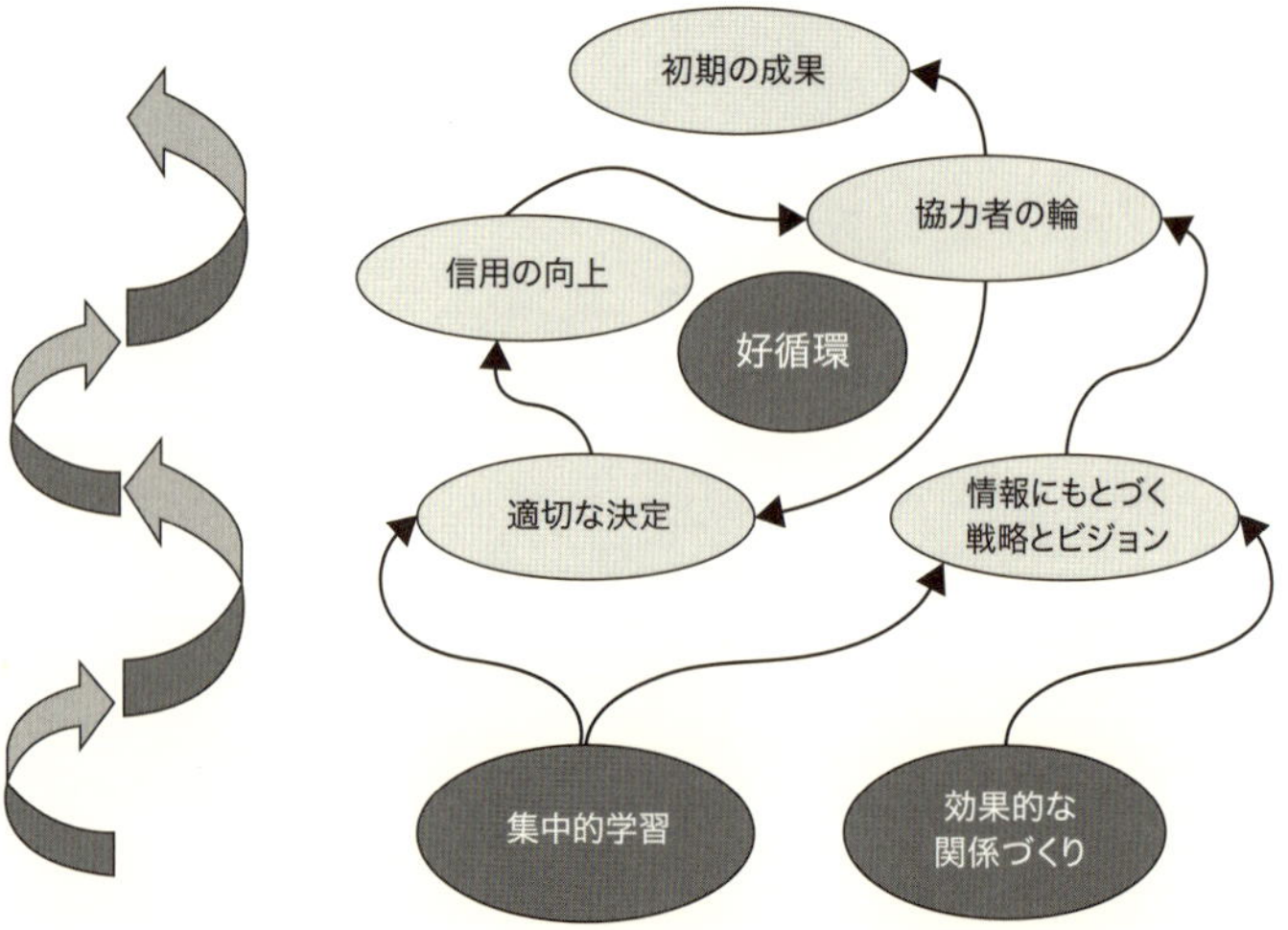

図Ⅰ-3　移行の好循環

移行に失敗する根本原因は、機会も落とし穴もある新しい任務と、強みも弱みもある人間の致命的な相互関係にある。失敗は決して新任リーダーの欠点だけの問題ではない。実際、わたしが調査した失敗経験のあるリーダーは、全員過去にすばらしい成功をおさめていた。また、超人的なリーダーでさえも成功できない勝ち目のない戦いというわけではない。挫折するリーダーのビジネスの状況が、見事に成功するリーダーの状況より厳しいわけではない。移行の失敗は、新任リーダーが重要な状況判断を誤ったり、状況に適応するスキルや柔軟性が足りなかったりしたときに起こる。

さいわい、失敗の可能性を抑え、ブレイクイーブンポイントに速く到達するための体系的な手法がある。移行中のリーダーが直面する具体的なビジネスの状況はさまざまである。しかし、〈立ち上げ〉や〈立て直し〉といったビジネスの移行状況には、それぞれ共通の特徴や要件がある。さらに、あらゆる階層のあらゆる移行で成功を支える基本原則——たとえば、「初期の成果をあげる」など——がある。重要なのは、状況に合った戦略を立てることである。

一〇年以上にわたる研究と実践により、新しい任務への移行は大幅に速められることが実証されている。適切な行動をとれば、急速に流れをつくり、さらに大きな成功へと突き進むことができる。では、そのために必要な作業を紹介しよう。

□**準備をととのえる**：前の仕事から精神的に抜け出し、新しい任務にあたる準備をととのえることを意味する。ここで出会う最大の落とし穴は、これまで成功を支えてきた要因が、次の成功にもつながると思い込むことだろう。現在の知識にこだわり、一生懸命そこへ力をそそぎ、無残に失敗する危険は大いにある。

□**効率よく学ぶ**：新しい組織では、できるだけ速く学習曲線を上る必要がある。これはつまり、市場、製品、技術、システム、構造とともに、組織の文化や政治も理解するということだ。新しい組織について学ぼうとしても、いっぱいいっぱいで消化しきれないこともある。体系的に、何を学習する必要があり、どうすれば最も効率よく学習できるのかを判断することに集中しなければならない。

□**状況に合った戦略を立てる**：どのような方法で移行を計画し、実行するかは、状況に応じて大幅に調整する必要がある。たとえば、新製品、新しいプロセス、新工場、新規事業などの〈立ち上げ〉と、深刻な問題を抱える製品、プロセス、工場の〈立て直し〉では、リーダーが直面する課題はまったく異なる。状況を的確に診断することが、行動計画を作成するうえで必須条件となる。

□**初期の成果をあげる**：初期の成果は、リーダーの信用を高め、流れをつくる。組織にそそいだエネルギーを活かして好循環を生み、何か良いことが起きているという空気を広げることができる。最初の数週間で、個人的な信用を築く機会を見いだす必要がある。最初の九〇日で、価値を創出し業績を高める方法を見きわめ、ブレイクイーブンポイントに速く到達できるようにする必要がある。

□**成功条件を交渉する**：上司との関係は、個々の関係の中では何よりも重要なので、新しい上司と生産的な協力関係を築き、上司に正しい期待をもってもらう方法を見つける必要がある。このために、組織の状況、上司の期待、仕事のスタイル、資源、自己啓発に関する重要な会話を綿密に計画する。九〇日計画を作成して同意を得ることも忘れてはならない。

□**組織のバランスをととのえる**：組織の階層を上るほど、組織の設計者としての役割が大きくなる。

これは、組織の戦略的方向性が健全かどうかを判断し、組織構造と戦略のバランスをとり、自分の戦略的意図を実現するために必要なプロセスとスキルベースを開発するという意味である。

□**チームをつくる：**チームを引き継いだ場合、そのメンバーを評価し、バランスをとり、動かす必要がある。また、状況に応じてニーズに対応できるよう、チームを再編することも必要だろう。移行期とその後の成功につながるとりわけ重要な要因は、最初のうちに厳しい人事の決断をくだす覚悟と、適材適所を選定する能力である。チームづくりの課題に取り組むには、体系的かつ戦略的な方法をとる必要がある。

□**味方の輪をつくる：**リーダーの成功は、指揮命令系統の範囲外の人々に影響を与えられるかどうかにかかっている。目標を達成するには、組織の内外に協力者の輪をつくる必要がある。そこで、早いうちに、成功のために支持を求めたい相手を見きわめることから始め、彼らを味方につける方法を探る必要がある。

□**自己バランスを保つ：**個人の生活も仕事も移行に揺れる中、自分のバランスをとり、適切な判断をくだす能力を保つよう努力しなければならない。移行期間中は、周囲が見えなくなり、孤立して、誤った判断をくだす危険がある。個人的な生活の移行を速め、仕事の環境をコントロールできるようにするためにできることはいろいろとある。適切な助言と忠告のネットワークも欠かせない資源である。

□**組織全体の移行を速める：**最後に、部下、上司、同僚など、組織のすべての人がそれぞれの移行を速められるように協力する必要がある。自分が移行中だということは、彼らも移行中であるということだ。新しい部下が早く軌道に乗ることは、リーダーの業績のためにもなる。そのほかにも、体系的に全員の移行を速めることによる組織への恩恵は計り知れない。

このあとの各章では、啓発的なストーリーと、これら一〇の任務の一つひとつに成功するための実践的なガイドラインやツールを紹介する。組織内の階層やビジネスの状況がどうあれ、状況を診断し、自分のニーズに合った行動計画を策定する方法を学ぶ。その一貫として、新しい任務に早くなじむための九〇日計画を作成する。

■移行リスクを評価する

最初のステップは、これから経験する移行のタイプを診断することである。新しい仕事に向け面接の準備をしているところでも、すでに着任したあとでも、ここが基本原則を適用するための出発点となる。移行のタイプで特に多いのは、昇進と新しい会社への転職である。

しかし、新しい任務につくリーダーのほとんどは、複数の移行を並行して経験する。たとえば、新しい会社への入社と新しい土地への転居、昇進と部門内の任務から部門横断的任務への異動などである。実際、われわれが調査した経営プログラムの参加者は、前回新しい任務についたときに、平均で二・二種類の大きな変化（昇進、新しい会社への入社、事業部門間の異動、離れた土地への転勤など）を同時に経験している。[7]

この複雑さが移行をいっそう難しくし、挫折の危険を大きくしている。そこで、いま経験している移行のタイプを理解し、どの変化を最も難しいと感じるかを知ることが重要である。このための簡単な方法として、表I‐1の「移行リスクの評価」を利用してほしい。

■最初の九〇日を計画する

自分が新しいポストの候補にあがっていると知った瞬間から移行は始まる（移行の主要マイルストーンについては、図I‐4を参照）。いつ終わるかは、状況によって大きく異なる。移行の種類がどうあれ、上司、同僚、部下といった組織の主な人々は、通常は三カ月ほどでリーダーが牽引力を発揮し始めることを期待する。

そこで、計画期間として九〇日という期間を使うことにする。それによって、圧縮された期間内で動く必要に迫られる。運がよければ、自分が候補にあがっていると知ってから実際に就任するまでに多少の猶予があるかもしれない。この時間を利用して、組織について学ぶことから始めるとよい。

準備期間がどれほどであれ、個々のマイルストーンまでに何を達成したいかを計画するところから始める。着任前に数時間でも計画しておけば、大きな効果がある。まず、初日について考えてみよう。その日の終わりまでに何をしたいか。次に、最初の週に移る。それから一カ月目の終わり、二カ月目、最後に三カ月目と続いていく。これらの計画はおおまかなものではあるが、単に計画に着手するだけでも頭の中が整理されるはずだ。

移行に成功するには、最初に、「移行リスクの評価」を使って新しい任務に移行するにあたり直面するリスクを見きわめよう。まず、中央の列で自分の経験する移行のタイプにチェックする。次に、チェックを入れた各項目について、その移行がどれぐらい難しいと感じるかを10段階で評価する。1が非常に簡単、10が非常に難しいである。右の欄の数字を合計したものが、あなたの移行リスク指数（最大100）である。この指数は、課題の大きさを実感し、移行全体の中で最も重点を置くべき具体的要素を認識するためのものである。

移行のタイプ	あてはまるものにチェック	自分にとっての相対的難易度を評価（1-10）
新しい業種または専門への移行		
新しい会社への転職		
社内の新しい部門またはグループへの異動		
上の階層への昇進		
元同僚の上司になる（昇進した場合）		
異なる職務部門への異動 （例：営業からマーケティングへ）		
初めての部門横断的リーダーへの就任		
離れた土地への転勤		
新しい国または民族の文化への移行		
二つの職務の並行 （前の任務の後始末と新しい任務の開始）		
新たに創設された役職 （既存の役職ではなく）への就任		
すでに大きな改革が進んでいる組織への参加		
右の欄の数値を合計し移行リスク指数を計算		

表I-1　移行リスクの評価

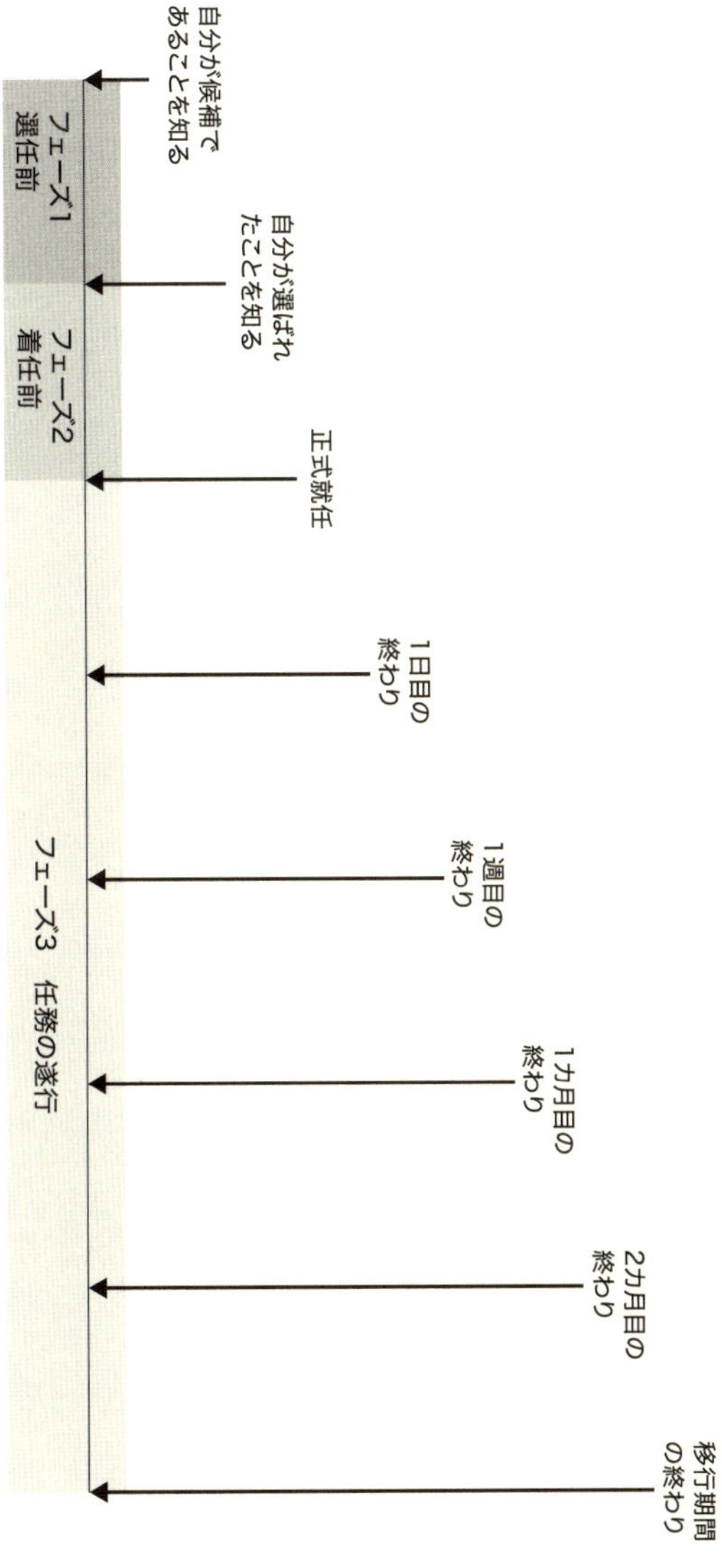

図I-4　移行の主要マイルストーン

■早速始めよう

本書は、初めての管理職からＣＥＯまで、あらゆる階層の新任リーダーに向けたものである。効果的に移行を速めるための基本原則は、あらゆる階層にとって有効である。新任リーダーは誰でも早く新しい組織になじみ、初期の成果をあげ、協力者の輪を築く必要がある。そこで、基本原則をもとに個々の状況に合った計画を立てるためのガイドラインを本書に示す。ぜひ積極的に読み進めながら、個々のポイントが自分の状況に合うかどうかメモをとり、どうしたら本書のアドバイスを自分の状況にあてはめられるかを考えてほしい。

加速のチェックリストとアプリケーション

各章の末尾には、主な学習内容を明確にし、各自の状況に応用するための次のようなリストがある。これは候補になったときに面接に備えるためにも、着任してから移行を速めるためにも利用できる。

アプリケーション（The First 90 Days App）では、さらに詳しいガイドとヒントを提供する。アップルとアンドロイドのアプリストアで入手できる。このアプリでは、移行を速めるための毎日のヒントとツールを用意している。

1　ブレイクイーブンポイントにもっと速く到達するには何が必要か。

2　どのような落とし穴に遭遇する可能性があり、どうしたらそれを避けられるか。

3　新しい任務で好循環を生み出して流れをつくるために何ができるか。
4　あなたが経験しているのはどのタイプの移行か。どれが最も難しいと感じるか。その理由は。
5　あなたの九〇日計画の主要要素とマイルストーンはどのようなものか。

第一章　準備をととのえる

ジュリア・グールドは、大手家電メーカーで八年間マーケティングの仕事をしたのち、重要な新製品開発プロジェクトのリーダーに昇進した。ジュリアのそれまでの実績は華々しいものだった。明晰さと集中力と決断力を評価され、次々と出世の階段をのぼった。会社から将来性ある人材と見込まれ、幹部候補として出世ルートを進むことになったのだ。

ジュリアに与えられた任務は、注目の新製品のプロダクトマネジャーだった。マーケティング、営業、研究開発、製造という多部門の人材で構成されたチームで調整をはかるのが仕事である。目標は、製品の研究開発から生産までを滞りなく進め、すみやかに生産を本格化させ、市場導入プロセスを合理化することである。

ところが、ジュリアは早々に行き詰まった。これまでマーケティングの分野で成功してきたのは、細部にわたって目を配った結果である。権限を駆使して細かく指示を出すやり方に慣れていたジュリアは、人に任せることができず、小さなことまで管理しようとする傾向があった。以前と同じように決定をくだそうとすると、チームメンバーは最初は何も言わなかった。しかし、すぐに二人の主要メンバーが彼女の知識と権限に疑問をぶつけるようになった。傷ついたジュリアは、よく知っている分野に的を絞ることにした。新製品導入のうちマーケティングに関わる部分である。そうしてマーケティングチームをこと細かに管理しようとしたため、メンバーの心は離れてしまった。わずか一カ月半でジュリアはマーケティング部門に戻り、ほかの人がチームを引き継いだ。

ジュリアが失敗したのは、ひとつの職務を優秀にこなす立場から、多部門を統括するプロジェクトリーダーの立場へとうまくステップアップできなかったためである。マーケティングでは成功につながった自分の強みが、直接的な権限も格別な専門知識ももたずにチームを率いていくべき任務についたときに邪魔になる可能性があるとは考えていなかった。やり方を知っていて、自信がありコントロールできることをやり続けた。それが思うような結果を生まなかったことは言うまでもない。過去にしがみつき、新しい任務を心から受け入れなかったために、ジュリアは社内で出世する大きなチャンスを失ってしまった。

前の仕事でやっていたことを、これまで以上にがんばって続ければ、新しい仕事でも成功すると考えるのは間違いである。本人は「わたしのスキルと実績が買われてこの仕事についたのだから、ここでも同じことを期待されているに違いない」と考える。この考えでやり方を知っていることをやれば(そして知らないことを避ければ)、少なくともしばらくはうまくいくように見えるだけに、かえって致命的である。効率よくやっているのだからうまくいくはずだと思い込み、かたくなになりがちである。そう信じているうちに、ある日突然、四方の壁が崩れてくるかもしれない。

ジュリアには、ほかにどんなやり方があっただろうか。もっと新しい役割に向け準備をととのえることに集中すべきだった。準備をととのえるということは、大雑把にいうと、好スタートを切るために過去のことを忘れ、新しい立場で果たすべき責任を受け入れることだ。簡単ではないが、肝心なことである。将来性のあるマネジャーが、必要な変化を正しくとらえて準備をととのえることができなかったために、新しい任務に失敗するのはよくあることだ。

準備をととのえるための第一歩は、これからどのような移行を経験するのかを理解することである。「はじめに」でも述べたさまざまな移行に伴う課題を説明するために、ここでは特に経験することの多い二種類の移行に焦点を絞ることにする。「昇進」と「新しい会社への転職」である。

■昇進する

昇進は、次のレベルに上る意欲と能力があることを、組織の有力者に対し何年も懸命にアピールした結果である。しかし、それはまた新しい旅の始まりでもある。新しい任務ですぐれた業績をあげるには何が必要か、昇進させてくれた人たちの期待を超えるにはどうしたらよいか、さらに大きな目標をめざすためにどのように備えておくべきかを考えなければならない。つまり、昇進とは、乗り越えるべき重要な課題をひととおり新任リーダーに突きつけるものなのだ。

広さと深さのバランスをとる

昇進するたびに任務の範囲は広がり、それまでより幅広い問題や決定を手がけることになる。そのため、新しい任務についたら、一段と高い視点から物事を見続ける必要がある。ジュリアが成功するためには、マーケティングの仕事から、新製品導入に関わるあらゆる問題へと焦点を移すことが必要だった。

また、広い視野をもつことと、細部を掘り下げることのバランスを正しく保たなければならない。これはそう簡単にできることではない。前の任務では概要さえわかればよかったことを、新しい任務では十倍、百倍もの精度でとらえなければならないこともある。

何を人に任せるかを考え直す

昇進するたびに、対処すべき問題はしだいに複雑になり、曖昧になる。そこで、何を人に任せるかを考え直す必要が出てくる。どのような任務についたとしても、うまく仕事を任せるための鍵はほぼ同じだ。信頼できる有能な人材でチームをつくり、目標と、進捗を測るための指標を設定し、全体的な目標をもとに個々の部下に仕事を割り当て、プロセスによって仕事の流れを支える。

しかし、昇進すれば、任せるべき仕事も変化するのが通常だ。たとえば、五人の組織のリーダーであれば、マーケティング資料の作成や特定の顧客への売り込みといった個別の業務を任せるのが適当だろう。五〇人の組織であれば、個別の業務からプロジェクトやプロセスに焦点を移すことになる。五〇〇人の組織ともなれば、個々の製品やプラットフォームに対する権限を委譲する必要も生じてくる。そして五〇〇〇人の組織では、部下たちが事業にまるごと責任を負うことになる。

影響力を変える

世間では、地位が高くなるほど物事がやりやすくなるといわれる。しかし、そうとはかぎらない。矛盾するようだが、昇進するに従い、物事を進めるのに地位の力はさほど意味をもたなくなってくる。たしかに、ジュリアのように、事業を動かす意思決定に影響をおよぼす範囲は広がるが、その際にどのように関わるべきかはまったく違ってくる。意思決定は政治的なものになり、権力より影響力がものをいうようになる。それが良いとか悪いとかいうのではなく、仕方のないことなのだ。

これには主に二つの理由がある。第一に、地位が上がるほど対処すべき問題は複雑になり、曖昧になる。それに従い、データと分析だけで「正しい」答えを見いだせる可能性は低くなる。むしろ、ほかの人の専門的な判断、信頼関係、相互支援のネットワークによって意思決定が形成されるようになる。

第二に、組織内の地位が高くなるほど、周囲の人の能力も高くなり、エゴも強くなる。あなたは能力とやる気を買われて昇進した。まわりの人も同じことだ。だとすれば、地位が上がるにつれ意思決定の駆け引きが熾烈になり、政治的な緊張感をはらんだとしても不思議はない。そこで、うまく味方をつくり、維持していくことが大切になる。

正式な形でコミュニケーションをとる

地位が上がるとよい点は、ビジネスの視野が広がり、ビジネスを築く自由度が高まることだ。悪い点は、第一線から遠ざかり、フィルターのかかった情報を受け取る可能性が高まることだ。それを避けるには、最前線で何が起きているかを常に把握するために新しいコミュニケーション・チャネルを築く必要がある。たとえば、何人かの顧客とこまめに直接連絡をとる方法もあるし、第一線の社員グループと定期的にミーティングを開いてもよいだろう。いずれにしても、指揮命令系統の健全性を損なわないことが重要だ。

また、自分の戦略的意図とビジョンを組織全体に伝えるための新しいチャネルを築く必要もでてくる。これは、個人間や少人数で話し合うのではなく大がかりな対話集会を開いたり、電子的な手段でなるべく多くの人にメッセージを発信したりするというものだ。ビジョンを伝えたり、重要な情報を広めたりするにあたっては、直属の部下の役割が大きくなる。引き継いだチームメンバーのリーダーシップ能力を評価するときには、この点を覚えておくとよい。

正しいあり方を示す

「世界は舞台、人はみな役者」とウィリアム・シェイクスピアは戯曲『お気に召すまま』で語った。昇進による避けられない現実のひとつは、以前よりはるかに注目が集まり、厳しい目にさらされることである。人前で演じる大事な劇の主役になるのだ。プライベートな時間は減り、いつでも正しいリーダーシップのあり方を示さなければならないというプレッシャーが強まる。

そのため、新しい任務で「リーダーシップのあり方」が何を意味するかを早く理解することが重要になる。新たな階層では、リーダーの姿とはどのようなものか。どのようにふるまうのか。新しい任務では、どのようなリーダーシップを自分の特徴としたいのか。どうやってそれを自分のものにするのか。これらは時間をかけて検討するに値する大事な問題である。

これらの昇進の主要課題を表1-1にまとめた。

主要課題の一つひとつに対し、昇進したリーダーが採用すべき戦略がある。

何が本質的に変わるか	リーダーは何をするべきか
影響力の範囲が広がる： 焦点を合わせるべき問題、人、アイデアの範囲が広がる	深さと広さのバランスをとる
複雑さと曖昧さが増す： 変数が増え、結果の不確定性が高まる	思い切って人に任せる
組織内の駆け引きが激しくなる： より強力な関係者と争うことになる	影響力を変える
第一線から遠ざかる： 現場で仕事をする部下との距離が広がるため、コミュニケーションが弱まり、フィルターがかかりやすくなる	正式な形でコミュニケーションをとる
厳しい目にさらされる： 多くの人から高い頻度で行動に注目されるようになる	注目度の変化に応じて調整する

表1-1　昇進の主要課題

■新しい会社に溶け込む

昇進の場合、リーダーは、組織のことは十分知っているが、新しい地位で力を発揮するために必要なふるまいや能力を身につけなければならない。新しい会社に採用された場合、まったく異なる移行上の課題に向き合うことになる。リーダーが新しい会社に加わる場合、水平移動を求められることも多い。ほかの場所で成功したのと同じことをするために採用された場合である。その場合に難しいのは、政治的構造や文化の異なる新しい組織環境に合わせることだ。

例として、急成長中の風力エネルギー会社、エナジクスに入ったデビッド・ジョーンズの経験について考えてみよう。デビッドは、世界的に名高い大手製造会社から引き抜かれた。エンジニアとして教育を受けたデビッドは、研究開発部門で着実に頭角を現し、配電部門の新製品開発担当副社長に登りつめた。リーダー候補の人材が豊富なことで知られる会社で、デビッドはリーダーの役割を学んだ。指揮統制型のリーダーシップを重視する文化があったが、社員は考えを自由に発言することを期待されていたし、実際そうしていた。会社は長年にわたり、TQM、リーン生産方式、シックスシグマなどの工程管理手法を率先して取り入れ、改良してきた。

デビッドが新しい研究開発部長として就任したエナジクスは、典型的な新興企業の移行期を乗り切り、二人から二〇〇人、二〇〇〇人と規模を拡大し、大企業の仲間入りをしようというところにあった。そのため、CEOは、現状を変えなければならないと採用期間中何度もデビッドに話した。CEOは「もっときちんとした枠組みが必要だ。われわれが成功してきたのは、目標を見定めてチームで協力してきたからだ。お互いのことをよく理解し、信頼し合って長いあいだ一緒にやってきた。しかし、もっと体系的なやり方にしなければ、今の規模を活かすことも、維持することもできなくなる」と話していた。そこでデビッドは、自分が最初に取り組むべき大きな仕事は、この研究開発組織の中核となるプロセスを見きわめ、体系化し、改良することだと理解した。持続的な成長の基礎を築くための大切な第一歩である。

デビッドはいつものように意気揚々と新しい仕事に取り組み始めた。まずわかったのは、この会社は社員たちの直感によって動かされてきたということだ。業務上や財務上重要なプロセスは、十分に確立されていないか、されていたとしても十分に管理されていなかった。新製品開発だけとってみても、数十件のプロジェクトで仕様書に不備があったり、中間目標や成果物が厳密に決められていなかったりした。重要プロジェクトのひとつである次世代大型タービンは、予定より一年近く遅れ、大幅に予算をオーバーしていた。最初の二週間が過ぎたころ、デビッドは、エナジクスを一致団結させてきたものは何だったのだろう、あるいは誰だったのだろうと考えた。そして、この会社を次のレベルに引き上げられるという確信をいっそう深めた。

しかし、そこから壁にぶつかり始めた。上級管理者委員会（ＳＭＣ）の会議は、当初からいらだたしかったが、しだいにひどくなってきた。明確な議題をもとに実行可能な決定をくだす秩序立った会議に慣れていたデビッドにとって、委員会のメンバーが議論の際に言葉を濁し、コンセンサス主義で話を進めることが理解しがたかった。特に悩ましいのは、喫緊の問題についてオープンな議論がなく、どうやら裏ルートで決定がなされているらしいことだ。デビッドが微妙な問題や物議をかもしそうな問題をＳＭＣに提起したり、会議でほかの参加者に賛同を迫ったりすると、メンバーは押し黙るか、そのやり方では無理だという理由を並べ立てるかであった。

二カ月が経ち、しびれを切らしたデビッドは、本来自分が雇われた目的に集中することにした。新製品開発プロセスを改良し、会社の成長を支えることである。そのために、研究開発、事業運営、財務の責任者を集め、進め方を話し合うことにした。この会議で、デビッドは、既存のプロセスを詳しく分析し、徹底した改造を実行するチームをつくることを提案した。また、そのために必要な人的資源も説明した。たとえば、事業部門と財務部門から有能な人材をチームに加え、社外コンサルタントに分析の支援を依頼するといった内容だ。

ところが、デビッドは厚い壁に阻まれた。採用期間中にCEOから聞いた話や、自分に与えられたはずの指令を考えると、まさかの事態だった。会議の出席者は話を聞きはしたが、自分や部下をデビッドの計画に加える気はなかった。それどころか、この案が社内のさまざまな部署に影響すること、慎重に運用しないと混乱を起こしかねないことを理由として、計画をSMCに提出するよう勧められた。（あとで知ったことだが、この会議の直後、二人の参加者がCEOのところへ行って懸念を伝えていた。一人は、デビッドが「引っかき回そうと」していると告げた。もうひとりは、「次世代タービンを売り出すのに微妙なバランスを壊さないよう注意する必要があります」と進言した。そして二人とも、「ジョーンズに任せておくことが妥当とは思えません」と断言した。）さらに困ったことに、CEOとの関係も目に見えて冷え込む事態となったのである。

新しい会社への転職は臓器移植に似ている。新しい臓器とはあなたである。新しい環境に適応するときは注意しないと、組織の免疫システムに攻撃され、拒絶されかねない。それがエナジクスのデビッドに起きたことだ。

人事担当の上級管理者に対するアンケート調査によれば、社外から参入することは、社内から昇進するより「はるかに厳しい」という評価が圧倒的である。[1] 社外からの参入者が高い確率で失敗するのは、いくつかの障壁があるからだというが、なかでも挙げられたのは次のようなことである。

□社外から加わったリーダーは、情報やコミュニケーションの非公式なネットワークを熟知していない。

□外部から雇われた人は企業文化に通じていないため、舵取りが難しい。

□新しい人材は組織に知られていないため、社内から昇進した人ほど信用を得られない。

□長年社内の人材を登用してきた組織は、部外者を受け入れにくい場合がある。

これらの障壁を克服して新しい会社への転職に成功するには、オンボーディング（新しい人材を組織になじませ、スムーズに機能させるプロセス）を上手に進めるための四本の柱、「ビジネス志向」「ステークホルダーとのつながり」「期待の理解」「文化への適応」に注意すべきである。

ビジネス志向

ビジネス志向は、オンボーディングの中で最もわかりやすい要素である。これから活動するビジネス環境を早く理解するほど、早く生産的に貢献できるようになる。ビジネスを志向するとは、自分の関わる部分だけでなく、会社全体について学ぶということだ。組織を理解しようとするときは、財務、製品、戦略といったこと以外も広く考えることが大切である。たとえば、役職にかかわらず、販売やマーケティングに直接関わっていなくても、自分たちが支えるブランドや製品について学ぶことは役に立つはずだ。経営モデル、計画・業績評価システム、タレントマネジメントシステムの理解にも努めたほうがいい。これらは、効果的に影響力をおよぼす方法に大きく関わる場合があるからだ。

ステークホルダーとのつながり

できるだけ早く適切な人脈を築くことも肝心である。つまり、重要なステークホルダーを見きわめ、生産的な仕事上の関係を築くことである。デビッドのように、新任リーダーが移行早々から上司や部下のチームなどとの縦の関係づくりに力を入れたくなるのは、当然とはいえ危険なことである。同僚や直接同じ組織には属していない重要人物との横の関係づくりには、あまり時間をかけない人も多い。隣近所と初めて顔を合わせたのは真夜中に火事で焼け出されたときだった、などという事態はごめんこうむりたいはずだ。

期待の理解

自分に期待されていることはわかっていると思っても、新しい会社に正式に入社した時点で、念には念を入れて期待されている役割を確認することだ。なぜなら、入社前に確認した指令、支援、資源などに関する了解事項は、いざ任務についたらそのとおりとはかぎらないからだ。だまされたというわけではない。採用プロセスは恋愛、雇用は結婚のようなものなのだ。デビッドが学んだように、新しく採用されたリーダーは、自分には実際以上に物事を変える自由があると思い込みがちだ。このような誤った想定のもとに行動すると、無用な抵抗をまねき、つまずくことになりかねない。

また、新しい上司以外の主な関係者の期待も理解して考慮することが重要である。たとえば、事業部門で働いているとしたら、本社の財務関連の責任者などだ。その人たちが自分の評価や報酬決定に関わる可能性があればなおさらである。

文化への適応

新しい会社に入ったリーダーにとって最もやっかいな問題は、なじみのない文化に適応することである。デビッドの場合、権限主導でプロセス重視の文化から、コンセンサス主義で人間関係重視の文化へ移行しなければならなかった。

うまく適応するには、全体としてどのような文化があり、自分が加わる組織や部門ではその文化がどのように表れるか（部署によって文化が少しずつ違うかもしれない）を理解する必要がある。これには、新たに発見された文明を研究するために派遣された人類学者になったつもりで取り組んでみるといい。

「文化」とは何か。文化とは、人々が共通の想定と価値観にもとづいてコミュニケーションをとり、思考し、行動するときに従う一貫したパターンの組み合わせである。どのような組織でも、文化は図１－１のように多層で形成されるのが通常である。文化のピラミッドの最上部には、表面的な要素がある。記号、共通の言語など、外部から見て最もわかりやすい要素である。記号には、会社のロゴなどはもちろん、社員の服装、オフィス空間の整理や配分の仕方も含まれる。

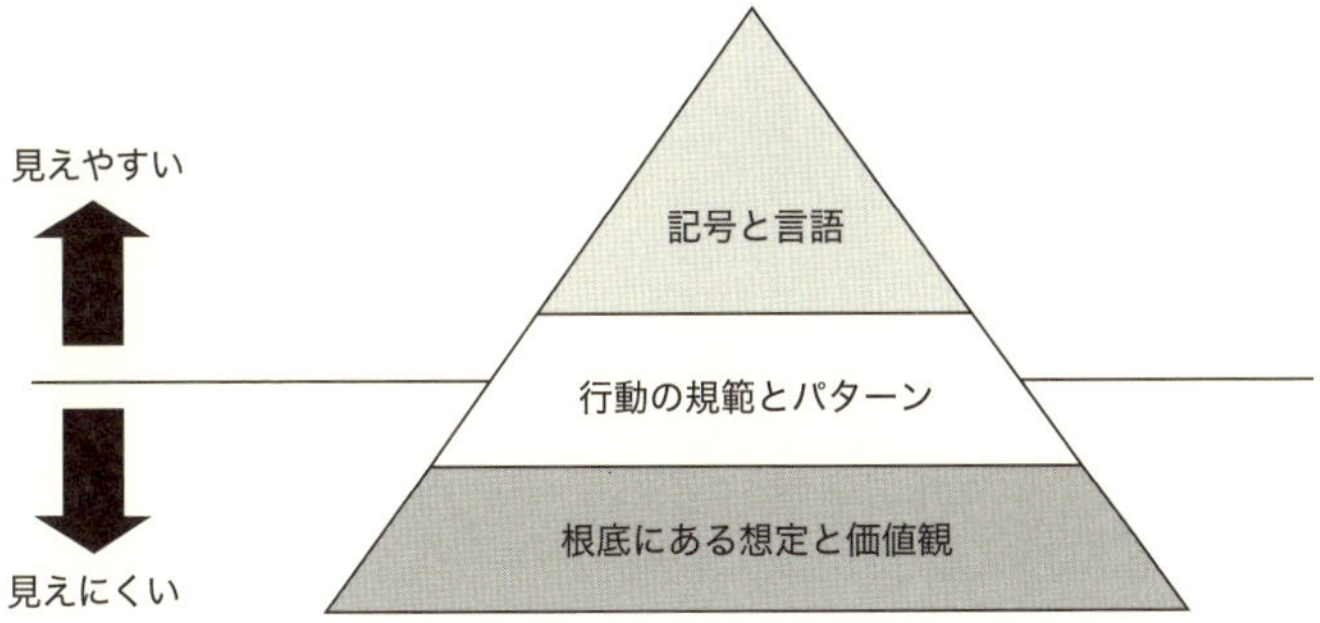

図1-1　文化のピラミッド

また、どのような組織にもたいてい共通の言語がある。たとえば、部署、製品、プロセス、プロジェクトといった会社の各要素を表す長い略語のリストがあったりする。そこで、早いうちから社内の人と同じ言葉で話せるように努力することが肝心である。この層については、新参者が溶け込む方法を考えるのもさほど難しいことではない。文化を変えてやろうという意図を示すつもりでなければ、同じぐらいの階層の人がチェック柄を着なければ自分も着なければよいのだ。

表面の記号や言語の層の下には、やや深くて見えにくい層がある。組織の行動規範や受け入れられている行動パターンの層である。これらの文化的要素には、重要な提案に対しどのように支持を取りつけるか、業績をどのように認めさせるか、会議をどのように見ているか――公に議論する場か、型どおりの集会か――といったことが含まれる（コラム「文化規範を見きわめる」を参照）。これらの規範やパターンは認識しにくく、新しい環境でしばらく過ごして初めてわかる場合も多い。

最後に、すべての文化の根底には、世の中のしくみについて全員が抱いている基本的な想定がある。ピラミッドのほかのすべての要素に浸透し、それらを強化する共通の価値観である。たとえば、地位による権力の配分について、社内では通常どうあるのが正しいと思われているか。新たな任務についた管理職には初日から相当な意思決定の権限が与えられるのか、それとも権限の大きさは年功序列で決まるのか。あるいは、その会社は合意《コンセンサス》によって運営され、説得力の有無がものをいうのか。このような文化の要素は目に見えにくく、明らかになるまで時間がかかることがある。

ビジネスの状況、政治的なつながり、期待、文化について深く理解できれば、組織への適応と組織を変える取り組みをどのようなバランスで並行していけばよいか、はるかに的確にわかるようになるはずだ。新しい組織に溶け込むための四本の柱について、それぞれの問題と対処を表1‐2に示す。

ビジネス志向のチェックリスト
□できるだけ早く、財務、製品、戦略、ブランドに関して公表されている情報を入手する
□そのほかにもウェブサイトやアナリストレポートなどの情報源を見つける
□自分の役職に見合ったことであれば、説明資料の作成を求める
□可能なら、正式就任の前に主要施設の見学を予定する

ステークホルダーとのつながりのチェックリスト
□早いうちに、つながりをもつべき重要人物を上司に尋ね、紹介してもらう
□可能なら、正式就任前に何人かのステークホルダーに会う
□日程を掌握し、早いうちに主なステークホルダーとの会合を予定する
□縦の関係（上司、部下）だけでなく横の関係（同僚など）にも気を配るよう注意する

期待の理解のチェックリスト
□経営計画と業績管理を理解し、それらに対応する
□やるべきことはよくわかっていると思っても、期待される仕事について第1週のうちに上司との話し合いを予定しておく
□なるべく早いうちに、上司や部下と仕事のスタイルについて率直に話し合う

文化への適応のチェックリスト
□採用期間中に組織の文化について質問する
□新しい上司や人事担当者と労働文化について話し合いをもち、定期的にさかのぼって確認する
□組織の中で文化の解説者となってくれる人を探す
□30日経ったら、上司や同僚と非公式の360度評価をおこない、適応がどの程度進んでいるか判断する

表1-2　オンボーディングのチェックリスト

文化規範を見きわめる

次に示す領域は、会社によって文化規範が大きく異なる分野である。新しい環境に移るリーダーは、このチェックリストを利用して、新しい組織では物事がどのように動いているのか見きわめるとよいだろう。

□**影響力**：社員は重要な提案に対する支持をどのように取りつけているか。上層部に支援者を見つけるほうが重要か、同僚や部下から良い考えだと賛同を得るほうが重要か。

□**会議**：会議は厳しい問題について積極的に意見を交わす場か、それともすでに裏でできている合意を公に追認する場にすぎないか。

□**実行**：いざ計画を実行するときがきたら、プロセスを深く理解していることと、適任者を知っていることのどちらが重要か。

□**衝突**：社員は難しい問題について懲罰を恐れず堂々と話すことができるか。それとも衝突を避けたり、もっとひどいと、大変なことになると知りながら下の階層に押しつけたりしているか。

□**評価**：会社はスターを昇進させ、仕事の取り組みを進めるときに声が大きく目立つ人を評価するか。それとも、チームプレーを推奨し、厳然たる態度で、しかし穏健で協力的にチームを率いる人を評価するか。

□**目的か手段か**：結果を出すための方法についてなんらかの制約はあるか。組織に明確な価値観があり、それらが十分に伝えられ、正や負の誘因によって強化されているか。

新しい文化に飛び込む難しさは、リーダーが会社を移るときだけでなく、部門間の異動（インボーディング）や海外への異動にも伴う。いずれの異動の場合も、新任リーダーは新しい労働文化に取り組む必要があるからだ。これらの場合にも、先ほどの基本アプローチに適宜修正を加えて、新しい文化を評価し、適応していけばよい。[2]

■準備をととのえる

移行のためにどのような課題に直面するかを十分に理解したら、それを乗り越えるための準備に集中できる。どうしたら新しい任務の課題に確実に対処できるだろうか。次に述べるように、新しい任務につく準備をととのえるための基本原則に目を向けるとよい。

明確に区切りをつける

配置転換による職務の移行には、はっきりした境界がないことが多い。新しい職務につかされることを事前に知らされることはめったにない。運がよければ二週間ほど猶予があるが、たいていは数日前に知らされる。前の仕事を大急ぎで終わらせようと必死になりながら、新しい仕事も抱え込もうとする。ひどいと、前のポストが埋まるまで両方の仕事を兼任するよう迫られ、境界線はますます曖昧になる。

職務が明確に移行するとはかぎらないだけに、頭の中ではけじめをつけることが重要である。たとえば、ある週末などと時期を決め、その時点で移行することを思い描くとよい。前の仕事を手放し、新しい仕事を受け入れることを意識的に考えるのだ。両者の違いを真剣に考え、これまでと違ってどのように考え、行動するべきかを検討する。内輪でかまわないので、家族や友人と異動を祝う時間をもつ。個人的に相談ができる人と連絡をとり、アドバイスを求める。大事なのは、気持ちのうえで移行期に入るために必要な手続きをとるということだ。

自分の弱点を知る

新しい役職を提示されたのは、あなたを選んだ人物が、あなたには成功する能力があると判断したからだ。しかし、ジュリア・グールドやデビッド・ジョーンズの例のように、過去にうまくいったことに頼りすぎると致命的な結果をまねきかねない。

自分の弱点を見定める方法のひとつは、**問題の嗜好**、すなわち、自分がどのような問題に自然と引きつけられるかを評価することだ。誰にでもやりたいこととそうでもないことがある。ジュリアの嗜好はマーケティングだった。それが財務だという人もいれば、事業運営だという人もいるだろう。人はおそらくこの嗜好に影響され、やりたいことを多くできる仕事を選ぶ。その結果、そのスキルには熟達し、その分野で問題を解決するときに最も能力を発揮できる気がするため、ますます同じことを繰り返す。まるで、右腕ばかり鍛えて左腕を無視するようなものだ。もともと強い腕がますます強くなり、弱いほうは萎縮していく。当然ながら、左右がアンバランスになり、両腕の力に頼らなければならないときに不安定になる。

表1 - 3は、さまざまなビジネスの問題に対する嗜好を評価する簡単なツールである。使い方は、設問の領域で**問題を解決する**ことに対する内的な関心を自己評価し、各欄を埋めていく。たとえば、

左上の欄なら、評価・報奨制度にどの程度取り組んでみたいか自問する。比較の問題ではないので、この関心をほかの関心と比べるといったことはしない。欄ごとに、1（まったく関心がない）から10（とても関心がある）の数字で関心の強さを表す。ここで聞いているのは内的な関心であり、スキルや経験ではないことに注意。表が完成するまで、ページをめくらないこと。

以下の各領域で問題を解決することに対する内的な関心を1～10で評価する。
1：ほとんど関心がない　10：大いに関心がある

評価・報奨制度の考案 ＿＿＿＿	社員の士気 ＿＿＿＿	公平／公正 ＿＿＿＿
財務リスクの管理 ＿＿＿＿	予算作成 ＿＿＿＿	コスト意識 ＿＿＿＿
製品の位置づけ ＿＿＿＿	顧客との関係 ＿＿＿＿	組織としての顧客志向 ＿＿＿＿
製品またはサービスの品質 ＿＿＿＿	流通業者・サプライヤーとの関係 ＿＿＿＿	継続的な改良 ＿＿＿＿
プロジェクトマネジメントシステム ＿＿＿＿	研究開発、マーケティング、業務の各部門間の関係 ＿＿＿＿	部門間協力 ＿＿＿＿

表1-3　問題の嗜好の評価

次に、表1-3でつけたランクを、表1-4の対応する欄に書き写す。そして、三列の縦計と五行の横計を計算する。

縦計は、それぞれ技術的問題、政治的問題、文化的問題への嗜好を表す。**技術的問題**には、戦略、市場、技術、プロセスなどが含まれる。**政治的問題**とは、組織内の権力や政治に関することである。**文化的問題**とは、価値観、規範、指針となる想定などである。

いずれかの縦計がほかの列より明らかに低い場合、そこがあなたの潜在的盲点である。たとえば、技術的関心は高いのに文化的、政治的関心は低いといった場合、組織の各要素のうち人間的側面を見落とす危険があるかもしれない。

横計は、さまざまな職務に対する嗜好を表す。いずれかの行の合計が低い場合、その職務分野の問題に取り組みたくないことを表している。これも潜在的盲点である。

この診断の結果は、次の問いに答えるのに役立つだろう。最も楽しく問題を解決できるのはどの分野か。最も問題解決に乗り気になれないのはどの分野か。その潜在的弱点は新しい任務でどのような意味をもつか。

弱点を補う方法はいくらでもある。三つの基本ツールは、自

	技術	政治	文化	合計
人事				
財務				
マーケティング				
業務				
研究開発				
合計				

表1-4　問題と職務に対する嗜好

己鍛練、チームづくり、助言と忠告である。重要な活動で楽しめないもの、自然にやろうとは思えないものには、あえて時間を割くよう心がける必要がある。そのほか、組織の中でそのような分野のスキルに長けた人物を積極的に探し出せば、支援してもらったり、学んだりすることができる。アドバイザーやカウンセラーのネットワークも、安全地帯から踏み出すための力になる。

強みに用心する

弱点のせいで失敗することはあるが、強みも同じである。アブラハム・マズローの言葉を借りるなら、「金槌を持っている人には、すべての物が釘に見える」[3]のである。これまで成功の源になってきた長所（自分にとっての金槌は何か、明確に自覚しておくことは大事である）が、新しい任務では弱点になるかもしれない。たとえば、ジュリアは細かいことによく気づいた。もちろんこれは強みだが、細部への気配りにはマイナスの面もある。特に、人に任せることができないタイプの場合は危険である。結果として、ジュリアは一番よく知っている分野で部下をこと細かに管理するようになった。この行為が、うるさく監視されずに自分なりに貢献したいと考えていた部下の士気をくじくことになった。

学び方を学び直す

右肩上がりの学習曲線は、久しく経験がないかもしれない。移行中のリーダーは、「自分がいかに無知だったかを突然思い知らされた」と嘆くことが多い。ジュリアのように、特定の職務や分野では優秀だった人が、プロジェクトを率いる立場に立たされるかもしれない。あるいは、デビッドのように、ネットワークも築いておらず、文化もよくわからない会社に転職するかもしれない。いずれにせよ、突然、短期間で多くのことを学ばなければならなくなる。

学び直さなければならないとわかると、長年忘れていた自分の無力さや弱さに対する不安感がわき起こることがある。出だしでつまずいた場合はなおさらだ。まだ自信がなかったころ、人生の岐路に立たされたときと同じ気持ちになるかもしれない。新しい任務について初めのうちは、ひさしぶりにつまずいたり失敗を経験したりするだろう。そのため、無意識のうちに、能力に自信をもてる分野に引きつけられたり、自尊心を強めてくれる人のほうへ近づいたりし始める。

新しい挑戦と、それによって自分の能力不足を思い知らされることへの恐怖は、拒絶と防御の悪循環を生み出すことがある。はっきり言うと、学んで適応する覚悟を決めるか、くじけて落伍するかのどちらかしかない。落伍といってもジュリアのようにたちまち地位を失うか、じわじわと凋落するかはわからないが、いずれにせよ逃れることはできない。効率よく学ぶ方法については次の章で述べるが、拒絶と防御が取り返しのつかない結果をまねくことは間違いない。

学び方を学び直すことはストレスになるかもしれない。そこで、悪夢にうなされたときは、このことを思い出してほしい。新任リーダーはみな同じ気持ちを経験しているのだ。そして、学ばなければならないという事実を受け入れれば、そこを乗り越えることができる。

ネットワークをつくり直す

キャリアの階段をのぼるごとに、必要な助言は変化する。新しい任務に備えるためには、助言と忠告のネットワークを積極的に再構築する必要がある。駆けだしのころには、すぐれた技術アドバイザーを求めることに価値がある。たとえば、マーケティングや財務の専門分野に長けたエキスパートで、仕事を進めるうえで力になってくれる人などだ。しかし、地位が上がるに従い、政治的な忠告や個人的な助言のほうが重要になってくる。政治面のカウンセラーがいれば、組織の政治的構造を理解するのに役立つ。変化を起こそうとするときには、特にこのような理解が重要である。個人的なアドバイザーは、ストレスを受けたときに視点とバランスを保つのを助けてくれる。助言と忠告のネットワークをつくり直すことは容易ではない。今のアドバイザーは親友かもしれないし、自分と同じ専門分野をもつ技術アドバイザーは安心できる存在かもしれない。しかし、一歩引いて、自分の知識や経験の足りない部分や盲点を補うには、どのようなネットワークを築く必要があるかを認識するべきだ。

足を引っぱろうとする人に注意する

意識してかせずか、あなたを昇進させたくないと思う人もいるかもしれない。たとえば、前の上司は、あなたを手放したくないと思っているかもしれない。そこで、異動することがわかったらすぐに、何をどう始末していくことを期待されているか、交渉する必要がある。どの問題やプロジェクトをどこまで処理するか、そして、これが肝心なことだが、何が途中になるかを明確にするということだ。それらを文書にし、上司に送って、認識を同じくしておく。そして、上司との合意を形成する。どこまでできるかは、現実的に考えよう。もっとできるはずだと思うのは当然だが、新しい仕事につく前に学んだり計画したりする時間は何物にも代えがたいと覚えておくべきである。

これまでの仕事仲間が部下になった場合、相手はあなたとの関係を変えたくないと考えるかもしれない。かつての同僚の上司になった場合は、特に難しいだろう。しかし、彼らも変わらねばならないのだから、その状況を早くあなたが受け入れたほうが（そして、ほかの人も受け入れやすいようにしたほうが）良い結果を生むはずだ。社内のほかの人たちは、えこひいきの徴候がないか目を光らせ、それによってあなたを判断する。

かつての同僚を監督する立場に昇進した場合、あなたと競っていた相手は落胆するかもしれない。あなたの邪魔をしようとさえ考えるかもしれない。このようなことは、時が経てばおさまるだろう。しかし、早い時期に自分の威信が試されると考え、彼らには断固たる公正な態度で臨むつもりでいたほうがいい。早いうちに線引きをしなければ、ずっと後悔することになるだろう。まわりの人にあなたの異動を受け入れさせることは、準備をととのえる過程の重要な要素である。問題の人物があなたの新しい役割を受け入れそうにないと判断したら、できるだけ早くその人物を組織から除く方法を考えねばならない。

支援を得る

多くの組織には、リーダーの移行を支援するプログラムやプロセスがある。これらは、潜在能力の高いリーダーの能力開発プログラム（有望なリーダーを幹部候補に育てる）から当面の急務に的をしぼった正式なオンボーディングプロセス（プログラムやコーチング）まで、さまざまである。組織が提供するものはすべて利用したほうがよい。

だが、新しい組織に正式な移行支援制度がなかったとしても、九〇日間の移行計画の作成について人事部や新しい上司にかけ合ってみるべきだ。社内で昇進したのなら、新しい任務の要件を表したコンピテンシー・モデルがあるかどうか確認するとよい（ただし、そこに書かれていることがすべてだとは思わないほうがいい）。外部から雇われた場合、主なステークホルダーを確認して連絡をとったり、文化の解説者になれる人を探したりするために支援を求めるとよい。そのような人は、組織がどのように進化し、変化してきたかを教えてくれる生き字引であることが多い。

■まとめ

新しい任務に備えて準備することは意外に難しい。障壁のいくつかは自分の中にあるかもしれない。少し時間をとって、自分の問題の嗜好を分析し、新しい任務で自分のどこが弱点になるかを真剣に考えてみよう。それらをどう補えばよいだろうか。さらに、今の上司に対する約束など、足かせになりそうな外部要因について考えておこう。どうしたらそのような足かせを避けられるだろうか。

格言を借りるなら、準備は旅路であり、終着駅ではない。新しい地位での本当の課題に向き合い、安全地帯に引きこもらないよう、絶えず努力する必要がある。気楽だが危険な習慣へと後戻りすることは簡単だ。この章とその中の設問を定期的に読み返し、自分は準備をととのえるためにできることはすべてやっているだろうかと自問してほしい。

チェックリスト　準備をととのえる

1　昇進した場合、具体的にどのように広さと深さのバランスをとり、人に任せ、影響力を行使し、コミュニケーションをとり、リーダーシップのあり方を示すべきだろうか。

2　新しい会社に転職する場合、どのようにビジネスを志向し、主なステークホルダーを確認してつながりをもち、期待を明確にし、新しい文化に適応するか。新しい状況に適応することと、それを変えようとすることの間で、適正バランスはどこにあるか。

3　これまで仕事で成功してきた理由は何か。それらの強みだけに頼って、新しい役職でも成功することができるか。できないとしたら、開発すべき重要なスキルは何か。

4　新しい仕事には、成功のためには必要だが、あまり目を向けたくない要素があるか。それはなぜか。潜在的な盲点をどのように補っていけばよいか。

5　精神面で新しい地位へとステップアップするためにはどうしたらよいか。この点について、誰に助言や忠告を求めることができるか。ほかにどのような活動があれば、この点で助けになるか。

第二章　効率よく学ぶには

クリス・ハドリーは、中堅ソフトウェアサービス会社、デュラ・コーポレーションの品質保証部門の責任者だった。クリスの上司は、苦境にあるソフト開発会社、フェニックス・システムズの業務執行副社長になるために会社を辞めることになり、その際クリスに、製品の品質管理・テスト部門の責任者として一緒に来ないかと声をかけた。ステップアップではなかったが、クリスは業績回復の陣頭に立つチャンスに飛びついた。

デュラは世界一流のソフトウェア開発企業だった。クリスは工学部を卒業してすぐにデュラに入社し、品質管理部門で急速に頭角を現した。クリスは高いスキルをもっていた。しかし、最先端の技術がととのい、社員の士気も高い環境で育ってきた。仕事につく前にフェニックスの製品テストグループを訪れたとき、その状況がとうてい基準に満たないことがわかった。クリスはそれを変えようと決意した。それも、一刻も早く。

クリスは着任してすぐ、フェニックスの既存のプロセスは時代後れだと宣言し、業務を一から「デュラ式」に構築し直す必要があると表明した。そして、ただちに業務コンサルタントを連れてきた。コンサルタントは、フェニックスのテスト技術とシステムを「古くさい」、社員のスキルを「未熟」とする痛烈な報告書を提出した。さらに、製品テストプロセスの徹底的な再編と、技術および社員研修への多額の投資を推奨した。クリスはこの情報を部下にも見せ、すぐに勧められたとおりにするつもりだと話し、手始めに製品テストチームを「デュラでやっていたとおり」に再編した。

新しい構造を導入してからわずか一カ月で部門の生産性は急落し、重要な新製品のリリースが遅れるおそれが出てきた。クリスは直属の部下を集め、「一刻も早く問題を解消する」よう促した。しかし、問題は一向に解消せず、部門全体の士気は落ち込んだ。

クリスは、新しい任務についてからわずか二カ月で、上司に「きみのせいでみんなの気持ちが離れてしまっている。きみをここに連れてきたのは品質を高めるためであって、台無しにするためではない」と告げられた。上司はさらに質問を浴びせた。「きみはここの業務について学ぶためにどれだけ時間をかけたんだ。何年も前から投資の拡大を皆が求めていたことは知っていたかね。きみが着任するまで、与えられた資源でどれだけのことをやってきたか、見たことはあるのか。今やっていることをやめて、話を聞くことから始めたまえ」

衝撃を受けたクリスは、配下のマネジャー、リーダー、社員のグループと冷静に話し合った。そして、業務への投資が少ない中で彼らがどれだけ工夫して対処してきたかを知った。また、自分が導入した構造の何がうまくいっていないか、率直な意見を聞いた。クリスは全員ミーティングを招集し、これらの意見をもとに、構造に大幅な修正を加えると発表した。また、その他の変更を行う前に、テスト技術と研修を充実させると約束した。

クリスは何を誤ったのだろうか。彼は多くの新任リーダーと同じく、新しい会社のことを学ぼうとしなかったため、いくつか間違った決定をくだして信用を失ってしまった。

移行に成功するための最初の仕事は、効率よく学習することだ。効果的に学習すれば、これから九〇日間の計画を立てるときに必要な基本的な見識が得られる。新しい会社について何を知るべきかを知り、できるだけ早く学ぶことが重要なのだ。効率的、効果的に学ぶほど、早く弱みを解消できる。潜在的な問題が噴出して収拾がつかなくなる前に、それらを見つけ出すことができる。学習曲線を上るのが速いほど、早くからビジネス上すぐれた判断をくだすことができるようになる。

■学習の障害を克服する

新任リーダーが失敗する場合、たいていは効果的に学習できなかったことが要因にある。移行した当初は、いっぱいいっぱいなのも当然だ。吸収すべきことが多すぎて、どこに焦点を合わせたらよいのかもわからない。次々に情報が押し寄せる中で、重要なシグナルを見落としやすい。あるいは、製品、顧客、技術、戦略といった技術的な面に重点を置きすぎて、文化や政治に関する欠かしてはならない学習をおろそかにしがちである。

こうした問題に加えて、体系的に組織の状態を診断する訓練を受けているマネジャーは驚くほど少ない。そのような訓練を受けたことがある人は、人事の専門家か元経営コンサルタントと決まっている。

関連する問題として、学習計画の失敗があげられる。**学習計画**とは、重要な問題は何か、どうすればそれらに最善の対応ができるかを事前に考えておくことである。新任リーダーで、時間をとって学習の優先順位を体系的に考える人は少ない。まして、新しい任務につくときに明確に学習計画を立てる人はめったにいない。

「学習の障害」、すなわち学ぶことに対して内的な障壁をもっているリーダーもいる。クリスが会社の歴史を理解しようとしなかったことがその例だ。まず「これまでにどのような過程があったのだろう」と問うことは基本である。そうしないと、既存の構造やプロセスがそもそもなぜそこにあるのかを知らずに破壊してしまう危険がある。組織の歴史に対する理解があってこそ、変化が必要だと確かな判断をくだせるのだ。あるいは、あえて現状のままにすべき理由が見つかるかもしれない。

これに関連する学習の障害が、「はじめに」でも述べた行動強迫症である。主症状は、取りつかれたように何か行動しなければと考えることである。すぐれたリーダーは、動（何かをすること）と静（観察し考察すること）のバランスをうまくとることができる。しかし、クリス・ハドリーの例のように、移行期間中に「静」であることは難しい。そして、「動」かなければという圧力は、たいてい外部からの力ではなく、リーダー自身の内から出てくる。それは自信のなさや、そのため自分の力を証明しなければという思いを映している。覚えておくといい。真摯に学びたい、理解したいという気持ちを表すだけで、信用や影響力は高まるものである。

いつも不安が強かったり、忙しくて学習に費やす時間がなかったりする人は、行動強迫症に陥りやすい。これは深刻な事態である。忙しくて学ぶことができないと、魔の悪循環が起こるからだ。クリスのように学習をおろそかにすると、初期の判断を誤って信用を失い、支援者となったかもしれない人々が遠ざかり、大事な情報が自分のところへ届きにくくなるといったことが起きやすい。その結果、さらに誤った判断を繰り返すという悪循環にはまり、取り返しのつかないところまで信用を失墜させかねない。気をつけてほしい。新しい環境に入ったら、最初から決断力をもって行動することが正しいように思うかもしれないし、次の章で述べるように、実際それは正しいことではあるのだが、準備が足りないと本当の問題が見えないおそれもある。

おそらく最悪のケースは、クリスがフェニックスにやってきたときのように、新任リーダーが最初から「答え」をもっている場合である。彼らは組織の問題がどこにあるか、どのように解決すべきか、すでに決めてかかっている。こうしたリーダーたちは、物事が「正しい方法」で進められてきた会社で育っているため、ある組織でうまくいくことが別の組織では無残に失敗するかもしれないことをわかっていない。クリスが思い知らされたように、最初から答えをもっていると深刻なミスを犯しやすく、周囲の人を遠ざけることになりかねない。クリスは、デュラで学んだことをそのまま持ち込めばフェニックスの問題も解決できると考えてしまったのだ。

新しい組織に溶け込もうとするリーダーは、その組織の文化を学び、適応することを重視しなければならない。そうしないと、臓器移植の拒絶反応と同じようなことが起こるおそれがある（新任リーダーが新しい臓器である）。組織の免疫システムを刺激するようなことをして、他人の体として攻撃されてしまう。経営再建のためなど、はっきり新しいやり方を導入するためとして採用された場合でも、新しいアプローチを組織に順応させ、修正して使うためには、やはりその組織の文化と政治について学ぶ必要がある。

■学習を投資プロセスと考える

軌道に乗るまでの努力は投資プロセスであり、貴重な時間や労力は慎重に管理すべき資源である。とすれば、そこから得られるリターンは「アクションにつながる理解」である。**アクションにつながる理解**とは、早く適切な判断をくだせるようになるための知識で、これが身につけば、組織にとっての自分の価値がマイナスからプラスに変わるブレイクイーブンポイントに短期間で到達できる。クリスの場合、次のことを知っていれば、違った行動をとっていただろう。（一）フェニックスではこれまで、現場のマネジャーが懸命にアップグレードを働きかけていたにもかかわらず、上層部が組織的に投資を抑えてきたこと、（二）手持ちの資源を考えれば、事業部は品質と生産性においてすばらしい結果を達成してきたこと、（三）管理者と従業員は、過去の成果に誇りをもってしかるべきであること。

学習における投資収益率を最大化するには、大量の入手可能な情報の中から、効果的、効率的にアクションにつながる理解を抜き出さなければならない。効果的な学習のためには、何を学習すべきかを知り、どこへ向かって努力するかを見定める必要がある。なるべく早いうちに時間をとって学習課題を定め、定期的に見直して修正、補足するとよい。効率的な学習とは、知識を得るのに最高の情報源を見きわめ、最小限の時間を投資して最大限の知識を引き出す方法を考えることである。フェニックスの事業に対するクリスの学習アプローチは、効果的とも効率的とも言えないものだった。

■学習課題を決める

クリスにやり直すチャンスがあったとしたら、どんな方法をとっただろうか。まず、体系的な学習プロセスに従事する計画を立て、情報収集、分析、仮説の設定、検証という好循環を生み出していただろう。

最初は、理想をいえば組織に正式に参加する前に、学習課題を決めることから始める。学習課題は、学習の優先順位、すなわち何を最優先に学ぶ必要があるかを明確にする。これは、集中的な質問によって、追求し検証したいと思う問題や仮説を導く過程である。言うまでもなく、移行期間の学習は反復プロセスである。最初は、学習課題の大部分を質問が占めているが、学習が進むに従い、何がどういう理由で起きているかについて仮説を立てられるようになる。そのうち、それらの仮説を具体化し、検証することが学習の中心となる。

では、最初の方針を決める質問はどのように設定したらよいか。まずは過去、現在、未来に関する質問を作成するとよい（コラム「過去に関する質問」「現在に関する質問」「未来に関する質問」を参照）。なぜ現状のようなやり方になったのか。そうするようになった理由（たとえば、厳しい競争に勝つためなど）は今でも有効なのか。状況が変化し、将来は違った方法が必要なのではないか。次のコラムに、これら三種類の質問の例を示す。

業績

□この組織のこれまでの業績はどうだったか。組織内の社員は、業績がどうだったと考えているか。

□目標はどのように設定されていたか。低すぎた、または高すぎたということはないか。

□内部または外部のベンチマークは使われていたか。

□どのような評価基準を採用していたか。どのような行動を奨励し、どのような行動を抑制していたか。

□目標が達成されなかったときはどうなったか。

根本原因

□業績が良かったとしたら、なぜそうだったのか。

□戦略、構造、システム、人材基盤、文化、政治はどのような割合で寄与していたか。

□業績が悪かったとしたら、なぜそうだったのか。主たる原因は組織の戦略にあったのか。構造にあったのか。技術力にあったのか。文化にあったのか。政治にあったのか。

変化の歴史

□組織を変えるためにどのような努力がおこなわれてきたか。その結果、どうなったか。

□この組織をつくるにあたって力になってきたのは誰か。

■現在に関する質問

ビジョンと戦略

□公式のビジョンと戦略はどのようなものか。
□組織は本当にその戦略を追求しているか。していないとしたら、それはなぜか。しているとしたら、その戦略によって組織は進むべき方向へ進んでいるか。

人

□能力が高い人は誰か、低い人は誰か。
□信頼できる人は誰か、信頼できない人は誰か。
□影響力がある人は誰か、またその理由は。

プロセス

□重要なプロセスはどのようなものか。
□それらのプロセスは、品質、信頼性、適時性において基準を満たしているか。満たしていないとしたら、それはなぜか。

地雷

□水面下の問題が突如噴出して収拾がつかなくなる可能性はないか。
□組織の文化や政治に関して、犯すべきではない重大なミスにはどのようなものがあるか。

初期の成果

□どのような分野（人、関係づくり、プロセス、製品）で初期の成果をあげられるか。

未来に関する質問

課題と機会

□今後一年間で組織が最も厳しい課題に直面しそうなのはどの分野か。それらに備えるために、今何ができるか。

□最も有望な未開拓の機会は何か。その可能性を実現するには、何がどうなればよいか。

障壁と資源

□必要な変化を起こすにあたって最も手ごわい障壁は何か。技術的な障壁か。文化的な障壁か。政治的な障壁か。

□卓越した人材など、質の高い資源を活用できないか。

□どのような新しい能力を開発または獲得する必要があるか。

文化

□文化のどの要素を守るべきか。
□どの要素を変えるべきか。

これらの質問の答えを考えるときには、技術、人間関係、文化、政治に関する学習を適切に配分することも考えるべきである。[1] 技術分野では、なじみのない市場、技術、プロセス、システムに取り組まなければならないかもしれない。人間関係の分野では、上司、同僚、部下のことを知る必要がある。文化の分野では、規範、価値観、期待される行動を知っておかねばならない。これらの点は前の組織と違っていて当然である。同じ会社内で部署を移っただけだとしてもだ。政治の分野では、**影の組織**を理解しなければならない。これは、正規の組織構造の裏に存在する非公式なプロセスや協力関係のことで、実際の仕事の進め方に大きな影響力をもつ。政治の分野は、重要とはいえ理解するのが難しい。組織にいなかった人間からは見えにくく、政治的な地雷を踏んでしまうと、移行期間中に確固たる基盤を築こうと努力してもうまくいかなくなることがあるためだ。

■知識を得るために最高の情報源を見きわめる

学習には、財務報告書や営業報告書、戦略計画や職務計画、従業員調査、報道記事、業界レポートなど、さまざまな「ハード面」のデータを利用できる。しかし、有効な決定をくだすには、組織の戦略、技術力、文化、政治に関する「ソフト面」の情報も必要になる。そのような情報を得られる唯一の方法は、あなたの置かれた状況に関する重要な知識をもっている人と話をすることである。

学習に投資したときに最高の収益を提供してくれるのは誰だろうか。有望な情報源を見いだせば、総合的に効率よく学ぶことができる。組織の内外の重要人物に話を聞くことが大事である（図2-1）。視点の異なる人々と話をすると理解が深まる。特に、外部の現実と内部の認識の間、経営層と第一線の人材の間に立って動くためには役立つはずだ。

外部の情報源の中でもとりわけ重要なのは、次のような人だろう。

□**顧客**：社内・社外の顧客はあなたの組織をどのように見ているか。最高の顧客はあなたの製品やサービスをどのように評価しているか。顧客

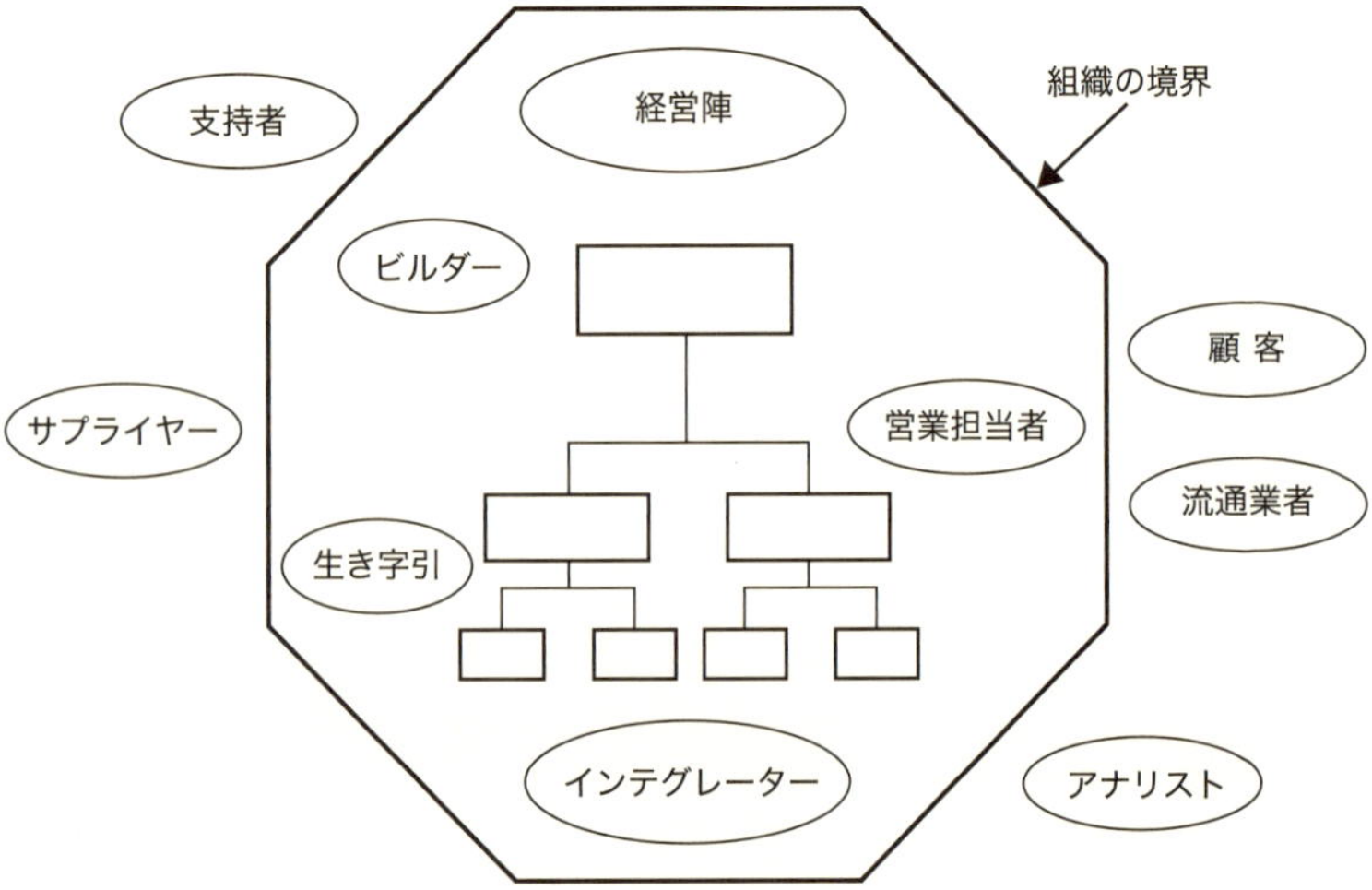

図2-1　情報源

サービスについてはどうか。社外の顧客の場合、あなたの会社は競争相手と比べてどのような位置づけにあるのか。

□**サプライヤー**：サプライヤーは、顧客として見たときの組織の姿を教えてくれる。また、社内の品質管理・顧客満足度管理システムの長所と短所について学ぶことができる。

□**流通業者**：流通業者からは、製品輸送のロジスティクス、顧客サービス、競合他社の慣行と商品について学ぶことができる。流通業者自体の能力も察知できる。

□**外部のアナリスト**：アナリストは、会社の戦略と能力、さらに競合他社の戦略と能力について、きわめて客観的に評価してくれる。また、アナリストは市場の需要や業界全体の景気動向についても広い視点で把握している。

なくてはならない内部の情報源とは、次のような人である。

□**第一線の研究開発および業務担当者**：製品を開発、製造したり、サービスを提供したりする人である。第一線の人材は、組織の基本的なプロセスや、組織と外部の主な関係者の関係を教えてくれる。また、組織のほかの人々が第一線の努力をどのように支えているか、あるいは妨げているかを明らかにしてくれる。

□**営業および調達担当者**：これらの人と顧客サービス担当者、購買担当者は、顧客、流通業者、サプライヤーと直接関わりをもっている。市場の動向や差し迫った変化について最新情報をもっていることも多い。

□**スタッフ：**財務、法務、人事の各業務スタッフの責任者と話をするとよい。これらの人材は、組織内部のしくみについて、専門的ながら有益な見解をもっている。

□**インテグレーター：**インテグレーターとは、プロジェクトマネジャー、プラントマネジャー、プロダクトマネジャーなど部門間の対話を調整、促進する人である。彼らからは、社内の関係がどのように働き、各部門がどのように関わり合っているかを学ぶことができる。社内の真の政治的階層を知り、どこに軋轢があるかを見きわめるのにも役に立つ。

□**生き字引：**古参の生き字引の存在に注意しよう。長年組織とともに歩んできて、自然に組織の歴史を吸収している人物である。このような人からは、会社の神話（組織がこれまでどのような道程をたどり、どのような試練を受けてきたかというストーリー）や、会社の文化と政治のルーツについて学ぶことができる。

組織に新しく入る場合、オンボーディングプロセスを速めるために着任前からできることはたくさんある。採用プロセス以外で最初にできるのは、会社の基本情報や分析、主要人物の略歴、自社ウェブサイト上の情報など、オンラインで入手できる豊富な資料を活用することである。そのほか、できれば現在の社員やかつての社員に接触し、歴史と文化について情報を得ておくことが望ましい。

■構造化学習法を取り入れる

何を学ぶべきか、どこでそれを学べるか――報告書か、知識のある人との会話か、電子的な資料か――がだいたいわかったら、次のステップは、どのように学ぶのが最適かを理解することである。

いきなり人と話し始めるリーダーも多い。この方法でもソフト面の情報はかなり収集できるが、効率的とはいえない。時間がかかるし、体系的な方法ではないため、それぞれの人の意見にどこまで重点を置くべきかがわかりづらいからだ。最初に話した数人（または最後の数人）に偏って影響を受けやすい。また、相手もあなたに影響を与えようと早くから近づいてくるかもしれない。

それよりも、構造化学習プロセスを使うことを考えるとよい。この手法のすぐれた点を示すために、部下と面談してそれぞれの見方を引き出す計画について考えてみよう。これにはどのような方法があるだろうか。ただちに全員を一堂に集めるのは間違いだろう。公の場で自分の意見を述べることを躊躇する人もいるからだ。

そこで、ひとりずつ面談してはどうだろうか。もちろん、この方法にも欠点はある。なんらかの形で面談の順番を決めなければならないからだ。したがって、あとから面談する人は先に面談した人から話を聞き、あなたが何を求めているかをつかもうとする。こうなると、幅広い意見が得られなくなる上、あなたの意図が思わぬ方向へ曲解されるおそれがある。

部下と一対一で面談すると仮定しよう。どのような順番で面談するか。そして、最初の数人の話に影響されすぎないためにはどうしたらよいか。ひとつには、すべての面談で同じ段取りを使うという方法がある。始めに簡単な自己紹介とこの手法についての説明をおこない、続いて相手のことを質問し（経歴、家族、趣味など）、さらに仕事に関する標準的な質問をする。この手法は、回答を比較できるという点で強力である。回答をすべて並べて、一貫している点と矛盾している点を分析できるのだ。この比較によって、比較的オープンに話しているのは誰なのか、ヒントを得ることができる。

新しい組織の診断をするときは、まず、部下と一対一で面談するとよい（これは、異なる部署の同じ階層の社員と面接し、組織を横断的に分析するときに使う手法である）。どの部下にも、基本的に同じ五つの質問を投げかける。

1　組織が直面している（または近い将来直面しそうな）最大の課題は何か。
2　組織はなぜこれらの課題に直面している、または直面しそうなのか。
3　未開拓の成長機会で、最も有望なものは何か。
4　これらの機会を活かすには、組織はどうするべきか。
5　あなたがわたしの立場だったら、特に何に注意を払うか。

これらの五つの質問とあわせて、ていねいに話を聞き、思いやりをもってフォローアップすれば、間違いなくさまざまな見識を引き出せる。クリスがこの手法を使っていたら、何を学んだだろうか。全員に同じ質問をすることで、みなの見方が一致する部分とばらつきのある部分を見きわめ、最初に面談した人、主張の強い人、歯切れのよい人に影響されるのを避けることができる。相手の答え方を見ることで、新しいチームとその政治についても多くのことがわかる。率直に答えているのは誰か、はぐらかそうとしたり話がそれがちだったりするのは誰か。責任ある態度をとるのは誰か、他人の責任にするのは誰か。ビジネスに対して広い視点をもっているのは誰か、井の中の蛙は誰か。

これらの最初の話し合いによる所見、疑問、理解をまとめたら、今度は部下を一堂に集め、自分のもった印象や疑問をフィードバックして討議を促す。それによって討議の内容とチームの力学の両方について学び、同時に、自分が短期間で重要な問題を見定め始めたことを示すことにもなる。

厳密にこのプロセスに従う必要はない。たとえば、社外コンサルタントに組織の診断を依頼し、その結果をグループにフィードバックする方法もある（コラム「新任リーダーの同化」を参照）。社内のまとめ役にプロセスの進行を依頼してもよい。ポイントは、簡単なものでよいので構成――最初に個人面談、次に分析、さらにグループ会合といった段取りを決め、質問事項をメモしておくなど――を組み立てておけば、かなりのスピードでアクションにつながる理解を得られることだ。もちろん、グループによって質問の内容は変わる。たとえば、営業担当者のグループと会合するなら、「お客様が希望するもので、他社にあってわが社にないものは何ですか」などと質問してみるとよい。

新任リーダーの同化

構造化学習法の一例に、ゼネラル・エレクトリックで開発された新任リーダーの同化プロセスがある。このプロセスは、マネジャーが新しい重要な任務につくたびに、移行補佐役がつくというものだ。補佐役はまず新任リーダーと話し合ってプロセスを計画する。次に、リーダーの新しい部下たちに会い、「新しいリーダーについてどういうことが知りたいですか」「自分のどのようなことを知ってほしいですか」「仕事の状況はどうですか」といった質問をする。その結果わかったことを、判断は加えずにそのまま新任リーダーにフィードバックする。プロセスの最後に、補佐役の進行のもと新任リーダーと部下で会合する。

構造化学習法のもうひとつの例は、ＳＷＯＴ（強み＝Strengths、弱み＝Weaknesses、機会＝Opportunities、脅威＝Threats）分析などのフレームワークを利用して診断作業を進める方法である。このようなフレームワークは、上司、同僚、部下などの主なステークホルダーとコミュニケーションをとり、現状について共通の見方をつくる際にも強力なツールとなる。その他の構造化学習法も、状況によっては有効である。表２‐１に掲げた手法の中には、組織におけるリーダーの階層やビジネスの状況によっては、学

適した状況
担当の部署やグループに関する分析があれば、あらゆる階層のマネジャーに役立つ。有益かどうかは、データの収集と分析のきめ細かさによる。調査手法が適切で、データが注意深く収集され、精密に分析されることも前提となる
部門横断的なグループを率いるマネジャーに特に有効である。重大な問題を抱えている部署では、やや低い階層でも役に立つことがある
営業マネジャーやプラントマネジャーなど、同じような職務を遂行する社員が大勢いる部署のマネジャーに特に有益である。上級管理者が主な社員の認識をすばやく理解する方法としても有効である
事業部門やプロジェクトグループの高い階層のマネジャーに特に有益である
複数の専門的な職務を統合しなければならない部門やグループのマネジャーに特に役に立つ。やや低い階層のマネジャーが、プロセス全体の中で自分たちのグループがどのような役割をもつかを理解するためにも有効である
事業部門のマネジャーに最適である
あらゆる階層のマネジャーに有益である。組織内の階層が上がるほど、パイロットプロジェクトの規模とその影響は大きくなる

手法	用途
組織風土・従業員満足度調査	文化と士気についての学習。このような調査を定期的に実施している組織も多いため、既存のデータベースを利用できる可能性がある。既存のものがない場合、社員の認識を定期的に調査することを検討するとよい
組織または部署の断面に対する構造的な面接	機会と問題に対する認識の一致、不一致を確認する。異なる部署の同じ階層の人たち（横断面）に話を聞いても、上から下へ階層を追って（縦断面）話を聞いてもよい。どちらの方向を選ぶにせよ、全員に同じ質問をして、回答の類似点と相違点に注目する
フォーカスグループ	生産現場やサービス担当者の士気問題など、社員の主要グループに影響をおよぼしている問題を調査する。一緒に仕事をしている人たちを集めると、それぞれの関わり方を知り、誰がリーダーシップを示すかを確認することができる。議論を促すことで、お互いに理解が深まる
重要な過去の決定についての分析	意思決定のパターンを知り、誰が権限や影響力をもつかを明らかにする。最近の重要な決定を選び、どのように決められたかを調べる。それぞれの段階で誰が影響力を発揮したか。関係者と話し合い、人々の認識を探り、彼らが何を話し、何を話していないかに注意する
プロセス分析	部門や部署間のやりとりを調べ、プロセスの効率を評価する。顧客や流通業者への製品の納品など重要なプロセスを選び、部門横断的グループを任命してプロセスを図式化させ、ボトルネックや問題を探し出させる
工場・市場視察	製品に近い立場の人から直接学ぶ方法である。工場視察では、生産現場の担当者に非公式な形で出会い、不安な点を聞くことができる。営業スタッフや生産スタッフに会うことは、技術力を評価するのに役立つ。市場見学は顧客に会える機会であり、その発言によって問題や機会が明らかになることがある
パイロットプロジェクト	技術力、文化、政治について深い理解が得られる。このような理解を得ることはパイロットプロジェクトの主目的ではないが、そのような試験的な取り組みに組織やグループがどのような反応を見せるかで、さまざまなことを学べる

表2-1　構造化学習法

習プロセスの効率を高めてくれるものがある。すぐれた新任リーダーは、これらの手法を組み合わせ、状況に応じた学習戦略を立てる。

■学習計画の作成

学習課題は、何を学びたいかを定義する。**学習計画**は、その学習にどのように取り組むかを定義する。つまり、学習目標をもとに、学習を効率よく進めるための具体的な行動計画を立てることであり、知識を得られそうな情報源を見きわめ、体系的な手法を用いる。学習計画は、九〇日の計画全体の中でもとりわけ重要な要素である。実際、あとでわかるように、着任後最初の三〇日間の計画で、学習は最も重視すべき点である（もちろん、非常事態が進行している場合はこのかぎりではない）。

学習計画の中心は、情報を収集し、それを分析して凝縮し、仮説を立てて検証するという学習プロセスで、これを繰り返しながら新しい組織に対する理解をしだいに深めていく。もちろん、具体的にどのような知識を追求するかは状況によって異なる。最初は、ここに掲げるような学習計画のテンプレートを利用してもよい（コラム「学習計画のテンプレート」を参照）。第三章では、さまざまな移行の状況について検討したうえで、いつ何を学ぶべきかというテーマに立ち返る。

学習計画のテンプレート

就任前

□組織の戦略、構造、業績、人材について、わかるかぎりのことを調べる。
□組織の業績に対する外部の評価を探す。知識があって偏りのない人が組織をどのように見ているかを学ぶ。低い階層のマネジャーなら、これから率いるグループと、サプライヤーまたは顧客としてつきあいのある人と話をする。
□元社員、最近退職した人、組織と取り引きしたことのある人など、組織をよく知る外部の観察者を探す。これらの人に、歴史、政治、文化について自由に語ってもらえる質問をする。可能であれば前任者と話をする。
□新しい上司と話す。
□組織のことがわかってきたら、第一印象を書き留め、あとでいくつか仮説を立ててみる。
□着任後に体系的な調査をおこなうため、最初に使う質問を列挙しておく。

就任直後

□詳細な事業計画、業績データ、人事データを検討する。
□部下と一対一で面談し、用意した項目を質問する。人によって見方が異なる点、一致する点や、部下の人となりがわかる。

□内部と外部の主な接点でどのように物事が進んでいるかを評価する。営業、購買、顧客サービスの担当者などが、組織と外部の関係者のつながりをどのように見ているかを聞く。彼らには見えていて、ほかの人には見えていない問題もわかる。

□組織内で戦略が一致しているかどうかをトップダウンで検証する。トップに会社のビジョンと戦略は何かと尋ねる。次に、組織の階層構造のどこまでその考えが浸透しているかを確かめる。前任のリーダーが、ビジョンと戦略をどこまで組織に行き渡らせていたかがわかる。

□課題と機会に対する意識をボトムアップで検証する。まず、第一線の社員に会社の課題と機会についてどう思うかと尋ねる。次に、階層をのぼりながら質問する。トップの人間が組織の脈動をどれだけつかんでいるかがわかる。

□新しい情報をもとに質問内容と仮説を修正する。

□上司に会って自分の仮説と発見について話し合う。

最初の一カ月が経過するまで

□チームを集め、現時点で気づいたことをフィードバックする。自分の見解に対する賛否を引き出し、グループとその力学についてさらに詳しく学ぶ。

□外部と内部の主な接点を分析する。外部の人々（サプライヤー、顧客、流通業者など）が組織をどう見ているか、組織の強みと弱点をどう考えているかを学ぶ。

□主なプロセスをいくつか分析する。担当グループの代表者を集め、選択したプロセスを詳細に分析し、評価する。生産性、品質、信頼性について学ぶ。
□主なインテグレーターと会う。部門間の接点でどのように物事が進むかを学ぶ。彼らが気づいていて、ほかの人が気づいていない問題は何か。生き字引を探し出す。そのような人物は、組織の歴史、文化、政治について詳しく教えてくれるだけでなく、味方になったり、強い影響力をもったりする可能性がある。
□新しい情報をもとに質問内容と仮説を修正する。
□上司に会って自分の見解について再び話し合う。

■支援を得る

効率よく学ぶためには、リーダーである自分自身の責任が最も大きい。しかし、多くの関係者の支援があれば、学習プロセスははるかに楽なものになる。上司、同僚、そして部下でさえも、学習のための大きな力になりうる。しかし、彼らの支援を得るためには、自分が何をしようとしているのか、どのような協力がありえるかを明確にする必要がある。重要なことは、まず進んで助けを求めること、自分は新しい職場にやってきた瞬間から何もかも知っていて、すべてを掌握するべきだなどと思わないことである。

特に新しい組織に加わったリーダーにとっては、学習を支援してもらうことが重要である。これは、社外から雇われた場合（オンボーディング）でも、社内で部署を異動した場合（インボーディング。前に述べたように、その難しさは社外から雇われる場合の約七〇％）でも同じことだ。いずれにしても、これまでと違った文化に飛び込むことになり、過去にもっていた政治的つながりはなくなる。新しい組織に効果的なオンボーディングシステムがあれば、文化を理解し、主なステークホルダーを確認してつながりをもつプロセスを速めることができるはずだ。システムがなければ、このような支援を求めるべきである。

■まとめ

深く学ぶに従い、学習の優先順位と戦略が変化するのは当然である。新しい上司と対話したり、どこで初期の成果をあげるか考えたり、協力者の輪を築いたりするようになったら、新たに得た知識を加えることが重要になる。そこで、定期的にこの章に立ち返り、学習課題を見直して新しい学習計画を作成してほしい。

チェックリスト　効率よく学ぶには

1　新しい組織について効果的に学習しているか。行動強迫症に陥るときはあるか。最初から「答え」を決めてかかることはないか。そのようなことがあるとすれば、どうやってそれを避けるか。

2　どのような学習課題があるか。現在わかっていることをもとに、最初の問題を導く質問リストを作成してみよう。現在の状況についてすでに仮説を立て始めている場合、それはどのような仮説で、どのように検証していくのか。

3　答えを求めている質問に関して、最も役に立つ知識を与えてくれそうな人は誰か。

4　どうしたら学習プロセスの効率を高められるか。投資する時間とエネルギーに対して、より多くの知識を体系的に引き出すにはどうすればよいか。

5　効率よく学習するために、どのような支援が得られ、どうすればそれを最大限に活かせるか。

6　これらの質問に対する答えをもとに、自分の学習計画をつくってみよう。

カール・レビンが熟知していることがあるとしたら、それは難局を切り抜ける方法である。実際、多国籍消費財メーカーのグローバル・フーズで、欧州製造事業を短期間で立て直すことに成功している。しかし、社内の新しい任務でも同じような手法が有効だという確信はなかった。

カールはドイツ出身の猛烈タイプの管理者である。ヨーロッパでは、買収による成長に偏りすぎ、さらに国ごとに事業を切り分けて機会を見逃してきたせいで傾いた組織を再建するために、断固たる行動をとってきた。一年で、最も重要な製造支援機能を集中化し、効率の低い四つの工場を閉鎖し、生産の大部分を東欧に移した。これらの改革は痛みを伴うものだったが、一八カ月が過ぎるころには実を結び始め、営業効率は大幅に改善した。

しかし、これでめでたしめでたしではすまない。ヨーロッパで成功したことで、カールは会社の中核であるニュージャージー本社の北米事業で、サプライチェーン担当執行副社長に任命された。今度の仕事は前のものよりはるかに規模が大きく、製造と戦略的ソーシング、アウトバウンド物流、顧客サービスを結ぶものである。

ヨーロッパの場合と異なり、北米事業は当面の危機に瀕しているわけではなかった。カールにしてみれば、それが問題の本質だった。組織の長期的な成功には、最近になってかげりが見え始めた。業界ベンチマーク調査によると、前年度の製造事業の業績は、全体的な効率では平均をわずかに下回り、決定的に重要な納期厳守による顧客満足度は下から三分の一に入っていた。たしかにさえない業績ではあるが、すぐに「立て直しを」と騒ぐほどでもなかった。

一方、カールが見たところ、深刻な問題が醸成されつつあった。この事業部門には火事場中毒的なところがあった。マネジャーたちは、問題を未然に防ぐより、緊急事態にうまく対応できることに満足感をおぼえていた。カールには、大きな問題が起こるのは時間の問題だと思われた。さらに、経営陣は重要な決定をくだすのに直感に頼りすぎ、情報システムは適切な客観的データを十分に提供していなかった。これらの欠陥のせいで、会社の将来に対する根拠のない楽観論が広がっているように思われた。

正しくリーダーシップをとるには、自分たちの置かれた状況を把握し、それをもとに何をどのようにすべきかをよく理解しなければならない。最初に、カールのようなリーダーは二つの基本的な質問に対する答えを求める必要がある。ひとつは、「自分はどのような変革を指揮するために呼ばれたのか」である。この質問に答えなければ、状況に合った戦略を立てることはできない。二番目の質問は、「自分はどのような変革リーダーか」である。この答えによって、リーダーシップのスタイルをどのように調整すべきかが決まる。ビジネスの状況を注意深く診断することで、課題と機会と利用できる資源が明らかになる。

■STARSモデルを使う

STARSとは、新任リーダーが直面する可能性のある五つのよくあるビジネス状況の頭文字を組み合わせた用語である。その五つとは次のようなものだ。

□立ち上げ：Start-up
□立て直し：Turnaround
□急成長：Accelerated growth
□軌道修正：Realignment
□成功の持続：Sustaining success

STARSモデルは、新規事業の立ち上げ、事業の立て直し、急拡大への対応、深刻な問題に直面しているかつての一流事業の再編、好業績をあげて次の段階へ進もうとする組織の継承という五つの状況の特徴と課題を表している。

STARSで示されている五つの状況は、いずれも最終目標はビジネスの成功と成長である。しかし、表3-1にまとめたように、どの状況に置かれているかによって、課題と機会は異なることが予測できる。

ＳＴＡＲＳの五つの状況における決定的な特徴とは何だろうか。〈**立ち上げ**〉の場合、新しい事業、製品、プロジェクト、関係を軌道に乗せるための力（人材の能力、資金力、技術力）を結集することがリーダーの仕事である。そのため、チームメンバーを採用し、中心になって課題を設定し、ビジネス構造

軌道修正	成功の持続
過去に成功して現在問題を抱えている組織を再編する	成功している組織の活力を保ちながら次のレベルへ引き上げる
課題 ・社員に改革が必要だと納得させる ・幹部チームを注意深く再編し、組織としての重点項目を見直す	**課題** ・前任者の影を感じながら前任者がつくったチームを管理する ・新しい取り組みをいくつも始める前に、十分に守りを固める ・事業を次のレベルへ引き上げる方法を見いだす
機会 ・組織には潜在的な強みが十分にある ・社員は、自分たちは成功していると思い続けたい	**機会** ・すでに強力なチームが存在する可能性がある ・社員には、これまでどおりの成功を続けたいという意欲がある ・成功を持続する基礎（長い製品パイプラインなど）ができている可能性がある

立ち上げ	立て直し	急成長
能力（人材、資金力、技術力）を結集し、新事業や取り組みを一から始める **課題** ・明確な枠組みも境界もなく、一から戦略、構造、システムを構築する ・優秀なチームを採用し、ひとつにまとめる ・限られた資源で対処する **機会** ・まっさらな状態から始めることができる ・さまざまな可能性が社員に活力を与える ・堅苦しい先入観にとらわれない	深刻な状況にあると広く認められている事業やプロジェクトを救う **課題** ・やる気を失った社員やその他のステークホルダーに活力を取り戻す ・時間的プレッシャーのもとで効果的な決定をくだす ・苦渋の削減策や厳しい人事選択を徹底しておこなう **機会** ・改革が必要だと誰もが認識している ・関係者が外部から重要なサポートを提供してくれる ・わずかな成功が大きな効果をもたらす	急成長中の事業を運営する **課題** ・規模拡大に対応できる構造とシステムを導入する ・多数の新入社員を統合する **機会** ・成長の可能性は社員の士気を高める ・社員が自分自身と自分の部下の力を出しきりたいと考える

表3-1　STARSモデル

を構築するなど、組織を一から作り上げていくことができる。立ち上げ事業の参加者は、問題を抱え危機に瀕したグループのメンバーより活気があり希望をもっている可能性が高い。しかし、立て直し中の事業に比べ、重要な問題に対し社員の視点が定まらないことが多い。組織のエネルギーの行方を導くビジョン、戦略、構造、システムといったものがまだないからである。

〈立て直し〉の場合、きわめて困難な状況にあると認識されている部門やグループを引き継ぎ、立ち直らせるために働く。〈立て直し〉はまさに足元が燃えている状態で、迅速に断固たる行動が求められる。ほとんどの人は、大がかりな変革が必要だと理解してはいるが、何をすべきかという話になると足並みがそろわず、大きく意見がくい違うこともある。〈立て直し〉は「構え・撃て・狙え」の順に進めるしかない。十分な知識もないまま次々に難しい判断をくだし、あとで学習してから調整していかざるをえない。これに対し、**〈軌道修正〉**は（〈成功の持続〉も）「構え・狙え・撃て」に近い状況である。傾きかけた事業を立て直すには、安定した中核以外の部分を迅速に削ぎ落とし、再建を始める必要がある。この苦しいプロセスが成功すれば、ビジネスは成功の持続する状況になる。〈立て直し〉の努力が失敗すると、事業の廃止や売却といった結果になることもある。

〈急成長〉の状況は、会社が軌道に乗り始め、規模拡大の厳しい取り組みが始まったところである。通常は、事業（あるいはプロジェクト、製品、関係）を急拡大するために必要な構造、プロセス、システムを投入することになる。また、多数の人材を採用し、これまで会社の成功を支えてきた文化にスムーズに溶け込ませることも必要だろう。あまりにも急速に拡大しすぎると、リスクが大きいことは言うまでもない。

〈立ち上げ〉〈立て直し〉〈急成長〉の状況には、多くの資源を消費する構築作業が伴う。土台となるような既存のインフラや能力はわずかである。新任リーダーはまっさらな状態から、あるいは〈急成長〉の場合、堅固な土台ができた状態から着手することになる。これに対し、〈軌道修正〉と〈成功の持続〉の場合、組織には最初から大きな強みがあるが、新任リーダーにできることは大きく制約される。さいわい、これら二つの状況では、通常は重要な決断を迫られるまでに時間的余裕がある。協力者の輪を築く前に文化や政治について十分に学ぶ必要があるため、時間があるのは良いことだ。

社内に自己満足が蔓延したり、重要な能力が失われたり、外部に難事が生じたりすると、成功していた事業が徐々に困難な状況に陥ることがある。〈軌道修正〉では、危険な方向へ向かっている部門、製品、プロセス、プロジェクトをよみがえらせることがリーダーの任務である。遠くに黒雲が見え始めているが、まだ嵐にはなっていない状態、そして多くの人には雲さえ見えない状態である。このとき最大の課題は、切迫感を生み出すことである。強い拒絶反応があるかもしれないが、リーダーは、問題がまさに存在するという事実に人々の目を開かせなければならない。これがカールが北米事業で直面した状況である。この場合にさいわいなのは、少なくとも組織に大きな強み（すぐれた製品、顧客との関係、プロセス、人材など）がいくつかあると考えられることだ。

〈成功の持続〉では、成功している組織の活力を保ちながら次のレベルへ引き上げることがリーダーの責務である。これは断じて、組織が現在の成功に甘んじていてよいという意味ではない。ビジネスが成功してきた要因を根本から理解し、きたるべき挑戦に対応できる態勢をとって、今後も成長と成功を続けられるようにする必要があるということだ。実際、成長を持続させるための鍵は、絶えずビジネスの諸要素を立ち上げ、成長させ、軌道修正することにあるといってもよい。

ここで重要な点として、移行に成功するかどうかは、組織に広がっている心理をしかるべき方向へ向けられるかどうかに大いに左右される。〈立ち上げ〉の場合、混沌とした興奮状態が支配していることが多く、リーダーの仕事は、時には何をすべきでないかを決断しながら、そのエネルギーを生産的な方向へ向けることである。〈立て直し〉の場合、社員が希望を失っていることがある。彼らに前へ進むための具体的な計画を提示し、状況が良くなるという確信を与えるのがリーダーの仕事である。〈急成長〉の場合、組織にはしっかりした枠組みが必要だということを社員に理解させ、決められたプロセスやシステムの中で仕事をさせる必要がある。〈軌道修正〉の場合、改革の必要性に向き合おうとしない人々の心理的な壁に風穴をあける必要があるだろう。〈成功の持続〉の場合、挑戦を生み出すために、社員の士気を保ち、自己満足と戦い、組織としても個人としても新たな成長の方向性を見いだす方法を探らなければならない。

組織がこれまでどのような状態にあり、どのような道をたどってきたかを理解しなければ、これからどこへ向かうかを決めることはできない。たとえば、カールの置かれた〈軌道修正〉の状況では、組織がこれまで成功してきた要因は何か、しだいに苦境に向かっている理由は何かを理解することが重要だ。状況を理解するには、歴史家のまねごとをする必要がある。

大規模なビジネスのリーダーでなくても、STARSモデルを使って目前の課題を理解することは可能だろうか。もちろんである。組織内の階層にかかわらず応用は可能である。〈立ち上げ〉の状況に立たされているのは、会社をまるごと引き継いだ新任CEOかもしれない。あるいは、新しい生産ラインを管理する第一線の管理者、新製品を発売するブランドマネジャー、新製品開発プロジェクトを担当する研究開発チームのリーダー、新会社のソフトウェアシステム導入を担当するITマネジャーかもしれない。これらの状況には〈立ち上げ〉の特徴があてはまる。同様に、〈立て直し〉〈急成長〉

〈軌道修正〉〈成功の持続〉も、大企業であれ中小企業であれ、あらゆる階層に起こりうる状況である。

■STARSポートフォリオを診断する

現実には、〈立ち上げ〉〈立て直し〉〈急成長〉〈軌道修正〉〈成功の持続〉の状況にぴたりとあてはまるケースは多くはない。状況をおおまかに見れば、この分類のいずれかに概ねあてはまるかもしれない。しかし、細かく見ていくと、実際にはＳＴＡＲＳの複数の状況が混在する製品、プロジェクト、プロセス、工場、人材のポートフォリオを管理しているのだと気づくに違いない。たとえば、複数の製品が当たって徐々に成長している組織を引き継ぎ、その中のあるグループが新技術をベースとした製品ラインを発売しようとしている状況かもしれない。また、ある会社の立て直しに取り組むことになり、その会社には業績のすぐれた最先端の工場が二つあるかもしれない。

ＳＴＡＲＳモデルを応用する次のステップは、ＳＴＡＲＳポートフォリオの診断である。新しい組織のどの部分が、五つのうちどの状況にあてはまるかを判断しなければならない。時間をとって、表３-２を使い、新しい任務の各要素（製品、プロセス、プロジェクト、工場、人材など）を五つの分類に割り当ててみよう。できあがった表を見て、各要素をそれぞれどのように管理するか考えてみるとよい。この演習は、各要素の課題と機会について体系的に考えるために役立つ。また、新しい上司、同僚、部下と、今後どういう理由で何をするかを話し合うための共通の言語ができる。

この表は、STARSの状況がどのような割合で混在しているかを確認するために使う。まず、新しい任務のどの要素(プロジェクト、プロセス、製品、場合によっては事業全体)がどのSTARSの状況(一番左の列)にあてはまるかを確認し、それらの要素を2列目に記入する。すべての欄に書き込む必要はない。すべてが〈立て直し〉中という場合もあれば、2種類か3種類が混在している場合もある。次に、今後90日間で各分類に割り当てるべき労力の割合を推定し、合計が100%になるように3列目に書き込む。最後に、自分はこれらの状況のうちどれに最も関わりたいかと考える。その状況と、3列目で最優先とした状況が一致している場合、自分の好みが優先順位に影響しすぎていないか確かめる。

STARSの状況	仕事の要素	優先度(%)
立ち上げ		
立て直し		
急成長		
軌道修正		
成功の持続		
		100

表3-2　STARSポートフォリオの診断

■変革を主導する

変革を主導するのに、これで万能という方法はない。だからこそ、STARSの比率を明確にしておくことが重要なのだ。カールはSTARSモデルを使って、これから向き合う〈軌道修正〉の状況（徐々に問題が大きくなっているが、すぐに行動を起こすべき危機はない状況）と、ヨーロッパで成功した劇的な〈立て直し〉の状況（ただちに抜本的処置を必要とする切迫した状況）には明らか違いがあることを認識できた。その関連から、どのように変革を主導し、自己管理すべきかを見いだした。カールが新しい状況を〈立て直し〉ととらえ、抜本的処置を実行しようとしていたら、おそらく積極的抵抗と消極的抵抗の両方を引き起こし、必要な変革を実現できなくなっていただろう。カールが部外者で、孤立したり足をすくわれたりしやすいことを考えるとなおさらである。カールは、北米事業で何が必要であるかを認識し、適切なアプローチを採用した。

STARSポートフォリオを把握し、主な課題と機会を理解していれば、陣頭に立って変革を進めるために適切な戦略をとれるはずだ。しかし、そのためには、本書で説明する九〇日間で流れをつくる方法をとらなければならない。具体的にいうと、優先順位を設定し、戦略的意図を定義し、どこで初期の成果をあげられるかを見定め、適切な経営チームを構築し、協力してくれる味方の輪をつくらなければならない。カールは〈立て直し〉の状況と〈軌道修正〉の状況でどのように違った行動をとったのか見てみよう。

最初にすべきことは、もちろん、集中的学習である。ヨーロッパの〈立て直し〉の状況では、カールはコンサルタントのように、組織の技術的要素――戦略、競争相手、製品、市場、技術――を迅速に評価する必要があった。北米で新しい任務についたときは、学習課題はまったく違った。もちろん、技術面の比較が重要なことに変わりはないが、文化面と政治面の学習はさらに重要だった。成功していた企業が内部の社会的な力学によって苦境に陥ることはめずらしくなく、また、社員に変革の必要性を認めさせることは、技術というより政治の問題だからである。特にカールのような新参者の場合、文化や政治を深く理解しなければ、リーダーシップの成功どころか生き残ることすら難しい。

また、カールは優先順位を設定するにあたり、状況に応じた需要を加味する必要があった。ヨーロッパの〈立て直し〉には抜本的な処置が必要だった。戦略と組織構造が目標達成の妨げとなっていたため、早急に改革しなければならなかった。そこでカールは工場を閉鎖し、生産拠点を移し、労働力を大幅に削減した。また、細分化を避けコストを削減するため、短期間で重要な製造機能の集中化を進めた。一方、北米の〈軌道修正〉のためには、さしあたって戦略や構造を変える必要はなかった。生産能力や生産性に大きな問題はないため、工場閉鎖の必要もない。製造機能はすでに集中化されており磐石である。問題の本質はシステム、スキル、文化にあった。したがって、カールがこれらの分野に的を絞ったのは当然といえる。

この二つの状況でカールが経営チームを構築した方法にも、状況ごとの要因が大きく関係している。ヨーロッパでは、早急に事業を立て直すため、経営陣を一掃して新しい役員のほとんどを外部から採用した。しかし、北米では、カールが引き継いだ経営チームはすでに十分強力だった。ただ、大きな効果を見込めるいくつかの人事異動が必要だと思われた。中央製造部門の二、三の役職には、カールが計画しているシステム変更を支援するため、技術スキルの高いリーダーが必要だった。また、影響力の強いあるマネジャーは、精一杯説得を試みたものの、変革の必要性を認めなかった。さらに、このマネジャーの非協力的な態度がカールのリーダーシップをおびやかすようになった。この人物が辞めたことは、ほかの社員にも重大なメッセージを伝えることになった。一方で、このポジションを含めた空席に社内の人材を登用したことによって、組織が新しい計画を支持するようになった。カールが事業の弱点ばかりに目を向けるのではなく、強みを評価していることに社員が気づいたからだ。

さらに、それぞれの状況で異なる初期の成果をあげたことも良い判断だった。〈立て直し〉の場合、リーダーは社員を絶望から立ち上がらせなければならない。ヨーロッパでは、そのために業績不振の工場を閉鎖し、生産拠点を移した。これらの措置は、組織の中核となる強みに的を絞り、不要なプロジェクトや取り組みを削減するためのものだ。〈軌道修正〉の場合、カールがあげた最も重要な初期の成果は、変革の必要性に対し社員を目覚めさせたことだ。そのためにカールは事実と数値を強調した。製造と顧客サービスの業績指標を修正し、これらの分野の重大な弱点に社員の注意を向けさせたのだ。また、外部のベンチマークや定評あるコンサルタントによる厳しい評価を取り入れ、社外からの公正な発言を自分の主張の裏づけとした。これらの措置によって、根拠のない楽観論を打ち砕き、組織全体に重要なメッセージを伝えたのである。

〈立て直し〉の状況と〈軌道修正〉の状況で変革を主導する場合の主な違いを表3-3にまとめる。

	立て直し	軌道修正
1. 学習を計画する 何を誰から最も学ぶ必要があり、どうすれば最も効果的に学べるかを考える	・技術面の学習（戦略、市場、技術など）に重点を置く ・すばやい行動に備える	・文化面と政治面の学習に重点を置く ・慎重な行動に備える
2. 戦略的意図を定義する 組織の将来像について、人々の心をつかむビジョンを作成して伝える。そのビジョンを達成するための明確な戦略を描く	・中核以外の事業を削減する	・既存の能力に磨きをかけて利用する ・イノベーションを促す
3. 最優先項目を設定する 特に重要な目標をいくつか見定めてとことん追求する。就任1年後までに達成すべきことを考える	・より速く大胆に行動する ・戦略と構造に重点を置く	・ゆっくり慎重に行動する ・システムスキル、文化に重点を置く
4. 経営チームを構築する 引き継いだチームを評価する。必要な異動をとりはからう。外部の人材と潜在能力の高い社内の人材を最適のバランスで採用する	・首脳陣を一掃する ・外部の人材を採用する	・いくつか重要な異動をおこなう ・社内から潜在能力の高い人材を登用する
5. 初期の成果をあげる 新しい組織に最初にどのようなインパクトを与えるかをよく考える。個人的な信用を築き、全員を活気づける方法を探る	・組織の思考を絶望から希望へと変える	・組織の思考を拒絶から気づきへと変える
6. 味方の輪をつくる 組織が実際にどのように動き、誰が影響力をもっているかを特定する。自分の取り組みの支えとなる主な連携を結ぶ	・必要な資源を投資するため、上司やその他のステークホルダーの協力を取りつける	・取り組みがうまく進むよう、同僚や部下を味方につける

表3-3　変革を主導する――立て直しと軌道修正の違い

組織がSTARSのどの状況にあるかは、自己管理のためにどのような調整が必要かということにも関わってくる。特に、リーダーシップのスタイルを決め、自分をふり返って「英雄」タイプか「執事」タイプかと考えるときに意味をもつ。

〈立て直し〉の場合、リーダーが向き合う社員は、希望やビジョンに飢え、進むべき方向を求めている場合が多く、そのため剣を手に敵に立ち向かう英雄スタイルのリーダーシップを必要としている。人は困難なときには英雄のもとに結集し、命令に従う。ビジネスの状況（市場、技術、製品、戦略）を迅速に診断し、組織を安定した中核事業のみに縮小する積極的な措置をとることが大事である。すばやく断固とした行動をとる必要があり、時には不完全な情報に頼らざるをえない。

これは明らかに、ヨーロッパでのカールの状況である。カールはただちにリーダーシップを発揮し、状況を診断し、方針を定め、つらい決断をくだした。見通しは暗かったが、社員はあまり抵抗することもなく進んでカールの指示に従った。

〈軌道修正〉の場合、リーダーに求められるのは、執事か召使いのようなリーダーシップである。如才なく、前面に出ず、変革の必要性について合意を形成するようなアプローチである。この場合、微妙な影響を与えるスキルが有効である。有能な執事は、組織の文化や政治を深く理解している。人材、プロセス、その他の資源のうちどれを残しどれを捨てるかを決めるとき、執事は英雄より忍耐強く、体系的な判断ができる。また、診断に対する共通の認識を広め、オピニオンリーダーに影響を与え、ベンチマークを奨励するなど、変革の必要性に対する意識を地道に高めていく。

北米担当に任命されたカールは、英雄的性質をやや抑えることを学ぶ必要があった。注意深く評価をおこない、慎重に変革をめざし、持続的成功の土台をつくった。移行期のリーダーが個人的なリーダーシップ戦略をうまく修正できるかどうかは、自己管理の柱を受け入れられるかどうかにかかっている。自己管理の柱とは、自己認識を強化すること、自分の性格を制御すること、補完し合うチームを構築することである。

やるべきことが異なるため、英雄は〈軌道修正〉や〈成功の持続〉の状況でつまずきやすく、執事は〈立ち上げ〉や〈立て直し〉で苦労しやすい。〈立て直し〉で経験を積んだ人は、〈軌道修正〉の場面で速く動きすぎ、無用な抵抗をまねくおそれがある。〈軌道修正〉の経験が豊富な人は、〈立て直し〉の状況では動きが遅すぎ、必要のないところでコンセンサスを形成することにエネルギーを費やして貴重な時間を浪費するおそれがある。

英雄タイプの性格の人に執事のスタイルはとれないとか、執事タイプに英雄は無理だとかいうのではない。STARSの五つの状況すべてを同じように得意とする人はいないが、すぐれたリーダーはどの状況でも成功できる。それぞれの状況に自分のどのスキルや性質が役に立ち、自分の何がトラブルの原因になりかねないかを冷静に評価することが肝心である。味方づくりが必要なときに、いきなり戦闘モードに入らないことだ。

リーダーシップはチームスポーツであることも覚えておくべきだ。STARSポートフォリオからは、経営チームにどのように英雄と執事を組み合わせればよいか（どの組織にも両方のタイプが必要だ）が見えてくる。カールは、北米では意図的に執事として行動したが、本来は英雄の役割を演じるほうが合っていることを自覚していた。このような自己認識をもつことには三つの意味があった。第一に、チームに何人か執事タイプの人を加えておけば、自分が性急に行動しないよう賢明な助言を受けることができるし、必要な活動の一部を任せることもできる。第二に、自分の英雄的エネルギーをどのような場面に振り向ければよいかを見きわめることができた。どれほど成功している企業でも、深刻な問題を抱えている部分はあるものだ。その部分と戦うためだけに火を放ち、ビジネスの軌道修正という大きな目標を危機にさらしたりしなければ、このようにバランスをとることは適切である。第三に、主要プロジェクトに人材を採用、登用、任命するにあたって、ＳＴＡＲＳの嗜好や能力を考慮することができた。

■成功に報いる

ＳＴＡＲＳのフレームワークは、自分のもとで働く部下を評価したり、どのような文化をつくりたいかを考えるときに意味をもつ。「ハーバード・ビジネスレビュー」の移行に関するアンケート調査のデータからは、この本質的な点が浮き彫りになる。調査では、ＳＴＡＲＳの状況のうち最も難しいと感じるもの、最も関わりたいと思うものを質問した。その結果をまとめた表３-４には、興味深い傾向が見てとれる。最も難しいと評価された状況は〈軌道修正〉で、ついで〈成功の持続〉〈立て直し〉となっている。〈立ち上げ〉と〈急成長〉ははるかに容易だと評価された。しかし、嗜好の調査結果を見るとこのパターンは逆転し、〈立ち上げ〉が群を抜いて好まれ、〈立て直し〉〈急成長〉と続いた。

この結果は意外なものではなく、その裏にある理由をうかがわせる。回答者は扱いやすい状況に引かれているわけではない。（一）よりおもしろみがあり、（二）評価されやすい状況に引かれているのこの調査では、STARSの状況のうち最も難しいと感じるものと最も好きなもの（選べるなら関わりたいと思うもの）を回答者に尋ねた。結果にははっきりと差が現れた。とりわけ、アクション指向で権威主導型のSTARS状況（〈立ち上げ〉〈立て直し〉〈急成長〉）の回答の合計を、学習、思考、影響力に重点を置くべき状況（〈軌道修正〉〈成功の持続〉）の回答の合計と比較すると、違いは顕著である。

STARSの状況	最も難しい	最も好ましい
立ち上げ	13.5%	47.1%
立て直し	21.9%	16.7%
急成長	11.6%	16.1%
軌道修正	30.3%	12.7%
成功の持続	22.6%	7.4%
合計	100%	100%
立ち上げ、立て直し、急成長の合計	47.1%	79.9%
軌道修正、成功の持続の合計	52.9%	20.1%

表3-4　STARSの難易度と嗜好

だ。

〈立ち上げ〉の成功は目に見え、個人の業績として評価しやすい。〈立て直し〉の成功も同様である。しかし、〈軌道修正〉の場合、災難を避けることが成功である。何も起こらないことが成功を意味する〈軌道修正〉は、吠えない犬のようなもので、成果を評価することは難しい。また、〈軌道修正〉に成功するには、地道に変化の必要性について意識を高めていく必要があり、その結果、自分自身ではなくグループの功績と見られることもある。〈成功の持続〉については、電力会社にわざわざ電話して「今日も電気をつけてくれてありがとう」と礼を言う人はまずいない。しかし、ひとたび停電すれば、すぐに苦情の電話が殺到する。

傾きかけた事業の〈立て直し〉（または活気ある新規事業の〈立ち上げ〉）に成功した人に惜しみなく報いることには、ある矛盾がつきまとう。潜在能力の高いリーダーが〈軌道修正〉に関心を示すことは少なく、むしろ〈立て直し〉（および〈立ち上げ〉）のために行動し、評価を受けたいと考える。では、〈立て直し〉の状況に陥るのを誰が防ぐのか。また、会社が〈立て直し〉に報いること（そして〈軌道修正〉に報いる方法を知らないこと）は、事業が危機に陥る可能性を高めるのではないか。老獪なマネジャーは、未熟な人たちが事業を混乱させるのを待って救済の責任を引き受けることもできるだろう。

もちろん、一般論でいえば、ＳＴＡＲＳの状況が異なれば、業績も異なる方法で評価し報いるべきである。〈立ち上げ〉や〈立て直し〉を引き受けた人の業績が評価されやすいのは、事前に設定した明確な基準と照らし合わせて結果を測定できるからだ。

〈軌道修正〉や〈成功の持続〉では、成否の評価ははるかに不確かなものとなる。〈軌道修正〉の成果は、予想よりはいいがまだ不十分、といったものになるかもしれない。あるいは、危機が回避されたため、何事もなかったように見えるかもしれない。〈成功の持続〉にも同様の問題がある。競争相手が協調して攻撃をしかけてきた場合、わずかなシェアの低下ですめば成功かもしれないし、成熟したビジネスでは売上高がほんの数パーセントでも伸びれば成功かもしれない。〈軌道修正〉や〈成功の持続〉では、ほかの行動をとっていたら、あるいはほかの人が担当していたらどうなっていたかがわからない。つまり、「何と比較するのか」という問題があるのだ。このような状況で成功を評価することは、はるかに難しい。対応が妥当かどうかを評価するには、新任リーダーが直面する課題と彼らがとる行動について深く理解している必要がある。

■まとめ

新しい組織について学ぶに従い、STARSの状況がどのように混在しているかという理解は深まり、変化していくはずだ。ときどきこの章を読み返して組織に対する診断を再評価し、それにより誰が、何をする必要があるのかを考えてほしい。

チェックリスト　状況に合った戦略を立てる

1　あなたが引き継いだSTARSポートフォリオはどのようなものか。任務のうち、〈立ち上げ〉〈立て直し〉〈急成長〉〈軌道修正〉〈成功の持続〉の各モードにあてはまるのはどの部分か。

2　それは、これから立ち向かう課題や機会とどのような関わりがあるか。効率よく移行を進めていく方法とどのような関わりがあるか。

3　それは、学習課題とどのような関わりがあるか。事業の技術面だけを理解すればよいのか、それとも文化や政治についても理解することが重要なのか。

4　組織にはどのような風土が広がっているか。どのような心理改革が必要で、どのようにそれを実現するのか。

5　現在の状況を踏まえて、どのように変革を主導するのが最適か。

6　新しい状況では、自分のどのスキルや強みが最も役に立つと思われるか。自分の何がトラブルの原因になりかねないか。

7　それは、これからつくるべきチームにどのような関わりがあるか。

第四章　上司と成功条件を交渉する

マイケル・チェンは、中堅石油会社の主要事業部門のＣＩＯに抜擢され、意気盛んだった。そこへ、二人の同僚から電話がかかってきた。二人とも同じことを言った。「こまめに報告を上げておいたほうがいい。ケイツにつぶされるぞ」

新しい上司のボーン・ケイツは非常にアグレッシブな事業部門リーダーで、結果を出すこと、そして部下に厳しいことで評判だった。彼女がこの部門の責任者になったのは最近だが、すでに引き継いだ部下のうち数人が辞めていた。

マイケルの友人たちは問題を見越していた。ひとりは「きみのこれまでの功績は大きい。でも、ケイツはきみのやり方では生ぬるいと思うだろう。きみは計画を立ててチームをつくっていくタイプだ。時間がかかりすぎて厳しい決断には向いていないと思われるだろう」と言った。

警告を受けたマイケルは、状況を診断して今後の計画を立てる時間を確保するため、上司との下地づくりをした。彼はボーンに、「九〇日の時間枠で活動を進めることにして、最初の三〇日で状況を把握したいのです。その時点で詳細な評価と、その後六〇日間の目標と行動計画をもってきます」と告げた。そして、最新の進捗状況をこまめに知らせた。三週間経ったところでケイツから大がかりなシステム購入について決断を迫られたが、マイケルはかたくなに予定を守った。三〇日が過ぎたところで、マイケルはすばらしい計画を提出して新しい上司を満足させた。

さらに一カ月後、マイケルはいくつかの初期の成果を報告しにやってきて、主力プロジェクトを進めるための人員増強を求めた。ボーンはマイケルを質問攻めにあわせたが、彼は見事に費用対効果を説明してみせた。ついにボーンは要求を飲んだが、結果を出すまでの厳しい期限を定めた。必要な資源を手に入れたマイケルは、まもなくいくつかの中間目標を達成したと報告することができた。

勢いに乗ったマイケルは、次のミーティングで仕事のスタイルの問題を持ち出した。「わたしたちはスタイルは違いますが、わたしはあなたのために結果を出すことができます。わたしのことは、過程ではなく結果で判断してください」。一年近くかかったが、マイケルはボーンとの間に、しっかりと生産的な協力関係を築くことができた。

マイケルのように新しい上司とうまくやっていくには、成功条件を交渉するとよい。この重要な関係には、前もって時間を投資する価値がある。新しい上司は、あなたの基準を設定し、ほかの主な関係者にかかわってあなたの行動を解釈し、あなたが必要とする資源の出所を握っているからだ。リーダーがどれだけ速くプラスの価値を生み出せるブレイクイーブンポイントに達するか、そして最終的に成功するか否かは、ほかの誰よりも新しい上司によって左右される。

成功条件を交渉するとは、努力次第で望んだ目標を達成するチャンスができるようなゲームをつくるため、新しい上司と積極的に関わっていくことを意味する。新任リーダーの多くは、与えられた状況を受け身にとらえてゲームをしているだけなので、結果的に失敗する。かわりに上司と交渉してゲームをつくることで、現実的な予想を設定し、コンセンサスを形成し、十分な資源を確保する。マイケルは、ボーンとうまく交渉することによって成功の下地をつくったのだ。

新しい上司との関係がどのような性質のものになるかは、社内での階層や直面しているビジネスの状況によって異なることに留意したい。階層が上がるほど、幅広い裁量権が与えられるはずだ。上司が別の場所にいる場合はなおさらである。成功するために必要なものさえ得られるなら、監視がないのは幸運かもしれない。しかし、そのために勝手きままにやって自滅することにもなりかねない。

上司に何を求めるかは、STARSのビジネス状況によっても異なる。〈立ち上げ〉では、潤沢な資源と、場合によっては上層部の介入からの保護が必要である。〈立て直し〉では、短期間で事業を安定した中核のみに縮小するよう後押しが必要な場合がある。〈急成長〉では、妥当な水準の投資を確保することが鍵になるだろう。〈軌道修正〉では、変革を主張するために上司の支援が必要になるかもしれない。〈成功の持続〉では、事業について学習し、コア資産をおびやかすような初期の失敗を避けるために支援が必要な場合がある。

新しい上司と生産的な協力関係を築くためにできることはいろいろとある。新しい役職の候補にあがったら、すぐに動き始めたほうがよい。面接に参加し、選考され、正式に就任するときも、このことを心に留めておくべきである。

この章では、新しい上司と適切な対話をおこなう方法を紹介する。任務が変わっても上司は同じという場合でも読んでおくとよい。関係は同じままではないはずだ。上司の期待も違うかもしれないし、より多くの資源が必要になるかもしれない。任務が変わっても今の上司と同じようにやっていけると思い込んでしまうマネジャーは多い。このような間違いを犯さないことだ。

この章で得たアイデアを、新しい部下との関係づくりにどのように活かせるかも考えてほしい。部下たちがなるべく早くブレイクイーブンポイントに到達するためには、あなたの存在が大きいはずである。

■基本的なことに注意する

どうしたら新しい上司と生産的な関係を築けるだろうか。それには、基本的にすべきこととしてはならないことがある。まず、してはならないことから見てみよう。

□**距離を置いてはならない**：上司が自分から手をさしのべる人ではなかったり、話しにくい人だったりしたら、こちらから接触しなければならない。そうしないと、コミュニケーションの断絶を生じるおそれがある。自由勝手にできることは気分がいいかもしれないが、その誘惑には抵抗しなければならない。上司のカレンダーに頻繁に登場するようにしよう。自分が取り組んでいる問題を上司に知らせ、上司の期待を知っておくようにする。特に、上司の期待が変わっていないか、変わったとしたらどのように変わったかに注意する。

□**不意討ちをしてはならない**：上司に悪い知らせは伝えたくないものだ。しかし、上司にとっては、問題が起きたときに早く報告しないことのほうがはるかに大きな罪である。なかでも最悪なのは、その問題をほかの人から知らされることである。問題が生じつつあることに気づいたら、すぐに新しい上司に注意喚起だけでもしておくことが最良である。

□**問題ばかりを持ち込んではならない：**そうはいっても、いつも上司に解決してもらおうと問題ばかりもってくる人間とは思われたくない。どのように仕事を進めるかという計画も必要である。これは決して、独力で完璧な解決策をつくらなければならないという意味ではない。解決策をつくることに時間と労力を費やしていると、そのうち上司を不意討ちすることになりかねない。ここで肝心なことは、問題への対処方法——もっと情報を収集するといったことでもかまわないので——や自分の役割と必要な支援について、自分なりの考えを伝えておくことだ。（このことは、部下と対話するときにも覚えておくとよい。「問題ばかりもってこないで、解決策をもってきなさい」などと言うのは危険なことである。それより、「問題だけをもってくるのではなく、さしあたりどうしたらその問題に対処できるか、計画をもってきなさい」と言ったほうがずっといい。）

□**チェックリストを読み上げてはならない：**経営幹部でさえも、上司との会議の機会を利用して、これまでにやったことをチェックリストにして読み上げる人は多い。このやり方が適切な場合もあるが、上司がそれを必要としたり、聞きたがったりすることはまずない。上司は、部下のやろうとしている最も重要なことに的を絞り、どのように支援したらよいかを聞きたいと思っているはずだ。どうしても伝えるべきこと、またはアクションが必要なことを三つ以内に絞って上司を訪ねることだ。

□**上司が変わることを期待してはならない：**あなたと新しい上司では、仕事のスタイルがまったく違うかもしれない。コミュニケーションのとり方も、動機づけの仕方も、部下をどこまで細かく監督するかも異なるだろう。しかし、上司のスタイルに合わせるのはあなたの責任である。上司の好みに合わせて仕事をするために、自分のやり方を修正する必要がある。

基本的にやるべきこともある。これらに従えば、仕事をやりやすくなるはずだ。

□**自分に対する期待を早い段階から繰り返し確認する**：新しい任務を引き受けることを考え始めたときから、自分への期待を十分に掌握するよう気をつけるべきである。面接中に自分には何が求められるのかを聞いておくとよい。事業に重大な構造的問題があることがわかっているのに、上司が応急的な処置を期待しているとしたら、困ったことになる。悪い材料は早いうちに話題にして、非現実的な期待を抑えておくのが賢明だ。その後は、上司の期待が変わっていないことをときどき確認しておく。とりわけ、外部から組織に入り、文化や政治をよく理解していない場合は、何度も期待を確認することが重要である。

□**関係づくりにすべての責任を負う**：「距離を置いてはならない」を裏返すとこうなる。上司から手をさしのべたり、必要な時間や支援を申し出てくれることを期待してはならない。最初は、良い関係をつくるのはすべて自分の責任だと思っておいたほうがいい。上司のほうからも近づいてきたら、それは歓迎すべきサプライズである。

□**交渉によって現状判断と行動計画作成の時間を確保**：すぐに緊急対応に追われたり、準備がととのわないうちに決断をくだすよう圧力をかけられる事態は避けるべきだ。数週間でもいいので、新しい組織を診断して行動計画を作成するための時間を確保する必要がある。マイケルはこの方法でボーンに対応した。あなたもうまくいくかもしれない。この章の最後に述べる九〇日計画を活用するといいだろう。

□**上司にとって重要な分野で初期の成果をめざす**：自分自身の優先順位はどうあれ、上司が最も気にかけていることは何かを探る。上司の優先事項と目標は何か、その中で自分の行動がどのような関わりをもつか。それがわかったら、その分野で早く結果を出すことをめざす。上司にとって重要なことを三つに絞り込み、対話のたびにそれらに関する進捗状況を話し合うのも良い方法である。そうすることで、上司はあなたの成功を自分のものとして感じるようになる。

□**上司が意見を尊重している人から好評価を得る**：あなたに対する新しい上司の見解は、一部は直接対話によって、一部は信頼する第三者から聞いた評価によって決まる。上司は、現在のあなたの同僚や、もしかしたら部下とも、以前から関係を築いているはずだ。上司が信頼する人たちに取り入る必要はない。ただ、自分に関する情報や意見が上司に伝わる複数の経路に気を配るべきである。

これらの基本ルールを忘れないようにして、新しい上司との関わり方を計画しよう。

■五つの会話を計画する

新しい上司との関係は、継続的な会話によって築かれる。議論は新しい任務を引き受ける前から始まり、移行期とそれ以降も続く。この会話の中心となる基本的な話題がいくつかある。なかでも、移行に関連する新しい上司との五つの会話は、九〇日計画に組み込んでおくべきである。この五つの話題は個別の会合で扱うようなものではなく、さまざまな会話の中に織り込まれるものである。

1 **組織の状況についての会話**：この会話では、自分が受け継いだSTARSポートフォリオに対する上司の見方を理解するようつとめる。〈立ち上げ〉〈立て直し〉〈急成長〉〈軌道修正〉〈成功の持続〉の要素はあるか。組織はこれまでどのような過程を経てきたのか。ソフト面、ハード面を含め、どのような要因が現状を難しくしているか。社内のどのような資源を利用できるか。あなたと上司では見方が異なるかもしれないが、上司が状況をどのように見ているかを把握することが肝心である。

2 **上司の期待についての会話**：この会話の目的は、上司があなたに期待することを理解し、それについて交渉することである。上司はあなたに短期的、中期的に何をしてほしいと考えているか。成功したと認められる条件は何か。重要な点として、あなたの業績はいつ、どのように評価されるのか。上司の期待は非現実的だからリセットする必要があるという結論に至るかもしれない。また、次の章で述べる初期の成果をあげる計画の一環として、控えめに約束して大きく果たしたほうがよいことを覚えておこう。

3 **資源についての会話**：この会話は、要するに重要な資源についての交渉である。成功するためには何が必要か。上司に何をしてもらう必要があるか。資源とは、資金や人材だけとはかぎらない。たとえば、〈軌道修正〉の状況では、組織全体で変革の必要性に立ち向かうよう人々を説得するために上司の力が必要になるかもしれない。ここで鍵になるのは、資源が増えれば何ができるのか、その効果とコストに上司の目を向けさせることだ。

4　仕事のスタイルについての会話：この会話は、あなたと上司が継続的に最良の形で対話していく方法についてのものである。上司は何のためにどのような形式のコミュニケーションを望むのか。直接会って話すのがよいのか。話をするのと電子メールではどちらがよいか。その頻度は。どのような決定について相談してほしいのか、どのような場合は自分で決定をくだしてもかまわないのか。どのように二人のスタイルが異なり、そのためどのように対話すべきなのか。

5　自己啓発についての会話：新しい任務について数カ月経ったら、自分の仕事ぶりはどうか、自己啓発の優先事項は何かという話し合いを始めてもよいころである。得意分野はどこか。どのような分野で改善したりやり方を変えたりする必要があるか。現在の目標を犠牲にせずに引き受けられるプロジェクトや特別任務はあるか。

実際には、これらの話題についての会話は重複することもあり、時間とともに変化する。五つの話題のうちいくつかを一回の対話で取り上げることもあれば、ひとつの話題に関連する問題を数回の簡単なやりとりの中で解決していくこともあるだろう。マイケルは、一回のミーティングで仕事のスタイルと上司の期待について話し合い、さらに組織の状況について、また期待について掘り下げて話し合うスケジュールを設定した。

しかし、ここであげた順番には意味がある。初めのうちの会話は、組織の状況、上司の期待、仕事のスタイルに的を絞るべきだ。現状がよくわかってきたら、資源について交渉したり、状況判断を見直したり、必要に応じて上司の期待をリセットしたりする時である。関係がまずまず良好だと感じたら、自己啓発についての会話を始められる。会話にはそのつど時間をかけ、毎回の話し合いで何をしたいのかを明確に上司に伝えることだ。

表４‐１を利用すると、これらの会話の現状はどうなっているか、今後三〇日間で何を優先すべきかを理解できる。新しい任務に向けた面接の段階では、この表を使って自分が学んだことを把握し、会話の焦点を見定めることができる。

では、次の詳細なガイドラインを使って、新しい上司との五つの会話それぞれについて次のステップを計画してみよう。

■組織の状況についての会話を計画する

現在のビジネスの状況と、それに伴う課題や機会について上司と共通の理解をもつことが、組織の状況についての会話の目的である。このような共通の理解は、今後

会話	現状	今後30日間の優先事項
組織の状況：上司はあなたのSTARSポートフォリオをどう見ているか		
上司の期待：あなたは何を期待されているか		
資源：あなたの自由になる資源はどのようなものか		
仕事のスタイル：どうすれば最良の形で協力できるか		
自己啓発：何がうまくいっていて、何を変える必要があるか		

表4-1　五つの会話

のあらゆる活動の基礎になる。上司と自分で新しい状況に対する定義が異なっていたら、必要な支援は得られない。そこで、最初の話し合いは、ＳＴＡＲＳモデルを共通の言語として、現在の状況を明確に定義することに集中すべきである（あとで述べるように、チームについても同じことが言える）。

状況に合った支援を求める

上司に求めるべき支援は、ＳＴＡＲＳポートフォリオ（〈立ち上げ〉〈立て直し〉〈急成長〉〈軌道修正〉〈成功の持続〉、これらの混合）によって異なる。状況について共通の理解ができたら、新しい上司にどのような役割を果たしてほしいか、どのような支援を求めていくかを慎重に検討する。五つのどの状況でも、上司からは仕事を進めるための指示、支援、自由を与えられる必要がある。表４‐２に、ＳＴＡＲＳのそれぞれの状況で一般的に上司が果たす役割を挙げる。

■上司の期待についての会話を計画する

期待についての会話のポイントは、あなたと上司の両方が将来についての期待を明らかにし、両者をすり合わせることである。短期目標、中期目標、時期についての合意が必要である。重要な点として、上司がどのように進捗を評価するのか決めておく必要がある。上司にとって、自分にとって、何が成功の条件となるのか。上司はいつまでに結果を見たいと思っているのか。成功はどのように評価するのか。どれだけの期間で判断するのか。成功したとして、次はどうするのか。これらのことをみずから掌握しておかなければ、上司の期待に振り回されることになる。

状況	一般的な上司の役割
立ち上げ	• 必要な資源をすばやく得られるようにする • 明確で測定可能な目標 • 戦略の分岐点での指導 • 焦点がぶれないよう支援する
立て直し	〈立ち上げ〉と同じ項目に加え…… • 厳しい人事決定をおこなうためのサポート • 対外イメージを変えたり修正したりするためのサポート • 迅速に大鉈を振るうことができるよう支援する
急成長	〈立ち上げ〉と同じ項目に加え…… • 正しい方向へ適度なペースで成長するための投資獲得のサポート • 新しいシステムや構造の必要性の訴えを支援する
軌道修正	〈立ち上げ〉と同じ項目に加え…… • 変革の必要性の訴えを支援する（特にリーダーが外部からやってきた場合）
成功の持続	〈立ち上げ〉と同じ項目に加え…… • 常に現実を検証する：この状況は〈成功の持続〉か、〈軌道修正〉か • 堅実に守りを固め、事業に損害を与えるミスを避けるためのサポート • 事業を新しいレベルに引き上げる方法の模索を支援する

表4-2　状況に合った支援を求める

状況に合った期待を設定する

状況に対する共通の評価をもとに、両者の期待を十分にすり合わせる。たとえば、〈立て直し〉の状況では、迅速に断固たる行動をとる必要があるという点で上司と意見が一致するだろう。両者とも、不要な分野のコストを削減するという難しい決断をくだす、最も利益率の高い製品に集中するなど、近い将来について明確な期待をもっているはずだ。このシナリオでは、事業全体の業績がどれほど改善するかによって成功を評価できるだろう。

上司にとって重要な分野で初期の成果をめざす

自分自身の優先順位がどうあれ、上司が最も気にかけていることを探り、その分野で初期の成果をあげることをめざす。成功したければ、上司の支援が必要である。そのためには、こちらも上司の成功を支援すべきである。上司の優先順位に配慮すれば、上司もあなたの成功を自分のものとして感じるようになる。最も有効な方法は、初期の成果をあげようとするときに上司の目標を取り込んでしまうことである。それが不可能なら、上司の優先順位のみをもとに初期の成果を求めるとよい。

聖域を知る

組織の製品、施設、人材などの要素で、新しい上司にとって特別なものがあれば、できるだけ早く知っておく必要がある。廃止するよう主張した製品ラインは上司が立ち上げたものだった、更迭しようとした人材は上司の忠実な味方だった、などという事態は避けたいはずだ。そこで、上司が何に対して敏感か推測しておこう。これは、上司の経歴を理解したり、ほかの人から話を聞いたり、表情、声音、ボディランゲージに注意したりすることでわかる。確信がなければ、観測気球としてそれとなく情報を流し、上司の反応をよく観察するとよい。

上司を教育する

就任して最初の仕事のひとつは、あなたに何ができ、何をなすべきかについて上司の認識をつくることである。上司の期待が非現実的だったり、自分がやるべきだと信じていることと相容れなかったりする場合もある。そんなときは、双方の考えを近づけるよう懸命に努力しなければならない。たとえば、〈軌道修正〉の状況で、上司は問題の根源は事業のある部分にあると考え、あなたは別のところにあると考えるかもしれない。この場合、期待をリセットするには、根本的な問題について上司を教育する必要があるだろう。これは慎重に進める必要がある。上司がこれまでのやり方に投資してきたと感じていたり、問題の責任の一端が上司にあったりする場合はなおさらである。

控えめに約束して大きく果たす

期待について上司と意見が一致するかどうかにかかわらず、業績目標はやや控えめに約束し、結果は大きめにあげるようにしたほうがよい。この戦略は、信用を築くことにもつながる。組織にどれだけ変化する余地があるかによって、約束を果たせるかどうかも変わってくる。約束をするときには控えめにするべきだ。約束以上の成果をあげられれば、上司を喜ばせることになる。しかし、大きな約束をしすぎて果たせなかった場合、信用に傷がつくおそれがある。たとえ成果が大きくても、上司の目には失敗と映ってしまう。

何度も確認する

上司の期待はわかっているつもりでも、何度でも立ち戻って確認し、はっきりさせておくべきである。自分の希望はわかっているが、表現することが上手ではない上司もいる。はっきりわかったときには、すでに間違った方向へ進んでいたという事態は避けたい。そこで、確実に理解したと言えるまで何度でも質問する覚悟が必要だ。たとえば、形を変えて同じ質問をしてみると、さらによく理解できることがある。行間を正確に読み取り、上司が何を望んでいそうか、適切な仮説を立てる。上司の立場に立って考え、上司が自分をどのように評価するかを理解する。全体の流れの中で自分の位置づけを考えてみる。何よりも、重要な問題を曖昧なままにしないことだ。目標や期待を曖昧にしておくことは危険である。期待について前にああ言った、こう言ったという争いになった場合、あなたの言い分は通らない。通るのは上司の言い分である。

■資源についての会話を計画する

資源についての会話は、新しい上司との貴重な資源をめぐる継続的な交渉である。この会話を始める前に、STARSポートフォリオとそれに関する目標や期待について上司と合意していなければならない。次に、それらの期待に応えるために必要な資源を確保しなければならないのである。

必要な資源は、立ち向かおうとしている状況によって異なる。

□〈立ち上げ〉の状況では、最も急を要するのは十分な資金、技術的なサポート、適切なノウハウをもった人材だろう。
□〈立て直し〉の状況では、リーダーの権限で厳しい決断をくだして乏しい資金や人材を確保できるよう、政治的な後ろ楯になってもらう必要がある。
□〈急成長〉の状況では、成長を支えるために必要な投資と、必要なシステムや構造を導入するための支持が必要である。
□〈軌道修正〉の状況では、変革が必要であるという事実に組織を向き合わせるため、社員の前で公然と支持してもらう必要がある。理想をいえば、上司とあなたが協力し合って、拒絶や自己満足の壁に風穴をあけられれば最高である。
□〈成功の持続〉の状況では、中核事業を持続しつつ将来性ある新しい機会を活かすために、資金と技術資源が必要である。また、自己満足に陥らないために高い目標を設定してほしいと、進言するとよい。

最初のステップは、有形、無形を問わず自分が引き継ぐべき資源を決定することである。経験豊富な人材や発売準備のととのった新製品など、すでに手元にある資源を確認する。次に、入手するにあたり支援が必要な資源を確認する。何を上司に求める必要があるか正確にリストアップしよう。必要な資源が早く明確になれば、それだけ早く要求を持ち出すことができる。

なるべく早く、なるべく多くを提示したほうがよい。メニュー方式を試してみよう。資源の投入レベルによる費用対効果の違いを並べるのだ。「来年の売上高を七％増やそうと思ったら、Xドルの投資が必要です。一〇％増ならYドルです」という具合に。何度もやり直して要求を増やしていくと間違いなく信用を失う。目標を達成するために必要な資源を把握するのに時間がかかるなら、それは仕方がない。マイケルはこの問題を避けるために、必要な時間を求め交渉した。時間も重要な資源である。

ゲームに参加するか、ゲームを変えるか

一般的なルールに従ってゲームをすれば、目標を達成できる可能性はある。組織に受け入れられている文化や政治の規範の中でうまくやっていければ、資源の要求は上司にとって予想の範囲内である。必要なものを手に入れるのは比較的たやすいだろう。

そうではない状況、とりわけ〈軌道修正〉や〈立て直し〉の場合、確立したビジネスのやり方を変えたり、時には捨て去ったりする必要が生じてくる。資源要求はおそらく大きなものになり、それを確保できなかった場合のダメージも大きい。必要な資源を手に入れるには、さらに厳しい交渉が必要になる。このような場合、ある程度成功の見込みを高めるには、状況、期待、資源がどうあるべきなのかをはっきりさせておく必要がある。話し合いを始める前に、必要なものを頭の中ではっきりさせ、入手できるかぎりの客観的データでそれらを裏づけ、その資源が重要だと考える理由を正確に説明する準備をしておく。そして絶対にあとに退かないことだ。何度でも要求する。ほかの人にも自分の主張を応援してもらう。組織の内外に味方を探す。ゆっくり失血死するぐらいなら、強引に押したほうがよい。

資源について交渉する

資源を引き出そうとするときは、次にあげる効果的な交渉の原則を覚えておくとよい。

□**相手の関心事を知る**：上司や、資源を引き出す必要のあるほかの人が何を優先事項と考えているのか、できるだけ深く探ってみる。それらは彼らにとってどのような意味をもつのか。

□**お互いに有益な交換条件を探す**：上司の優先事項を支援するとともに、自分の優先事項も進められる資源を求める。自分の課題に協力してもらった見返りに、相手のために役に立つ方法を探す。

□**資源を結果に結びつける**：自分の部署に対して資源を増やす場合、それによる業績へのメリットを強調する。先に述べたメニューを作成し、現在の資源で達成できること（と達成できないこと）と、どれだけ資源を増やしたら何ができるかを並べる。

■仕事のスタイルについての会話を計画する

人それぞれの仕事のスタイルは、学び方、コミュニケーションのとり方、他人への影響の与え方、決定のくだし方を左右する。**スタイル**についての会話では、どうしたら上司と継続的に最適な形で協力していけるかを決定することが課題である。これは、マイケルがボーンとの関係をつくり出すにあたって直面した重要な課題である。上司が決して親友や指導者にならないとしても、生産的な協力関係を築くために何が必要かを理解するのは重要である。

上司のスタイルを分析する

最初のステップは、新しい上司の仕事のスタイルを分析し、どれぐらい自分のスタイルと合うかを知ることである。たとえば、緊急の問題について上司に留守電メッセージを残したのになかなか返事がなく、あとからその件について知らせなかったことを責められた場合、注意が必要である。上司は、留守番電話をコミュニケーション手段として使わないということだ。

上司はどのようにコミュニケーションをとりたいのだろうか。頻度はどれぐらいか。どのような決定に関与したいと考え、どのような場合はリーダーに決定を任せるのか。上司は早く出社して遅く退社するか。ほかの人に対して同じことを期待しているか。

具体的にスタイルがどう違うのかを見定め、その違いが対話の仕方にどのような意味をもつのかを評価する。たとえば、あなたは知識のある人と話をして学ぶのが好きなのに対し、上司はもっぱらデータを読んで分析する人だとしよう。このスタイルの違いによってどのような誤解や問題が起こりうるか。どうしたらそれを避けられるか。あるいは、新しい上司がこと細かに管理するタイプなのに対し、あなたは自主性を好むとしたら。緊張を高めないために何ができるだろうか。

かつて上司と一緒に働いた人の話を聞くと役に立つ場合がある。もちろん、そのときには思慮が必要だ。リーダーとしてのやり方について批判を引き出そうとしているなどと思われないよう注意すべきである。上司はどのようなコミュニケーション方法を好むかといった、さしさわりのない問題にとどめるべきである。ほかの人の考えに耳を傾けつつも、自分の戦略は主に自分の経験をもとに開発する。

上司がほかの人とどのようにつきあっているかも観察しよう。一貫性はあるだろうか。ないとしたら、なぜだろうか。上司には好き嫌いがあるだろうか。特定の問題だけを格別に細かく管理する傾向はないか。業績が良くないからと一部の人を厳しく叱責することはないか。

自分の部屋の大きさを調べる

上司には、この範囲の意思決定には関与していたいというゾーンがある。このゾーンは逆に、あなたが意思決定を差配できる部屋の境界を決めるものでもある。上司があなたに、自分で決定して報告だけしてほしいと考えるのはどのような分野か。たとえば、重要な人事は自由に決定できるか。決定する前に相談してほしいと上司が考えるのはどのような場合か。広く会社の方針に関わるような行動をとる場合、たとえば、部下の休暇を認める場合はどうか。取り組んでいるプロジェクトの一部で政治的な争いが起きたらどうするか。上司はどういう場面で、みずから判断したいと考えるか。

最初は、自分は小さな部屋に閉じ込められるものと思っていたほうがいい。新しい上司の信頼を得るに従い、部屋は広がっていくはずだ。そうならなかったり、部屋が小さすぎてどうにも身動きがとれなかったりするなら、直接そのことを話し合う必要があるかもしれない。

上司のスタイルに合わせる

新しい上司と良い関係をつくるのは、一〇〇%自分の仕事だと考えておくべきである。それはつまり、相手のスタイルに合わせるということだ。上司が留守番電話を嫌うなら、使わない。進捗状況を詳しく知りたがるなら、うるさいぐらいに知らせる。もちろん、そのせいできちんと業績をあげられなくなるようなことをする必要はないが、日常的に両者の関係が円滑に機能するよう、できることを探すべきだ。上司と仕事をした経験のある人から、うまくいく秘訣を聞き出せることもある。そうしたら、自分にとって最も効果がありそうな作戦を注意深く試してみる。迷ったときは、どのように進めたらよいかと直接上司に尋ねてみればよい。

難しい問題を直接話し合う

深刻なスタイルの違いがあった場合、直接話し合うことが最良の方法である。そうしないと、礼を欠いていると思われたり、下手をすると能力がないとみなされるおそれもある。仕事のスタイルの問題は、いらだちのもとになる前に取り上げて、どうしたら二人のスタイルを調和させられるか上司と話し合っておくべきである。この話し合いによって、両者がスムーズに目標に向かって進めるようになる。マイケルもこれを実践したが、信頼関係を築いてからこの問題を取り上げたのは賢明だった。

実証されている戦略のひとつとして、最初のうちは目標や成果に話題を絞り、それらを達成する過程には触れないほうがよい。「問題や決定への対処方法が二人の間で違うことはおわかりだと思いますが、二人で決めた成果をあげるために全力を尽くします」と言えばよいのだ。このように告げておくだけで、上司は違いを予期できる。ときどき、方法ではなく達成した結果を見てほしいと念を押す必要はあるかもしれない。

また、潜在的な問題や解決策について上司と直接話し合う前に、上司が信頼している人と仕事のスタイルについて話をしておくと、ヒントが得られることがある。適切なアドバイザーが見つかれば、険悪な空気をつくらずに難しい問題を持ち出す方法を教えてくれるかもしれない。

一回の会話でスタイルの問題をすべてどうにかしようなどと思ってはいけない。ただ、早い段階で明確にスタイルを話題にしておけば、出発点としては上々である。関係が進展していく中で、引き続き上司のスタイルに気を配り、合わせていくつもりでいることだ。

■自己啓発についての会話を計画する

最後に、上司との関係がある程度成熟してきたら（目安として九〇日ぐらい）、自分に対する評価を尋ねてみるとよい。正式な業績評価でなくともよいが、仕事ぶりについて率直に話し合う必要がある。何がうまくいっていて、何を変える必要があるか。もっとうまく仕事をするには、どのようなスキルを磨く必要があるか。あなたのリーダーシップ能力に、取り組むべき欠点はあるか。スキルを強化するために、現在の目標を損なわずに参加できるプロジェクトや特別任務はあるか。

キャリアパスの大事な局面にいる場合、これは特に重要な作業である。初めて管理職についたのなら、管理能力を育てるために上司にフィードバックや助言を求めることを早めに習慣づけたほうがよい。自分の強みと弱点について率直なフィードバックを求める姿勢、そしてフィードバックに対応する能力を示すことは、上司に対する強力なメッセージになる。

初めて管理職の上司、部門リーダー、ジェネラルマネジャー、ＣＥＯになったときも同じである。キャリアの中で、成功のために今までと違うスキルや姿勢が必要になったときは、素直に先達から学ぶことを心がけるべきだ。

ハード面のスキルばかりに目を向けてはならない。階層が上がるほど、文化や政治を見きわめ、交渉し、協力者をつくり、対立に対処するソフト面のスキルが重要になる。正式なトレーニングを受けることも役に立つが、これらの大切な管理能力を磨くには、プロジェクトチーム、組織内の別の分野、別の部門、別の場所などで自己啓発のための任務を経験することが欠かせない。

■複数の上司と協力する

複数の上司がいる場合（直属の上司と、組織図で点線で結ばれる上司）、期待への対応はさらにやっかいな問題となる。原則は同じだが、重点の置き所が変わる。複数の上司がいる場合、上司の間で認識される優劣について慎重にバランスをとらなければならない。ひとりの上司がはるかに大きな権力をもっている場合、初めのうちはその上司をやや偏重するのも当然だが、あとからできるだけバランスを修正する必要がある。それぞれの上司と一対一で話しても合意がとれない場合、どうにか彼らを同じテーブルにつけて徹底的に議論してもらわねばならない。そうしないと、自分が引き裂かれてしまう。それぞれの上司について表4-1を作成し、状況、期待、資源に対するそれぞれの見方が一致する点と異なる点をじっくり見きわめる必要がある。スタイルの違いにも気を配り、適応する必要がある。

■離れて働く

上司から遠く離れた場所で仕事をしている場合、違った課題が出てくる。気づかないうちに足を踏み外す危険は大きくなる。このため、コミュニケーションにはいっそう気をつかい、連携を失わないよう電話や会議のスケジュールを立てることがあなたの責任となる。また、こちらの状況を上司が把握できるよう、明確でわかりやすい指標を設定し、例外管理の手法をうまく使うことがさらに重要となる。

可能なら、早いうちに一回でも数回でも上司と直接会う機会をつくっておくべきだ。信頼と信用の基盤を築いていくには、早く直接的なつながりをもつことが重要である（仮想チームのリーダーになった場合も、同じことが言える）。そのためには資源を得て地球を半周する必要があるというなら、そうするべきだ。上司の側に時間をひねり出す方法も考えておかなければならない。上司は、あなたより物理的に近くにいる人たちからの要求と忙しく戦っている可能性がある。上司の手がふさがっていないと思われる時間、たとえば通勤時間帯などを把握しておく必要がある。

■まとめ——九〇日計画を交渉する

組織の状況がどうあれ、九〇日計画を作成して上司の賛同を取りつけることは有効である。通常、着任から二週間ほど経ち、組織とのつながりができ始めて新天地の状況がわかってきたら、計画を考えることができる。

九〇日計画は、箇条書きだけでもかまわないので紙に書く必要がある。優先事項と目標、中間目標を指定する。重要なのは、それを上司に見せて賛同を求めることである。それはあなたが何をするか、何をしないかを明示し、あなたがどのように時間を使うかを二人の間で取り決める「契約」となる。

まず、計画の概要を作成するために、九〇日を三〇日ずつ三つのブロックに分ける。各ブロックの終わりに上司とレビュー・ミーティングをおこなう（当然、上司との会話は頻繁におこなうことになる）。通常、最初の三〇日は、学習のためと個人的な信用を築くために使われる。マイケルのように、この初期の学習期間を確保するために交渉し、上司にその約束を守らせるよう努力する必要がある。次に、自分で学習課題と学習計画を作成する。週ごとに個人的な目標を立て、自己管理のもと毎週の評価と計画をおこなう。

最初の三〇日間が終了した時点の主なアウトプットは、状況の分析結果、主な優先課題の特定、次の三〇日間をどのように過ごすかという計画である。この計画には、どこで、どのようにいくつかの初期の成果をあげるかということを含める必要がある。上司とのレビュー・ミーティングでは、組織の状況と上司の期待についての会話に重点を置き、状況に関する合意、期待の明確化、次の三〇日計画に対する賛同をめざす。毎週の評価と計画は継続する。

六〇日が経過したら、レビュー・ミーティングでは、直前の三〇日計画の目標に対する進捗状況を評価する。次の三〇日間（つまり、九〇日間の終了まで）の計画についても話し合う。組織の状況と自分の階層にもよるが、この時点の目標は、重要な取り組みを遂行するために必要な資源を確認すること、戦略と構造に関する当初の評価を具体化すること、自分のチームに関する当面の評価を提出することなどである。

■チームとの五つの会話を計画する

最後に、あなたには新しい上司ができるだけではない。自分も新しい上司になるのだ。ほとんどの場合、新しい部下ができる。あなたが新しい上司と生産的な関係を築く必要があるのと同じように、部下たちもあなたとうまく協力していく必要がある。これまでに、部下の移行期に手を貸した経験はあるだろうか。今回は何が違うだろうか。

この章で述べたことをすべて、直属の部下たちとの協力関係にあてはめて考えてみよう。移行の黄金律は、自分がどのように移行させてほしいかを考え、他人も同じように移行させてやることだ（コラム「移行の黄金律」を参照）。上司の場合と同じ五つの会話によって、部下とも生産的な関係を築くことができる。すぐにこの方法を部下に紹介し、各々と組織の状況やあなたの期待について話し合う最初の対話を設定しよう。ミーティングの前に、本書の「状況に合った戦略を立てる」の章を読むなど、予習をさせるとよい。効率よく移行が進むはずだ。

表4-3を使い、それぞれの部下との五つの会話について現状を把握しよう。

左の列にチームのメンバーの名前を書き、それぞれとの五つの会話について現状を評価する。優先すべきものは丸で囲む。

チームメンバー	組織の状況	上司の期待	資源	仕事のスタイル	自己啓発

表4-3　チームとの五つの会話

移行の黄金律

新しい任務への移行を新しい上司にどのように助けてほしいか考えてみよう。どのような指導や支援を受けられることが理想だろうか。次に、新しい部下たちとのつきあい方について考えてみよう。彼らにどのような指導や支援を与えているだろうか。

さらに、これらの評価を並べてみる。あなたは自分が移行させてほしいように他人を移行させているか。自分が新しい部下としてどう扱われたいかと、新しい部下をどう扱うかに大きな矛盾があるとしたら、問題の一端はあなた自身にある。

部下が効率よく移行できるよう手を貸すことは、単に良い上司になるとか、人の能力開発に協力するといったことだけではない。部下が早く軌道に乗れば、それだけあなたが目標に近づくための力になるということだ。

チェックリスト　上司と成功条件を交渉する

1　これまで、新しい上司とはうまく関係を築いてきたか。何がうまくいったか。どこを改善する必要があるか。

2　組織の状況についての会話を計画しなさい。現在わかっていることをもとに、この会話で上司にどのような問題を提起するか。最初に何を伝えたいか。どのような順番で問題を提起したいか。

3　上司の期待についての会話を計画しなさい。新しい上司が自分に何を期待しているか、どうしたらわかるか。

4　仕事のスタイルについての会話を計画しなさい。上司と協力する最良の方法はどうしたらわかるか。上司はどのようなコミュニケーション方法を好むか。どれぐらいの頻度で対話するか。どれぐらい詳細に伝える必要があるか。どのような問題は決定する前に上司に相談する必要があるか。

5　資源についての会話を計画しなさい。やるべきことから考えて、どうしても必要な資源は何か。資源が足りない場合、何をやめる必要があるか。資源が多ければ、どのようなメリットがあるか。必ず費用対効果のリストを作成しておくこと。

6　自己啓発についての会話を計画しなさい。あなたの強みは何か、どこを改善する必要があるか。どのような任務やプロジェクトに参加すれば、必要なスキルを磨くのに役立ちそうか。

7　チームを効率よく発展させるために、五つの会話をどのように使えばよいか。一人ひとりの部下との主な会話の現状はどうなっているか。

第五章　初期の成果をあげる

エレナ・リーは、ある大手小売業者の顧客サービス部長に昇進するとともに、低迷している顧客満足度を改善する任務を与えられた。また、エレナは前任者を典型とする権威主義的リーダーシップの文化を変えようと決めていた。昇進前は同じ会社内で最高の業績を誇るコールセンターの責任者だったため、サービス品質に関してほかの部署が抱えていた問題についても熟知していた。従業員参加を促進することで業績は大幅に向上すると確信していたエレナは、文化の変革を最優先事項とした。

エレナはまず、現在は部下となった元同僚たち、すなわち世界各地のコールセンターのリーダーに目標を伝えた。何度かチームの会合や一対一のミーティングをおこない、品質改良の目標と、参加型で問題解決指向の文化をめざすビジョンを設定した。これらの初期の提議に対しては、目立った反応はほとんどなかった。

次に、各コールセンターのマネジャーと週に一度のミーティングを開始し、各部門の業績をレビューしたり、どのように改善に取り組んでいるかを話し合ったりした。エレナは、「懲罰主義は過去のもの」であり、マネジャーには従業員へのコーチングを期待すると強調した。重大な懲戒処分を必要とするケースがあれば、暫定段階で直接自分に報告するように、とも告げた。

やがて、どのマネジャーが新しいプログラムを受け入れ、どのマネジャーが懲罰主義を続けているかがわかってきた。そこで、正式な業績評価を実施し、特に問題のある二人を業績改善計画の対象とした。ひとりはすぐに辞めたため、エレナがかつて管理していたセンターにいた有望な管理者を後任に据えた。もうひとりのマネジャーは、時間はかかったが、どうにか期待どおりに行動するようになった。

一方で、エレナは顧客満足度の分析とサービス品質の向上という重要課題に取り組んだ。配下で最高のユニットリーダーを筆頭に、有能な第一線のマネジャーのチームをつくり、新しい指標の導入計画を作成すること、業績のフィードバックと改善のプロセスを支援することを命じた。さらに、コンサルタントと契約して、このプロジェクトを進める方法についてマネジャーに助言するよう依頼し、自分も定期的に進捗状況をレビューした。チームが改善策を提出すると、辞めたマネジャーが管理していた部門で、ただちに試験的に実施した。

エレナは、就任から一年で新しいやり方を組織全体に広めた。顧客サービスは大幅に向上し、事業環境調査の結果、士気と従業員満足度はめざましく改善した。

エレナは、短期間で流れをつくり、初期の成果をあげることによって個人的な信用を築くことに成功した。[1]あなたも最初の数カ月が経過するころには、上司、同僚、部下に、何か新しくて良いことが起こっていると感じさせるようにしたい。初期の成果は、社員を刺激し活気づけるとともに、自分自身の信用を高める。うまくすれば、新しい組織のために早く価値を創出できるようになり、ブレイクイーブンポイントに達するまでの時間をぐっと短縮できる。

■波をつくる

移行期の経営者を対象としたある調査によると、彼らが変革を計画し実施する過程には、図5-1のような明瞭な波が見られるという。[2] これらのリーダーは、最初に集中的な学習の期間を経て、初期の変革の波をつくり始める。やがてそのペースは鈍化し、足元を固めるとともに、組織についてさらに深く学ぶ余裕ができ、社員も一息つく。その後、見識を深めたリーダーはさらに大きな変革の波を起こす。最後の低い波は、業績を最大化するための微調整によるものだ。ここまで来ると、ほとんどのリーダーはどんどん前に進み始める。

この研究は、本書で述べる移行管理の方法に直接関わってくる。初期の成果をあげる計画を考えるときには、明確に目標を念

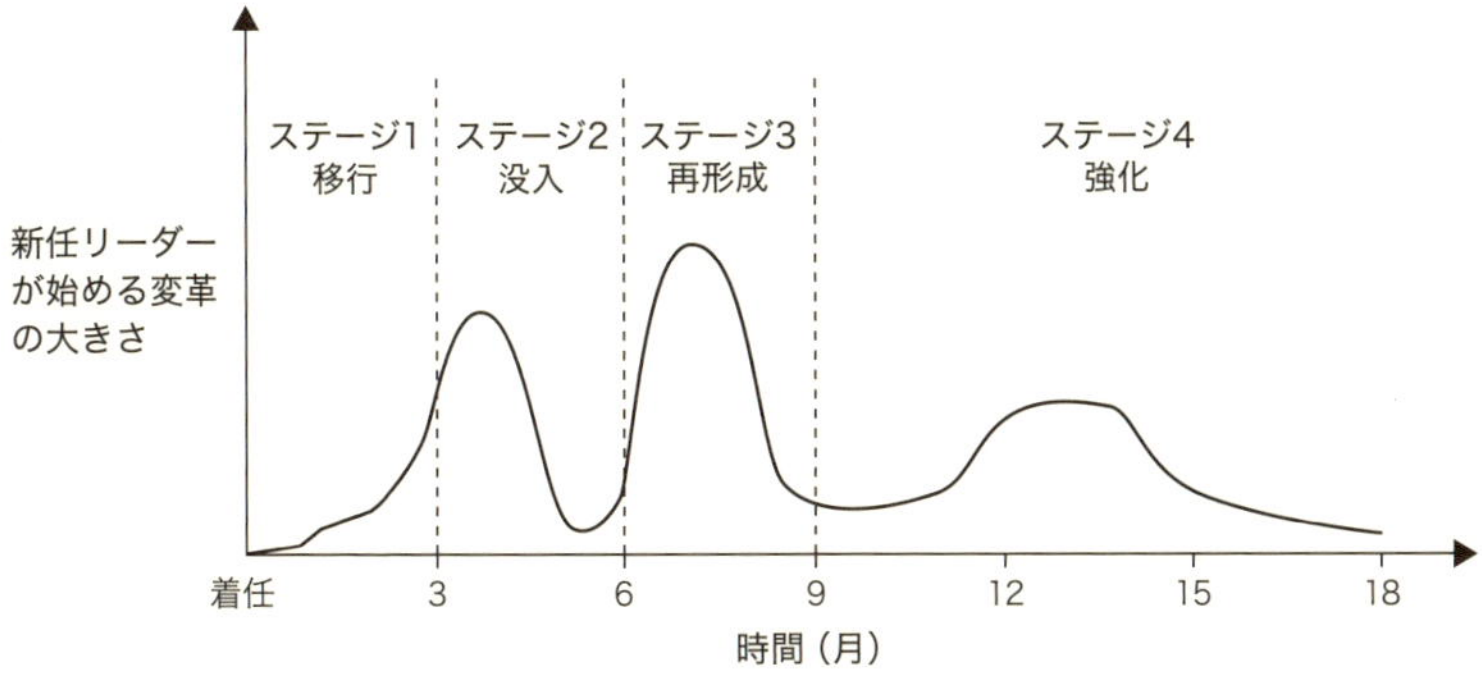

図5-1　変革の波

頭に置くべきだということだ。移行はたかだか数カ月の話だが、リーダーは次の異動まで二年から四年は同じ役職にとどまるのが通常である。初期の成果は、長期的な目標を最大限引き寄せるものであるべきだ。

波を計画する

移行期（それ以降も）の計画を立てるにあたっては、連続的に変革の波を起こすことに重点を置く。それぞれの波はいくつかのフェーズで構成されている。「学習」「変革の構想」「サポートの構築」「変革の実施」「結果の観察」である。このような考え方をすると、最初に学習と準備のために、そしてあとで足元を固めて次の波に備えるために時間を使うことができる。絶えず物事を変え続けていたら、何がうまくいって何がうまくいかないかを見きわめることもできない。また、はてしない変革は間違いなく部下を疲弊させる。

最初の変革の波は、初期の成果をあげることが目標である。新任リーダーは、個人的な信用を築き、主要な人間関係を確立し、手近な成果――組織の業績を短期間で改善できる可能性が特に高い機会――を見定めて収穫するために最初の取り組みを計画する。うまくいけば、この戦略によって新任リーダーは流れに乗り、自分自身の学習を深めることができる。

第二の変革の波は、通常、組織を改造するための戦略、構造、システム、スキルといった根本的な問題に関するものである。組織の業績はさらに大きく向上する。しかし、最初の波で初期の成果をつかんでおかなければ、そこへはたどり着かない。

■目標から始める

移行期のリーダーが何かを進めたいと考えるのは無理からぬことである。そこで、当然のように最も簡単に解決できる問題に目が向く。この戦術は、あるところまではうまくいく。しかし、**手近な成果の罠**にはまらないよう注意する必要がある。この罠は、リーダーが長期的な事業目標の達成につながらない初期の成果を求め、エネルギーを使い果たしたところに牙をむく。巨大な一段目のほかに何もないロケットを軌道に向けて打ち上げようとするようなものだ。初期の推力を失ったら、地上に落ちてくる危険が大きい。つまり、こういうことだ。どこで初期の成果をあげるかを決めるときは、手近な成果に引かれずに高いところへ手を伸ばすことも必要である。

そこで、流れをつくろうと思うなら、初期の成果には二つの役割をもたせる必要があることを心しておきたい。短期的に流れをつくるという役割と、長期的な事業目標を達成する土台を築くという役割である。つまり、初期の成果をあげる計画は、可能なかぎり(一)あなたが約束した目標——上司や主なステークホルダーが達成してほしいと考えるもの——と一貫性があり、(二)それらの目標を達成するために必要な新しい行動パターンを組織に浸透させるために役立つものにすべきである。

ビジネスの優先課題に注目する

上司やその他の主なステークホルダーに約束した目標は、測定可能な事業目標としてあなたが到達しようとしている目的地である。たとえば、二桁増益、欠陥・再加工の大幅削減、約束した期限内の主要プロジェクトの完遂などである。エレナの場合、最優先課題は、顧客満足度の大幅な向上であった。ポイントは、終着点をはっきり思い描いて任務を進められるような目標を決めることである。

行動の変化を見きわめて支援する

約束した目標は目的地だが、部下たちとの行動は、そこへたどり着く（または着かない）までの重要な過程である。言い換えると、割り当てられた時間内に目標を達成しようと思うなら、不適切な行動パターンは変える必要があるだろう。

最初に、望ましくない行動を見きわめる。たとえば、エレナは組織から恐怖を取り除き、社員の力を奪っている要因をなくしたいと考えた。次に、エレナがしたように、自分の在任期間が終わるまでに部下にどのように行動するようになってほしいかというビジョンを明確に描き、初期の成果を追求する中でどのようにそのプロセスを進めることになるかを計画する。人々がいつも見せる行動で、好業績をあげる可能性を損なうものは何か。表5‐1に、問題の行動パターンの例をあげた。これを見て、変えたいと思う行動について自分の考えをまとめてみよう。

■基本原則を使う

初期の成果をあげることは重要だが、正しいやり方であげることも大切である。何よりも、最初から失敗することは避けたいのが当然である。ひとたび逆風が吹き始めたら取り返すことは難しいからだ。いくつか考えておくべき基本原則をあげておこう。

足りないもの	症状
注意力	・グループが優先課題を明確に定義できない、または優先課題が多すぎる ・資源が拡散しすぎ、頻繁に危機が生じて緊急事態になる。息の長い解決策を案出する能力より、緊急時対応の能力が評価される
規律	・社員の業績水準に大きなばらつきがある ・一貫性がないことによる悪影響を社員が理解していない ・社員が約束を果たさなかったときに言い訳をする
イノベーション	・グループが業績評価に内部の基準を使用している ・製品やプロセスの改良が遅く、わずかずつしか進まない ・限界に挑む社員より、安定した業績を維持する社員が評価される
チームワーク	・チームのメンバーが、共通の目標を達成するために協力するのではなく、互いに競争してなわばりを守っている ・なわばりをつくった社員が評価される
切迫感	・チームのメンバーが、外部や内部の顧客の要望を無視する ・自己満足が蔓延し、「われわれは現在もこれまでも最高だ」、「すぐに対応しなくても問題ない。大した違いはない」という思い込みがある

表5-1　問題の行動パターン

□可能性の高い少数の機会に集中する：移行中、いろいろなことを背負いこみすぎて破綻することはありがちだ。移行中に結果を出せるのは、せいぜい二つの分野である。そこで、最も可能性の高い機会を見きわめ、ひたすらその機会を成果に変えることに集中する必要がある。リスクマネジメントと同じことだ。数撃てば当たるのは確かだが、そのために力が分散しすぎては意味がない。

□上司にとって価値のある成果をあげる：直属の部下やほかの社員を活気づけるような初期の成果を得ることは重要だ。しかし、あなたの業績に対する上司の意見もまた重要である。上司の優先課題は、たとえ全面的には支持できないものであっても、どのような初期の成果をめざすかを考えるときには中心に据えるべきである。上司が気にかけている問題に取り組むことは、信用を築き、資源を確保するために役立つはずだ。

□正しい方法で成果をあげる：ごまかし、不公正と見られる方法や、文化と相容れない方法でめざましい成果を手に入れると、結局は困ったことになる。もしエレナが懲罰的な方法で成果をあげていたら、彼女がめざしていた大きな目標を損なうことになっただろう。組織に浸透させたいと考えている行動の模範を示す形で初期の成果をあげることができれば、二重の成功である。

□ＳＴＡＲＳポートフォリオを考慮する：何が初期の成果になるかは、ＳＴＡＲＳのビジネス状況によって大きく異なる。〈軌道修正〉では、社員が組織とその課題について話し合うようになるだけでも大きな成果だが、〈立て直し〉ではそれは時間の無駄である。ポートフォリオのそれぞれの部分で流れをつくるのに最適なものは何か、真剣に考えてみることだ。話を聞いたり学んだりする姿勢を示すことだろうか。緊急のビジネス上の課題について迅速に断固たる決断をくだすことだろうか。

□**文化に合わせる：**成果は目に見える個人的な業績であるべきだという組織もあれば、個人の名誉を求めることは、たとえ良い結果を生んだとしても、チームワークを壊すスタンドプレーとみなされる組織もある。チーム指向の組織では、新製品のアイデア開発でチームを率いることや、さらに大きな取り組みでチームプレーに徹して信頼できる協力者と見られることが初期の成果につながる。特に外部から組織に加わった場合には、何が成果と認められ、何が認められないかをよく理解する必要がある。

■初期の成果を見きわめる

行動の変化に関する目標と目的を理解したら、それを頼りに、どこで初期の成果をあげるべきかを見きわめられる。何をするかは、二段階に分けて考えるとよい。最初の三〇日前後で個人的な信用を築き、それ以降で初期の業績向上を達成するために立ち上げるプロジェクトを決めるのだ（当然、実際の期間は状況によって異なる）。

自分の評判を理解する

着任すると、社員たちはすぐに新しいリーダーの人柄と能力を探り始める。評価の一部は、リーダーについてすでに「知っている」つもりの事実にもとづいている。社員たちは、過去にリーダーと働いていた人から人伝に話を聞いているはずだ。つまり、任務を開始するときにはいやがおうでも、妥当かどうかはともかく、なんらかの評判がついてくる。もちろん、その評判が現実になるリスクもある。人には自分の確信に合致する情報に目を向け、合致しない情報は無視する傾向があるからだ。これを「確証バイアス」という。[3] そのため、人が自分にどのような役割を期待しているかを理解し、その期待をさらに強めるか、打ち砕くかをはっきり決めておく必要がある。

かつての同僚の上司になったエレナの場合、組織の人々が彼女を知っているという点では特殊なケースだが、みんなが知っているのは階層が低かったときの別の彼女である。エレナにとって危険なのは、新しい役職についても今までと同じだろうと期待されることである。そこで、彼女に対する認識を変える方法を考えることが彼女の仕事となる。かつての同僚の上司になることにはほかにどのような難しさがあるか、コラム「かつての同僚の上司になる」にまとめた。

■かつての同僚の上司になる

同僚から上司になるというありがちな課題に対応するには、次の原則を使うとよい。

□**関係は変わらなければならないという事実を受け入れる**：昇進の代償として、かつての同僚との個人的な関係は同じままであってはならない。親密な個人的関係と有効な上下関係は、まず相容れないものである。

□**通過儀礼は早い時期に**：最初の数日は、実質面より象徴的なことに意味がある。そこで、新しい任務で自分の存在を確立するために、通過儀礼が役に立つことがある。たとえば、新しい上司からチームに自分を紹介し、責任を委ねてもらうなど。

□**かつての（良き）同僚を束ね直す**：昇進したリーダーの陰には、同じ任務につきたいと意欲を燃やしていたが叶わなかった人たちがいる。落胆した競争相手は徐々に適応していくものである。その過程で誰が自分の下で働けて、誰が働けないかを注視する必要がある。

□**巧みに権力を確立する**：リーダーは、自己主張をしすぎず控えすぎずの綱渡りをしなければならない。かつての同僚が指示を出されることに慣れるまでは、重大な問題に対応するときは相談して決定するアプローチをとると有効かもしれない。ただし、十分な情報もなく決定をくだしてはならない。

□**会社にとって何が有益かを考える**：昇進が発表された瞬間から、かつての同僚たちは、あなたが便宜をはかってくれそうか、それともかつての仲間を踏み台にして自分の政治的地位を高めるつもりかを見きわめようとぴりぴりしている。対策のひとつは、会社にとって正しいことに信念をもって徹することだ。

信用を築く

着任して最初の数週間では、業績に目立った影響を与えることは望めないが、小さな勝利をあげて何かが変化していると知らせることはできる。これは、個人的な信用を築いてごくごく初期の成果をあげるための努力だと考えよう。

あなたが信用されるかされないかは、周囲の人があなたに関する次の疑問にどう答えを出すかによる。

□正しい知識のもと、ぶれることなく厳しい決定をくだせるか。
□価値観を理解できる、尊敬できる、見習いたいと思うか。
□正しい方向にエネルギーを使うか。
□自分自身や他人に対する要求が高いか。

人々は、善きにつけ悪しきにつけ、わずかなデータをもとに意見を形成し始める。最初のうちのちょっとした行動が、善し悪しの認識に結びつく。ひとたび厳しい見方をされるようになると、変えることは難しい。また、意見形成のプロセスは驚くほど短期間で進む。

それでは、どのように個人的な信用を築けばよいのだろうか。ひとつには、ブランドの資産価値を築くときのように、自分自身をうまくマーケティングすることだ。自分と魅力的な能力、姿勢、価値を連想させるようにしたい。そのための方法にたったひとつの正解はない。しかし、一般的に言って、新任リーダーは次のような性質を見せたときに信用できる人物だと認められる。

□**要求は厳しいが結果を出せば納得してくれる**：有能なリーダーは、部下に現実的な約束をさせ、結果を出すことに責任をもたせる。しかし、その結果にリーダーが満足しなかったら、部下のやる気をそぐだけである。成功を称えるべきときと、さらに多くを要求するときを知っておこう。

□**近づきやすいが親しくなりすぎない**：近づきやすさは、誰にでも応えることとは違う。近づくことはできるが、そのときも権威は保っているという意味である。

□**決断力はあるが思慮分別もある**：新任リーダーの資質を伝えるには、重要性の低い決定は次々にくだし、まだ十分な準備ができていない決定はあわててくださないことだろう。移行してすぐに決断力を示したいと思うかもしれないが、一部の決定については、正しい決断をくだせるだけの知識を得るまで先延ばしにするべきである。

□**焦点は定まっているが柔軟である**：かたくなにほかの解決策を検討することを拒絶して、悪循環をつくり他人を遠ざけるようなことは避けるべきだ。有能な新任リーダーは、問題に焦点を定めながらも、ほかの人に相談したり、情報提供を促したりすることで権威を築いていくものだ。また、部下に各自のやり方で結果を出す余地を与えるべきときもわかっている。

□**行動的だが混乱させない**：気運を盛り立てることとグループや部門を閉口させることは紙一重である。変化は起こすが、燃え尽きるまで部下を追い詰めるべきではない。ストレスレベルに注意を払い、自分と他人のペースをつくるようにする。

□**厳しい決断はくだすが人情がある**：業績の悪い社員を辞めさせるなど、ただちに厳しい決断をくださなければならない場合もある。有能な新任リーダーは、やるべきことはやるが、部下の尊厳を守り、ほかの人から公正とみられるような方法をとる。部下は、リーダーが何をするかだけでなく、どのようにするかも見ていることを覚えておこう。

つながりを計画する

最初の行動は、リーダーに対する認識をとりわけ大きく左右するため、着任直後の数日間に新しい組織とどのように結びつくかをよく考える必要がある。自分がどういう人物で、どのようなリーダーかという点について、どのようなメッセージを広めたいか。そのメッセージを伝える最良の方法はどのようなものか。聞き手は誰か——部下、その他の社員、外部の主な関係者——を考え、相手に応じていくつかのメッセージをつくる。ここでは、何をするつもりかを伝える必要はない。それは時期尚早だ。それよりも、自分は何者か、どのような価値観や目標をもっているか、どのようなスタイルで、どのように仕事をおこなっていくつもりかということに目を向けてもらうべきである。

どのような形でつながるかも考えておこう。どのように自己紹介するか。部下との最初のミーティングは一対一がよいか、グループがよいか。それは非公式の懇親会のようなものか、それともいきなり仕事の問題を取り上げて評価検討するか。さらに広く自己紹介するためには、電子メールやビデオなど、ほかにどのような手段を使うか。会社のほかの施設でも、早いうちに会合をおこなうか。

ある程度つながりができたら、わずかでも残っている異物をできるだけ早く見つけ出して取り除くために行動する。対外関係の緊張に注意し、修復を始める。不要な会議を取りやめ、長すぎる会議は短縮し、物理的な職場環境の問題を改善する。こうしたことはすべて、早いうちに個人的な信用を築くことにつながる。

最後に、効果的な学習は個人的な信用を築くことを覚えておいてほしい。新しい組織を理解することに熱心だと思われるのは悪いことではない。着任当初から組織の問題を決めつけ、「答え」をもってきたなどと思われずにすむ。早いうちに学ぶ姿勢を見せることは、ここには独自の歴史と力学があることを理解していると、組織に対して知らせることになる。もちろん、飲み込みがよいと思われることも大事で、ある大統領のように「カンザスのように平らな学習曲線」[4]などと揶揄されてはならない。さらに、学習から決断や行動へと重点を移す時期も見きわめが大切だ。

自分の物語をつくる

最初の数週間の行動は、実質だけでなく象徴的な意味もあるため、とりわけ大きな影響力をもつことは避けられない。初期の行動は物語に仕立てられることもあり、それによってリーダーは英雄にも悪者にもなる。あなたはサポートスタッフに非公式に自己紹介するための時間をとっているだろうか、それとも上司、同僚、直属の部下のことだけ考えているだろうか。このような些細な行動によって、話しやすいとか近寄りがたいといったレッテルが貼られる。どのような自己紹介をするか、サポートスタッフをどのように扱うか、わずかな異物をどのように扱うか。これらの行動の断片が物語の核となり、広範囲に流布される。

自分の神話をそっと良い方向へ向けるために、**教えるチャンス**を探して活かすとよい。これは、エレナが方針に従わない管理者に対してしたように、自分の姿勢をはっきりと打ち出す行動である。自分が奨励しようとする行動の模範にもなるものだ。なにも大仰なことを言ったり対決したりする必要はない。メンバーが直面している大事な問題についてチームが理解しているかどうかを明確にするために鋭い質問をするなど、単純だが厳しいものであればよい。

初期の成果をあげるプロジェクトを立ち上げる

個人的な信用を築き、重要な人間関係をつくることは、早く成果をあげるために役立つ。しかし、実務面でも短期間で目に見える業績をあげる機会を早く見つける必要がある。これには、わずかな費用ですぐに取り組める問題で、業務面や財務面に目に見える利益をもたらすものが最適である。たとえば、生産性を抑制しているボトルネック、対立を生んで業績を損ねているインセンティブ・プログラムなどである。

主な分野を多くても三つか四つほど探し、その分野で迅速な改善をめざす。可能性を評価するには、表5-2の初期の成果評価ツールを利用するとよい。ただし、多くのことに手を出しすぎると焦点を見失うおそれがあるので注意したい。リスクマネジメントについて考えてみよう。初期の成果をめざす取り組みのポートフォリオを構築し、どれかが失敗に終わっても、どれかが大成功をおさめてバランスがとれるようにするのだ。そして、ひたすら結果を出すことに集中する。

初期の成果をあげる準備をするには、学習課題の中で、改善の余地がある機会をどのように見いだすかという問題に具体的に取り組む必要がある。そして、次のガイドラインに従って、自分の目標をもとに初期の成果をあげるプロジェクトを立ち上げる。

□**いつも長期的な目標を考える**：あなたの行動は、約束した事業目標と、それを支える行動変革の目標にできるかぎり寄与するものであるべきだ。

このツールは、初期の成果をあげるターゲットの候補を評価するものである。それぞれのターゲット候補にひとつずつ表を使い、評価質問に注意深く答えて記入する。次に、評価質問のスコアを合計し、その結果をおおまかな目安として可能性を診断する。

初期の成果候補 ＿＿＿＿＿＿＿＿＿＿＿＿＿＿＿＿＿＿＿＿

以下のそれぞれの質問について、可能性を最もよく表している答えを丸で囲みなさい。

質問	全然	少しは	まあまあ	かなり	非常に
このターゲットには、部門の業績を大幅に改善する機会があるか	0	1	2	3	4
この改善は、手持ちの資源で比較的短い期間で達成できるか	0	1	2	3	4
これに成功すれば、約束した事業目標を達成するための基礎づくりにもなるか	0	1	2	3	4
成果を達成するために使われるプロセスは、組織に必要な行動の変化を起こすのに役立つか	0	1	2	3	4

丸で囲んだ数字を合計してここに記入 ＿＿＿＿＿＿

結果は0から16までの数字で、ターゲット候補の魅力を比較するために利用できる、おおまかな尺度となる。これらの数字は、常識に従って解釈してほしい。たとえば、最初の質問が0点だった場合、ほかがすべて4点だったとしても意味がない。

表5-2　初期の成果評価ツール

□可能性のあるいくつかのターゲットを特定する：ターゲットとするのは、改善によって組織全体の業務または財務の業績が大幅に強化される分野またはプロセスである（エレナの場合は顧客サービスプロセスなど）。少数のターゲットに集中することで、目に見える結果を出すために必要な時間と労力が軽減される。また、これらの分野で早期に業績改善に成功すれば、さらに広範囲の変革を追求する自由が得られる。

□初期の成果のためのプロジェクトを立ち上げる：初期の成果への取り組みを、選んだターゲットを目標とするプロジェクトとして管理する。エレナが新しい役職についたとき、顧客サービスを改善するチームを任命したのがこれにあたる。

□変革の推進者を昇格させる：異動先のあらゆる階層の中から、あなたの課題を進めるための見識、推進力、動機をもっている人を探し出す。エレナのように、彼らを昇進させるか、主要プロジェクトのリーダーに任命する。

□新しい行動を導入するために初期の成果プロジェクトを利用する：初期の成果プロジェクトは、組織、部門、グループに今後どのように機能してほしいかを示すモデルとなるべきものである。エレナはこのことを理解していたため、チームが正しい方法でプロジェクトを追求し、最適な方法を学べるよう、コンサルタントと契約した。

表5－3のプロジェクト計画のテンプレートを使って、最大限のインパクトをもつプロジェクトを計画してみよう。

■変革を主導する

どこで初期の成果をあげるかを決めるときは、どのように組織に変化を起こすかも考えるべきである。変革を主導するのに、これで万能という方法はないことを覚えておこう。最良の方法は状況によって異なる。たとえば、もともと切迫感のある〈立て直し〉ではうまくいった方法が、多くの人が変革の必要性を認めようとしない〈軌道修正〉では無残に失敗するということもありえる。そこで、STARSポートフォリオの要素によって変革の主導方法を変えられる柔軟性を保つ必要がある。

計画と学習

最も重要な問題または取り組むべき課題を見つけたら、次は、計画して変革するか、集団で学習するかを決定する。[5]

すでに次のような要素がそろっている場合、単純に変革を計画して実施するアプローチが有効である。

□意識：必要最小限の人が変革の必要性を意識している。
□診断：何をどのような理由で変える必要があるかがわかっている。
□ビジョン：魅力的なビジョンと堅実な戦略がある。
□計画：詳細な計画をまとめるためのノウハウがある。
□サポート：実施を支援してくれる十分に強力な味方がいる。

フォグランプ (FOGLAMP) とは、焦点 (Focus)、管理 (Oversight)、目標 (Goal)、リーダーシップ (Leadership)、能力 (Abilities)、手段 (Means)、プロセス (Process) の頭文字をとった言葉である。このツールは、曖昧な点を理解し、重要なプロジェクトの計画を立てるのに役立つ。立ち上げる初期の成果プロジェクトごとに、ひとつずつ表を完成させる。

プロジェクト名 ______________________________

質問	答え
焦点：このプロジェクトの焦点は何か。たとえば、どのような目標または初期の成果を達成したいのか	
管理：このプロジェクトをどのように管理するか。誰かに管理に参加してもらうことで実施面でチーム全体の参画を促せないか	
目標：目標、中間目標は何か、それらを達成する期間はどの程度か	
リーダーシップ：誰がプロジェクトを主導するのか。成功するためにリーダーの研修が必要だとすれば、それはどのようなものか	
能力：どのようなスキルをもつ人と、何を代表する人を組み入れる必要があるか。スキルがあるため必要な人材は誰か。主な関係者の代表として参加するのは誰か	
手段：チームが成功するために必要な設備などの追加資源は何か	
プロセス：チームに使ってほしい変革モデルまたは構造化プロセスはあるか。あるとしたら、チームはどのようにそのアプローチになじんでいくのか	

表5-3 「フォグランプ」プロジェクトのチェックリスト

この方法は、〈立て直し〉の状況で有効な場合が多い。たとえば、社員が問題があると認めている場合、解決方法は文化や政治というより技術的な問題であり、人々は解決策を求めている。

しかし、五つの条件のうちひとつでも満たされない場合、計画だけで変革しようとすると問題にぶつかるかもしれない。たとえば、〈軌道修正〉の状況で社員が変革の必要性を認めようとしない場合、計画を示されても押し黙ったり、積極的に抵抗したりするだろう。そこで、変革の必要性を意識させる必要があるかもしれない。あるいは、問題を明確に分析し、魅力的なビジョンと戦略をつくり、多部門にわたる堅実な実施計画を作成し、変革をサポートする協力者の輪をつくる必要があるかもしれない。

これらの目標をひとつでも達成するには、集団学習プロセスに集中することにして、変革計画を作成して押しつけることは避けたほうがいいだろう。たとえば、問題の芽に対し意図的に目をつぶっている人が大勢いる場合、壁に風穴をあけるためのプロセスが必要である。組織の防衛姿勢を正面から攻撃するより、ゲリラ戦を展開するように人々の抵抗を少しずつ切り崩し、変革の必要性に対する意識を高めるべきだろう。

このためには、顧客満足度や競合製品に関する新しいデータなど、新しいビジネスの運営方法や考え方を主な社員に知らせる方法がある。あるいは、業界トップの企業のベンチマーキングをおこない、優秀な競争相手の業績をグループで分析させてもよい。あるいは、オフサイト・ミーティングを設定して主要な目標についてや既存のプロセスを改良する方法についてのブレーンストーミングをおこなうなどして、部下たちに新しい仕事の進め方を考えるようすすめてもよい。

大切なことは、変革プロセスのどの部分には計画が適していて、どの部分には集団学習が適しているかを見きわめることである。新しい組織にどのような変化を起こしたいか考えてみよう。そして、図5-2の診断フローチャートを使ってどのような場合に計画プロセスや学習プロセスが成功の鍵になりそうか調べてみよう。

行動変革に取り組む

初期の成果をあげようと計画する場合、達成する目的と同じぐらい手段が重要であることを覚えておこう。初期の成果をあげるための取り組みには、新しい行動基準を確立するというもうひとつの役割がある。エレナはこのために、プロジェクト・チームのメンバーを慎重に選定してコーチングをおこない、チームの提案を迅速に実施した。

組織を変えるには、その文化を変える必要があると考えられる。これは難題である。組織には深く染みついた悪習があるかもしれない。しかし、それを打ち破りたいと思っても、ひとりの人間が習慣化したパターンを大きく変えることが、ましてお互いに考えを助長し合う集団を動かすことがいかに難しいかはわかっている。

既存の文化を打ち壊し、最初からやり直すことは正解にはならない。すべての変化を一度に吸収するには、人にも組織にも限界がある。それに、組織の文化には必ず欠点もあれば長所もある。文化があることで予測が可能になるし、誇りをもてる要因になる。既存の組織や文化には良いところは何もないというメッセージを送ってしまったら、変革のさなか、社員から大切な拠り所を奪うことになる。また、自分からも、業績改善に活かせるはずのエネルギーの源泉を奪うことになる。

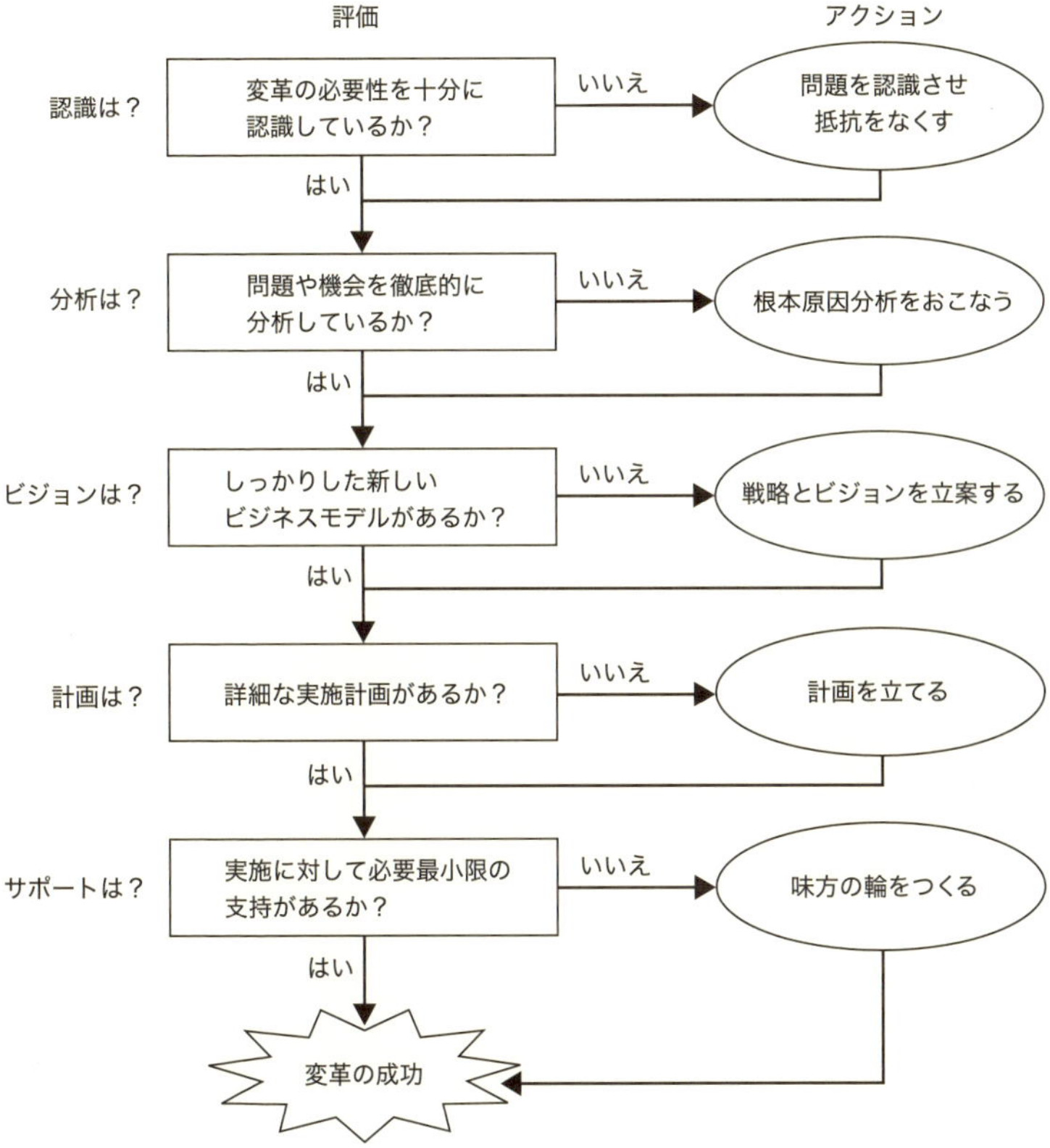
評価
アクション
認識は？
変革の必要性を十分に
認識しているか？
いいえ
問題を認識させ
抵抗をなくす
はい
分析は？
問題や機会を徹底的に
分析しているか？
いいえ
根本原因分析をおこなう
はい
ビジョンは？
しっかりした新しい
ビジネスモデルがあるか？
いいえ
戦略とビジョンを立案する
はい
計画は？
詳細な実施計画があるか？
いいえ
計画を立てる
はい
サポートは？
実施に対して必要最小限の
支持があるか？
いいえ
味方の輪をつくる
はい
変革の成功

図5-2　変革管理の診断フレームワーク

重要なのは、既存の文化の良いところも悪いところも見きわめることである。悪いところを変えようとしているときでも、良いところは伸ばして称えるようにする。慣れ親しんだ文化の中で機能している要素は、社員を過去から未来へと渡らせる架け橋になる。

状況に合った戦略を立てる

行動変革の方法は、グループの構造、プロセス、スキル、そして何よりも状況に応じて選択すべきである。再び〈立て直し〉と〈軌道修正〉の状況の違いについて考えてみよう。〈立て直し〉では、時間的なプレッシャーがあるうえ、事業の安定した中核をすばやく見きわめて守らなければならない。外部から新しい人材を連れてきて、具体的な業績改善計画に取り組むプロジェクトチームを立ち上げるといった方法が有効な場合もある。一方、〈軌道修正〉の場合、あまり目立たない方法で行動の変革に着手したほうがよいだろう。たとえば、業績評価の基準を変えたりベンチマーキングを開始したりすることで、集団の中に事業を軌道修正するビジョンをつくる準備をととのえる。

■予測可能な不意討ちは避ける

最後に、刻々と迫る時限爆弾の危機を認識し、目の前で爆発するのを防がなければ、初期の成果をあげようという努力はすべて無になる。爆発すれば、その瞬間から立て続けに緊急対応に追われることになり、体系的に物事を進めて流れをつくるなどという希望は消し飛ぶ。

青天の霹靂のように不測の事態が起きることもある。そんなことになれば、歯を食いしばってできるかぎりの危機対応にあたるしかない。ところが、それよりはるかに多いのが、予測できたはずの不意討ちによって新任リーダーが挫折するケースである。時限爆弾を見つけて信管を除くために必要な情報はあったはずなのに、そうしなかった場合である。[6]

このようなことがたびたび起きるのは、新任リーダーが見るべき場所を見ていないか、尋ねるべきことを尋ねていないからである。前に述べたように、誰にでも、取り組みたい問題、避けたいまたは自信がない問題といった嗜好がある。しかし、あまり得意ではない分野にも取り組んだり、必要なノウハウをもっている信頼できる人を探して任せたりするよう心がけるべきである。

予測可能な不意討ちが起きるもうひとつの理由は、組織のあちこちにパズルのピースが散らばっていて、それらをまとめる人がいないことだ。どのような組織にも情報のサイロがある。重要な情報が見えるところにまとめて置かれるようなプロセスをつくっておかなければ、自分自身が予測できたはずの不意討ちにあうおそれがある。

次の質問で、問題が潜んでいる可能性がある分野を見つけておこう。

□**外部の環境：**世論の傾向、政府の措置、経済状況があなたの部署に大問題を引き起こす可能性はないか。たとえば、競争相手に有利な、または自社の価格やコストに悪影響をおよぼす政策変更、製品の使用による健康や安全性への影響に対する世論の大きな変化、開発途上国の経済危機問題などが考えられる。

□**顧客、市場、競争相手、戦略：**会社を取り巻く競争環境に、大きな課題を突きつけられそうな変化は起きていないか。たとえば、自社製品が他社製品より劣っていることを示唆する研究、低価格の代替製品を販売する新たな競争相手、価格戦争などが考えられる。

□**社内の能力**：部内のプロセス、スキル、能力に危機を引き起こしそうな問題は潜んでいないか。たとえば、予想外のキーパーソンの喪失、主要工場における重大な品質上の問題、製品のリコールなどが考えられる。

□**組織の政治**：うっかり政治的な地雷を踏んでしまう危険はないか。たとえば、部内に触れてはいけない人事があるのを知らなかった、同僚がひそかに自分をおとしめようとしていることに気づかなかったなど。

初期の成果をあげる計画を立てるときは、自分にとって最重要の目標を念頭に置くべきである。すなわち、望ましい行動を促し、組織のために約束した目標の達成につながるような好循環を生み出すことである。早い段階で控えめながら重要な改善をめざすことで、やがて抜本的な改革を追求できるのだということを覚えておきたい。

チェックリスト　初期の成果をあげる

1　約束した事業目標から考えて、それらを達成する流れをつくるには、移行期間中に何をする必要があるか。

2　それらの目標を達成するには、社員の行動がどのように変わる必要があるか。奨励すべき行動、やめさせるべき行動をできるだけ明確に説明しなさい。

3　自分をどのように新しい組織と結びつけるつもりか。主な聞き手は誰で、どのようなメッセージを伝えたいか。どのような方法でつながるのが最良か。

4　最初に業績を改善し、行動変革のプロセスに着手できそうなターゲットはどこか。

5　どのようなプロジェクトを立ち上げる必要があり、誰がそれを主導するか。

6　どのような予測可能な不意討ちによって挫折するおそれがあるか。

第六章　組織のバランスをととのえる

ハナ・ジャフィーは信望ある人事コンサルタントで、元クライアントに人事担当副社長として採用された。この会社は経営陣に激しい対立があり、上級管理者の何人かは互いに口もきかないほどだった。ハナは、必要な人事改革をおこない、経営チームを再編するにあたってＣＥＯを手伝うために雇われた。

ハナはすぐに、問題の根源は組織の構造とインセンティブシステムにあることに気づいた。一年前、急成長中だった会社は、製品ライン別の事業単位に再編された。しかし、いくつかの事業部の顧客ベースが重複しており、さらに新しい構造とインセンティブシステムが原因で協力が進まなかった。その結果、顧客は混乱し、主な顧客関係の管轄をめぐって事業部同士が対立し、総合的なソリューションを提供できなかった。混乱は財務面にも影響をおよぼし始め、売上高の伸びは止まり、ＣＥ

Oは取締役会や投資家から厳しく追及されることとなった。

会社にはさらなる構造改革が必要だと確信したハナは、CEOに対し主張を展開した。しかし、CEOはもう一度再編に取りかかることには否定的で、問題は人にあるという考えを変えなかった。組織の構造は健全だ、適材適所に配置すればうまくいくはずだとCEOはハナに言った。

実際、経営陣の結びつきはかなり弱かった。しかし、人の問題に手をつけるのは構造を正してからだとハナは考えていた。そこで、彼女は何度もCEOを訪れた。詳細な分析をおこない、インセンティブのアンバランスが無用な対立を生んだ事例をCEOに示した。また、他社が同じような緊張に対処するために組織を再編していることを強調した。

時間はかかったが、やがてハナは会社をマトリクス構造にすることをCEOに納得させた。マーケティングと営業の関連業務は顧客セグメントに戻し、事業部と研究開発は製品ライン別のまま残し、財務、人事、IT、サプライチェーン支援を提供する共通サービス組織が創設された。このバランス調整は有効だった。一年後、会社ははるかに円滑に機能するようになり、顧客満足度も向上し、再び急成長が始まった。そして、どの役員を交替させるべきかがいっそう明らかになった。

組織の階層を上るほど、組織のシステムの主要要素——すぐれた業績の基盤となる戦略的方向性、構造、コアプロセス、スキルベースなど——を開発してバランスをとる**組織の設計者**としての役割が大きくなる。リーダーとしていくらカリスマ性があっても、基本的に組織内のバランスがとれていなければ大したことはできず、何をしても徒労に終わるだけである。

新しい役職で方向性、構造、プロセス、スキルを変える自由があるなら、はじめに組織の構造を分析し、これらの主要要素間のバランスを評価するべきである。最初の数カ月は、確実な診断をおこない、最も差し迫ったバランスの問題に着手するのがやっとだろう。しかし、いくつかの初期の成果をあげるためのプロジェクトに適切に焦点を定め、それに続く大きな変革の波に向けて土台をつくれるよう、やるべきことを把握しておくことが重要だ。

ハナのように、一方的に組織構造を変える権限がないとしても、組織のバランスを評価するよう努めるべきである。手持ちのパズルのピースが全体像にどのようにあてはまるか（あるいはあてはまらないか）。深刻なアンバランスが好業績の達成を妨げる重大な要因になっていることを、上司や同僚など影響力をもつ人に納得させる必要はあるか。また、組織のシステムを十分に理解することが、上層部の信用を得て、さらに上のポジションにつく可能性をアピールすることにつながると覚えておこう。

■落とし穴にはまらない

リーダーの多くは、複雑な組織の問題を単純な方法で解決しようとして、結局誤ってしまう。次のようなありがちな落とし穴に注意しよう。

□**変化のための変化を起こす**：新任リーダーは、それがターゲットにすべき分野かどうかに関係なく、戦略や構造に短期間で目に見える変化を起こしたいという誘惑にかられる。ビジネスを十分に理解しないうちに、組織に足跡を残して変化を起こさなければというプレッシャーをみずからに課してしまいがちである。これでは「構え、撃て、狙え」である。ここでも行動強迫症が災難をまねく。

□**STARSの状況に応じた調整をしない：**変革を主導するのにベストな方法はひとつではない。〈立て直し〉で組織のバランスをとる方法（ときには過激なまでに急速な変化を重視する）と、〈急成長〉や〈軌道修正〉での変革の進め方やバランスの修正方法（多くは少しずつ変化を重ねる方法が適している）はまったく違う。そこで、ひとつの方法であらゆる変化に臨むのではなく、STARSの状況に応じて最適の進め方を理解することが重要である。

□**根の深い問題から抜け出すために構造改革しようとする：**本当の問題がプロセス、スキルベース、文化にあるのに組織構造を徹底改革しようとすることは、沈むタイタニック号のデッキチェアを並べ替えるのにも等しい無意味な行為である。問題の根本原因の解決につながるかどうかがわかるまで、そのような再編は控えるべきである。そうしないと新たなアンバランスを生んで元へ引き返すはめになり、組織を混乱させて信用を落とすことになりかねない。

□**複雑すぎる構造をつくる：**前の項目に関連する罠である。たしかに、ハナの場合のように、マトリクス構造を導入することには意味があるかもしれない。うまくいけば、マトリクス構造が責任の共有を促し、創造的な緊張の中で仕事ができる。しかし、適正バランスを見きわめ、意思決定機能を拡散させたり複雑すぎて硬直的な構造をつくったりしないよう注意が必要である。責任のラインはできるだけはっきりさせ、核となる目標は犠牲にせずに、構造は最大限シンプルにするよう努力すべきである。

□**組織の変化を吸収する力を過大評価する：**大胆な新しい戦略的方向性や構造改革を構想するのは簡単なことである。しかし実際には、大規模な変化に応じて人が変わるのは大変なことだ。近い過去にそのような変化を立て続けに経験してきた場合はなおさらである。〈立て直し〉の場合など、必要なときは迅速に動くことだ。しかし、〈軌道修正〉や〈成功の持続〉の場合のように、STARSの状況が許せば徐々に進めるべきである。

■組織構造を設計する

まず、自分は部署またはグループの設計者だと考えよう。慣れた仕事だと思うかもしれないが、実際はそうではないだろう。組織の設計について体系的な訓練を受けているリーダーは少ない。リーダーはふつう、組織の設計については、キャリアの初期にはあまり主導権をもたないため、ほとんど学んでいない。若手社員が明らかなアンバランスについて愚痴をこぼし、今の構造はどう見ても機能していないのに、上のほうの「能無し連中」は何をやっているんだと考えるのはよくあることである。しかし、たいていの組織では、中間管理職になるころには自分もそんな能無し連中の仲間入りをする。そこで、組織を評価し、設計する方法について学習を始めることをおすすめする。

組織を設計する（または設計変更する）には、最初に組織をオープンシステムとして考える。事業全体についてこれを図に表すと図6－1のようになる。自分の関係する部分だけに注目してもいいだろう。「オープン」とは、組織がさらされる現実（つまり、組織が影響を与えたり受けたりする要素）をさす。この現実には、（一）顧客、流通業者、サプライヤー、競合他社、政府、NGO、投資家、メディアなど外部環境の主な関係者と、（二）企業風土、士気、文化などの内部環境がある。つまり、リーダーの設計上の選択は、外部環境と内部環境の現実に対応するとともに、それらを形成するよう組織を位置づけるものでなければならない。

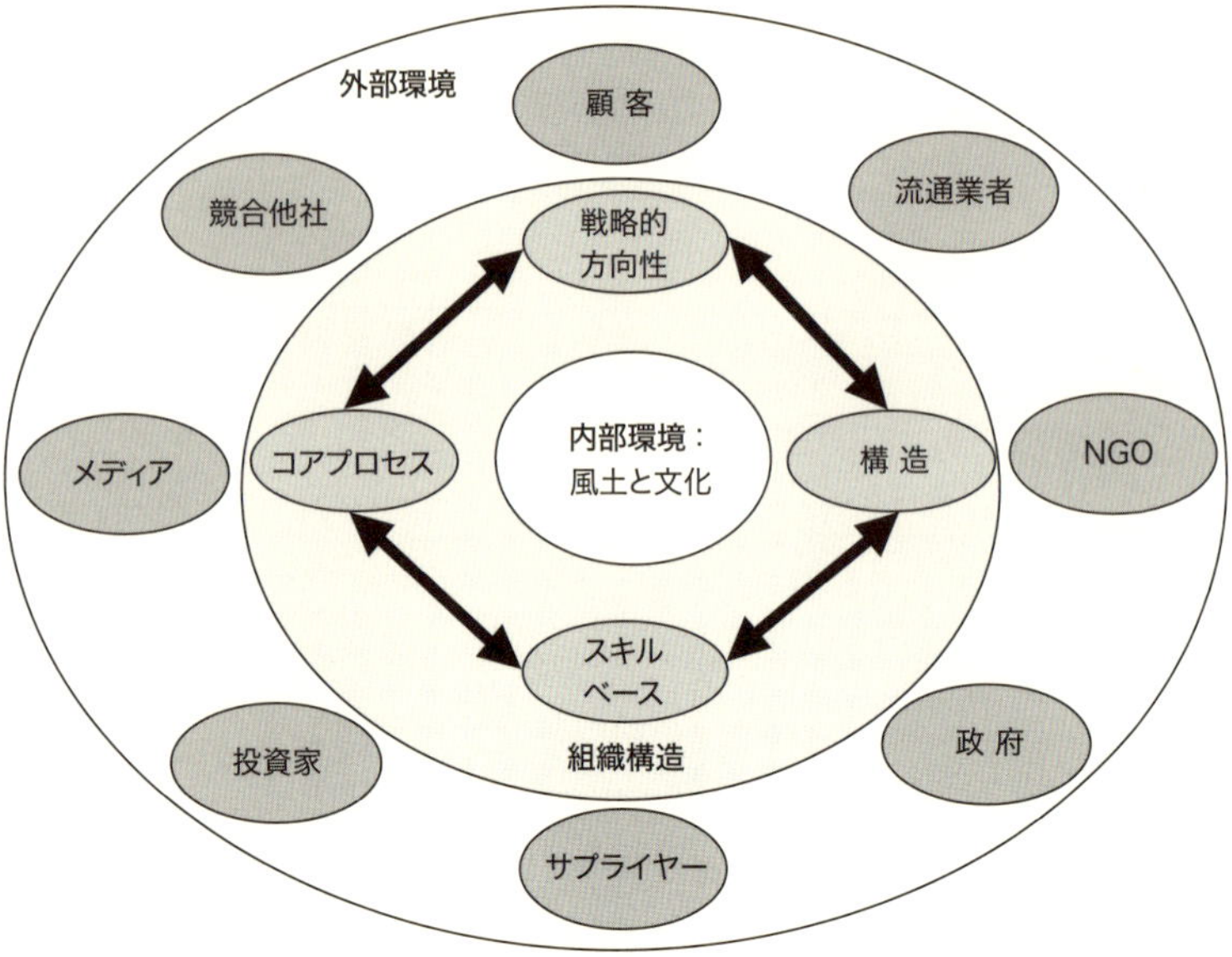
外部環境
顧客
競合他社
流通業者
戦略的
方向性
コアプロセス
内部環境：
風土と文化
構造
メディア
NGO
スキル
ベース
組織構造
投資家
政府
サプライヤー

図6-1　組織構造の要素

「システム」という言葉は、組織構造が互いに影響し合う個別の要素――戦略的方向性、構造、コアプロセス、スキルベース――によって構成されていることを表す。そのため、戦略を変える、構造を変革する、プロセスを合理化する、スキルセットの異なる人材を雇用するといったように個々の要素に対して働きかけることもできるが、ほかの要素への影響をよく考えたうえでそうする必要がある。つまり、組織構造の四つの要素すべてが協調するようバランスをとる必要がある。[1]

□**戦略的方向性**：組織のミッション、ビジョン、戦略
□**構造**：人がどのような単位で組織化され、その仕事がどのように調整、評価、奨励されているか
□**コアプロセス**：情報と材料の処理によって価値を高めるために使われるシステム
□**スキルベース**：組織の主な人材グループの能力

もちろん、うまく前に進むには適切な戦略的方向性が必要である。しかし、ほかのいずれかの要素とバランスがとれていなければ、最高の戦略も役に立たなくなるかもしれない。戦略的方向性はほかの要素を動かすと同時に、ほかの要素から影響を受ける。グループの方向性を変えようと思うなら、グループの構造、プロセス、スキルを変えて、完全にバランスのとれた構造をつくる必要があるだろう。

■アンバランスを診断する

組織がアンバランスになる過程はさまざまである。最初の九〇日間の目標は、潜在的なアンバランスを突き止め、それらを修正する計画を立てることである。よく見られるアンバランスには、次のようなタイプがある。

□**戦略的方向性とスキルベースのアンバランス：**自分は研究開発部門のリーダーで、目標はチームが生み出してテストする新製品のアイデアを増やすことだと仮定しよう。ただし、部下たちは最新の技法に精通していない。その技法があれば、より速く多くの実験を実施できるはずだ。このような場合、グループにミッションを支えるだけのスキルがないと言える。

□**戦略的方向性とコアプロセスのアンバランス：**あなたは新しい顧客セグメントのニーズを満たすことをミッションとするマーケティング・グループのリーダーである。チームがそれらの顧客に関する情報を集めて分析する有効な方法を確立していなければ、グループのシステムはその方向性を支援できない。つまり、戦略的方向性とコアプロセスにずれがあるということになる。

□**構造とプロセスのアンバランス：**あなたは製品ライン別のメンバー編成をとる製品開発グループのマネジャーである。このような構造をとるわけは、個々の製品に固有の技術的ノウハウに重点を置くためである。しかし、この構造には欠点がある。グループには、各製品チームの間でベストプラクティスを効率的に共有するシステムがない。その結果、構造とプロセスにずれがあり、グループ全体で最適な業績をあげることは困難である。

□構造とスキルのアンバランス：会社は最近、製品関連の決定と職務上の決定のバランスをとろうと、職務別構造からマトリクス構造へ移行した。社員は権限と職務別指揮系統によって仕事を進めることに慣れていたが、これからは影響力とコンフリクトマネジメントのスキルを使う必要がある。構造の変化によって必要なスキルとのずれが生じたため、対応が必要である。

■さあ、漕ぎだそう

組織のバランスをとる作業は、長い航海の準備をするようなものだ。まず、目的地（ミッションと目標）と航路（戦略）が正しいかどうかを確認する必要がある。次に、どのような船種が必要か（構造）、どのような装備が必要か（プロセス）、どのような乗組員の組み合わせが最適か（スキルベース）を検討する。航海中は、海図に載っていない岩礁に用心する必要がある。

基本的なポイントは、組織のバランスには論理があるということだ。方向性が正しいかどうかを考えずに構造を変えようとすると、問題を引き起こす可能性が高い。また、すぐに出航できる自信があったとしても、目的地、航路、船種がわかるまでは、現在の乗組員の適性を完全に評価することはできない。では、その方法について述べよう。

1　**戦略的方向性から始める**：組織全体の目標や約束した優先事項に関して、部門の現状はどうなっているか詳しく見てみよう。ミッション、ビジョン、戦略は十分に熟慮され、論理的に統合されているだろうか。

2　**方向性を支える構造、プロセス、スキルに目を向ける：**グループの現在の構造、プロセス、スキルベースが戦略的方向性──既存の方向性（変更しないと決めた場合）または計画している方向性──を支えられるかどうかを調べる。これらの要素の関係を精査し、理解しよう。どれかひとつでも思い描いているミッションや戦略に合わない場合は、方向性を修正するか、必要な能力を強化（または獲得）する方法を考えるべきである。

3　**新しい戦略的方向をいつどのように導入するかを決める：**グループの現在の能力を十分に理解したら、方向性を変更する経路（変更が必要な場合）を計画する。ポジショニング（市場、顧客、サプライヤー）の変更とそれを支える能力の変更について概略を計画する。次に、それらの変更をおこなう現実的な期間を設定する。

4　**正しい順序を考える：**状況が違えば、組織のバランスをとる方法も異なる。〈立て直し〉では、まず戦略を変更してから（通常は不適切な方法）構造をそれに合わせ、さらにプロセスやスキルに目を向ける方法が適切な場合もある。しかし、〈軌道修正〉では、戦略的方向性と構造は大した問題ではない場合もある。むしろ、組織のプロセスとスキルベースに問題がある場合が多く、これらに重点を置くことになる。

5　**確認する：**グループの構造、プロセス、スキルについて詳しく学ぶうちに、チームの能力と変化に対する文化的対応力を理解できるようになる。この見識によって、どれぐらいの期間でどのような戦略的ポジショニングの変化が可能かという理解が深まる。

■戦略的方向性を定義する

戦略的方向性には、ミッション、ビジョン、戦略が含まれる。ミッションは何を達成するか、ビジョンはなぜ社員が高いレベルをめざそうと思うか、戦略はミッションを達成するためにどのように資源を割り当てて意思決定をおこなうかである。何を、なぜ、どのように、を心に留めておけば、ミッションとは何か、ビジョンとは何か、戦略とは何かという議論においても迷うことがない。

戦略的方向性に関する基本的な問題は、組織は何をするのか、そして決定的に重要なのは、何をしないかである。顧客、資金、能力、投資について考えてみよう。

□**顧客**：既存の顧客（社内、社外を含め）のうちどの部分に引き続きサービスを提供するのか。自分たちの価値提案は何か。どの市場から離脱するのか。どの新規市場に、いつ参入するのか。

□**資金**：継続する事業のうち、どの部分に投資し、どの部分から資金を引き上げるのか。いつ、どれだけの追加資金が必要になりそうか。その財源は。

□**能力**：自分たちの得意分野と不得意分野は何か。既存のどのような組織的能力（たとえば、強力な新製品開発組織）を活かせるか。何を補強する必要があるか。何を創造または取得する必要があるか。

□**投資**：資源の投入に関して、いつ、どのような重要な決定をおこなう必要があるか。取り返すことが難しい過去の投資で、折り合いをつけていくべきもの、解消に努めるべきものは何か。

戦略的方向性の作成について詳しく述べることは本書の範疇から外れるが、これらの疑問に答えるためのすぐれた文献があるので参照されたい。ここでは、現在の戦略的方向性について、一貫性、妥当性、実施面から評価する方法について述べることとする。

一貫性を評価する

顧客、製品、技術、計画、投資について選択をおこなうにあたって明確な論理があるか。戦略的方向性の各要素がうまくかみ合うかどうかを評価するには、その戦略の背景にある論理に目を向け、全体として理に適っていることを確認する必要がある。戦略を定義した人は、その戦略によるあらゆる影響や戦略実施の実務面について熟慮しているか。

組織の戦略的方向性の論理は、どのように評価すればよいのか。まず、グループのミッション、ビジョン、戦略をあらわした文書を見てみよう。次に、それらを市場、製品、技術、機能別計画、目標といった要素に分け、次の点について検討してみよう。それぞれの要素が支え合っているか。各要素を結びつける論理的な筋道があるか。具体的にいうと、市場分析とグループ目標の間には明確なつながりがあるか。製品開発予算は、戦略のうち業務に関連する部分の設備投資計画と合致しているか。パイプライン中の新製品に対応する営業担当者の研修計画は実施されているか。

組織の戦略的方向性が全体として理に適っていれば、これらのつながりは容易に見いだせるはずである。

妥当性を評価する

定義された戦略的方向性は、今後二、三年のうちに部門がおこなうべき業務にとって十分なものか。組織全体の目標を支えるには十分なものか。あなたのグループには、考え抜かれ、論理的に統合された戦略的方向性があるかもしれない。しかし、それで十分だろうか。それによってグループは、今後二、三年でグループとして成功し、組織全体の成功を支えるために必要な任務を遂行するだけの力を得られるだろうか。

妥当性を評価するには、次の三つの方法を用いる。

□**徹底的に質問する**：上司は、あなたのグループが現在の戦略的方向性を実現するために費やす労力に対し、十分な収益が得られると考えているか。その戦略的方向性を遂行するための資源を確保、開発、保存する計画はあるか。利益目標やその他の目標は、グループを正しい方向へ進ませることができるほど高いものか。設備投資には十分な資金が確保されているか。研究資金はどうか。

□**広く知られるSWOT手法の変化形を使う**：コラム「SWOTからTOWSへ」を参照。

□**戦略的方向性がどのように定義されてきたかを調べる**：戦略的方向性の定義プロセスを誰が進めてきたかを調べる。急いで決められたものだろうか。だとしたら、作成者はあらゆる影響について熟慮していないかもしれない。あるいは時間がかかっただろうか。だとしたら、政治的対立の中で最低限の共通項を満たす妥協案が採用されたにすぎないかもしれない。策定プロセスの中に誤りがあれば、戦略の妥当性が損なわれるおそれがある。

SWOTからTOWSへ

SWOTは、戦略的分析をおこなうのに最も有効な（そして間違いなく最も誤解の多い）手法とされる。その理由は、このツールが開発された過程と、何といってもその命名の過程にある。SWOTは強み（Strengths）、弱み（Weaknesses）、機会（Opportunities）、脅威（Threats）の頭字語で、最初は一九六〇年代後半にスタンフォード研究所（SRI）のチームによって開発された。[2] 研究チームは、内部の能力（強み、弱み）と外部環境の変化（脅威、機会）を並行して分析し、戦略的優先課題を見きわめ、それらに対処する計画を立てることを思いついた。

ところが、開発者がこの手法をSWOTと命名したため、この順序――まず内部の強みと弱み、次に外部の機会と脅威の順――で分析をおこなうべきだという意味にとらえられてしまった。この暗黙の順位づけは、この手法を使ってチームで戦略に関する議論を進めようとする人に大きな問題をもたらしている。問題は、議論の軸になるものがないため、組織の強みや弱みの分析が抽象的で目標の定まらない内省になりがちであることだ。その結果、グループは組織の強みと弱みを定義できず、不満と疲労をつのらせ、重要な外部環境の分析をいいかげんにすませてしまうことが多い。

正しいアプローチは、環境から着手し、次に組織の分析をおこなうことである。最初のステップは、組織の外部環境を評価し、生まれつつある脅威や潜在的な機会を探すことである。当然ながら、この評価は、組織の現実をよく理解し、環境についての知識もある人がおこなわなければならない。

潜在的な脅威と機会を明らかにしたら、次にそれを組織の能力と照らし合わせて評価する。組織には、ある種の脅威に特に影響を受けやすい弱みがあるだろうか。ある種の機会を追求するのに適した強みがあるだろうか。

最後のステップは、これらの評価をもとに、重大な脅威を抑えこみ可能性の高い機会を追求するための戦略的優先課題を策定することである。これは、広範囲におよぶ戦略的計画プロセスへの入力情報となる。

この手法をSWOTと名づけたことによる混乱はあまりにも大きく、この名前は変更するべきだろう。では、どんな名前に？　TOWSとすれば、プロセスをどの順番で実施すればよいかが人々に伝わるはずだ。

実施面を評価する

組織はミッション、ビジョン、戦略を精力的に追求しているだろうか。していないとしたら、それはなぜか。グループの戦略的方向性がどのように実施されているかに目を向けよう。社員はどのような行動をとり、何を発言しているか。この方法によって、問題が戦略の**構築面**と**実施面**のどちらの不備によるものかを特定できる。次の点について考えてみよう。

□意思決定のパターン全体が定義した方向性と一致しているか。組織は実際にどのような目標を追求していると思われるか。

□日常的な意思決定の際に、決められた業績指標を使っているか。

□実施のためにチームワークや多部門の統合が必要な場合、社員はチームとして部門を超えて協力しているか。

□実施のために新しい社員のスキル開発が必要な場合、そのスキルを開発するための学習と開発のインフラはあるか。

これらの問いに対する答えによって、戦略的方向性と実施面のどちらの改革を推し進めるべきかがわかる。

戦略的方向性を変更する

あなたが引き継いだミッション、ビジョン、戦略に重大な欠陥があったらどうするか。それらを根本的に変えるか、またはそれらの実施方法を変えることができるだろうか。これは二つの要因に左右される。引き継いだ組織のＳＴＡＲＳの状況と、周囲の人々を説得し自分の意見への支持を築く能力である。

グループが誤った方向へ進んでいると思ったら、上司やほかの人に、戦略的方向性を見直すよう問題を提起する必要がある。現在の戦略はグループを前に進めるものだが、速く遠くへ進められるものではないと判断した場合、早い段階で微調整をおこない、あとで大々的に改革する方法が賢明かもしれない。たとえば、売上目標をわずかに引き上げたり、戦略的方向性により求められる期日より早く必要な技術に投資するよう提案したりといったことである。それ以上の根本的な改革は、学習が進み、主な関係者の支援を築くまで待つべきだろう。

■グループの構造を形成する

組織の戦略的方向性を変えるかどうかにかかわらず、構造の妥当性は評価する必要がある。既存の戦略であれ、これから導入する戦略であれ、戦略を支える構造がなければ、組織のエネルギーを正しい方向へ向けることはできない。

ひとつ注意しておこう。組織の力が構造を通して割り当てられるのは、誰が何をする権限をもつかを構造が定義しているからだ。そのため、〈立て直し〉や〈急成長〉の場合など、明らかに必要である場合以外は、構造改革には手を付けないよう注意すべきである。特に、〈軌道修正〉は早急にプロセスを改革せざるをえないという状況ではなく、早期に構造改革に取り組むことは危険である。

厳密に、構造とは何だろうか。簡単にいうと、グループの構造とは、ミッション、ビジョン、戦略を支えるために人材や技術をどのように編成するかである。構造は次の要素で構成される。

□ユニット：職務、製品、地域など、部下をグループ分けする単位
□指揮命令系統と統合機構：実務の調整をはかるための報告と責任のラインがどのように設定され、ユニット間の業務がどのように統合されるか
□意思決定の権限とルール：誰がどのような意思決定をおこなう権限をもち、決定と戦略のバラン

スをとるためにどのようなルールが適用されるべきか

□業績評価システムとインセンティブシステム：適用されている業績評価基準とインセンティブシステム

構造を評価する

グループの構造を改革するためのアイデアを出す前に、構造の四要素の相互関係を調べる必要がある。これらの要素は調和しているか否か。次の点について考えてみよう。

□チームのメンバーは、ミッションを達成し戦略を実施できるようグループ分けされているか。中核的な目標をめざすよう適材適所に配置されているか。

□指揮命令系統は業務のバランスをとるために役立っているか。何について誰が責任をもつかが明らかになっているか。異なるユニットの業務が有効に統合されているか。

□戦略を支えるために最高の意思決定ができるよう意思決定権が割り当てられているか。集中化と分散化のバランスは適切か。標準化と個別化についてはどうか。

□戦略的目標にとって最も価値ある業績を評価し、報奨しているか。固定報酬と業績連動報酬のバランスは適切か。個人へのインセンティブとグループへのインセンティブについてはどうか。

新しいグループをつくっている〈立ち上げ〉の状況では、評価すべき既存の構造はないはずだ。かわりに、グループ内の構造の要素をどのように機能させるかを考えることになる。

利害得失をはかる

完璧な組織構造などない。どの構造も一長一短である。そこで、状況に応じた最適の妥協点を見つけることが課題となる。グループ構造の改革を検討するときに起こりがちな問題をいくつか覚えておく必要がある。

□すぐれたノウハウが組織全体で共有されない

同じような経験や能力をもつ人材をグループ化すると、ノウハウを集中的に蓄積できる。しかし、同時にそのグループは孤立し隔絶された存在となる。対策として、統合のしくみに注意を払う必要がある。たとえば、職務間の溝を橋渡しし、部門横断的チームやグループへのインセンティブなどの適切な統合機構があるかどうかを確認する責任者は誰なのか。

□社員の意思決定の範囲が狭すぎる、または広すぎる

一般に、組織にとって最善の決定をおこなうことを奨励するインセンティブがあるなら、意思決定は最も関連知識のある人がおこなうことを原則とすべきである。グループの意思決定プロセスが少人数に集中していれば、リーダー（とその他数人）は迅速に決断をくだすことができる。しかし、その決定を裏づけるすぐれた情報をもっている人の知恵を活かせないかもしれない。このような構造は、誤った情報による決定につながり、全決定を担う人に大きな負担がかかる。一方、自分の選択が全体の中でどのような意味をもつのか理解していない人に大きな意思決定権を与えると、不適切な決断をくだす可能性がある。

□社員に不適切な行動を奨励するインセンティブがある

社員の行動を予測する最良の方法は、彼らに与えられるインセンティブを確かめることである。すぐれたリーダーは、個々の意思決定者の利益とグループ全体の利益のバランスをとろうとする。このため、組織によってはグループに対するインセンティブに重点を置くほうが有効である。連携力に全員の目を向けさせるのである。評価・報奨制度は、個人またはグループの努力に報いるようになっていないと問題が起きる。また、報奨制度がグループの大きな目標を犠牲にして社員個人の関心を促進するようになっている場合も問題が起きる。たとえば、複数の社員が同じ顧客層にサービスを提供する可能性があり、社員間で協力することに対するインセンティブがない場合などである。この章の冒頭でハナが直面したのも、このような問題だった。

□指揮命令系統によって組織が縦割り化されたり、説明責任が曖昧になったりする

指揮命令系統は、グループの作業状況を監督管理し、責任を明確にし、説明責任を奨励するために有効なものである。階層構造に従った指揮命令系統では、これらの任務は容易になるかもしれないが、各系統が縦割り化され、情報共有が進まなくなるおそれがある。マトリクス構造のような複雑な指揮命令系統は、情報共有を拡大し縦割り化を防ぐが、説明責任を拡散させるおそれがある。

■コアプロセスのバランスをとる

コアプロセス（「システム」とも言う）によって、グループは情報、材料、知識をもとに、価値――商業

的に実現可能な製品やサービス、新しい知識やアイデア、生産的な関係、組織全体が重要とみなすその他あらゆるもの――を生み出すことができる。構造の場合と同じく、現在のプロセスがミッション、ビジョン、戦略を支えているかどうかを考えてみよう。

最適の妥協点を見つける

必要なプロセスの範囲や種類は、めざすべき妥協点によって異なる。たとえば、自分にとって大切な目標はミスなくやり遂げることか、イノベーションを刺激することかと考えてみる。[3]目的と手段(手法、技術、ツール)の両方を細部にわたって規定するプロセスを開発することに集中しなければ、高水準の品質と信頼性(さらに低コスト)を達成することは望めない。製造工場やサービス企業を見れば明白である。しかし、このようなプロセスがイノベーションを妨げることもある。そこで、イノベーションを刺激することが目標なら、目的を定義し、そこへ至るまでの中間目標ごとに進捗状況を厳しくチェックすることに重点を置き、結果を出すために社員が使う手段についてはあまり管理しないプロセスをつくることも必要だろう。

プロセスを分析する

あるクレジットカード会社は、コアプロセスを特定しようとしたところ、表6-1のような結果に至った。次に、これらのプロセスを一つひとつ詳細に計画して改良し、適切な評価方法を開発するとともに、行動とバランスがとれるよう報奨制度を変更した。また、重要なボトルネックの特定に力をそそいだ。十分に管理が行き届いていなかった重要な任務については、手順を修正し、新しい支援ツールを導入した。その結果、顧客満足度と会社の生産性の両方が劇的に向上した。

どの部門やグループにも、このクレジットカード会社と同じだけプロセスがあるかもしれない。リーダーにとって最初の課題は、これらのプロセスを見きわめ、そのうちどれが戦略にとって最も重要か判断することである。たとえば、グループの戦略として、製品開発より顧客満足度を重視するとしたらどうか。リーダーは、製品やサービスの顧客への納品に関わるすべてのプロセスを、この目標を支えるものにしたいと考えるはずだ。

プロセスと構造のバランスをとる

グループのコアプロセスが戦略的方向性を支えるべきものだとしたら、部門の構造（社員と業務の編成方法）とのバランスもとらなければならない。この関係は人体にたとえられる。骨格、筋肉、皮膚、その他の要素からなる人体組織は、体が正常に機能するための構造的基礎である。循環、呼吸、消化といった生理機能は、人体の各部を連携させるシステム（またはプロセス）である。組織でも、人体と同様に、構造とプロセスの両方が健全で、互いに補強し合う関係でなければならない。

生産／サービス提供プロセス	サポート／サービスプロセス	ビジネスプロセス
・申込処理	・回収	・品質管理
・信用審査	・顧客問い合わせ対応	・財務管理
・クレジットカード製造	・関係管理	・人材管理
・認証管理	・情報・技術管理	
・トランザクション処理		
・請求処理		
・決済処理		

表6-1　プロセス分析の例

各コアプロセスの効率と効果を評価するには、四つの要素を調べる必要がある。

□**生産性**：プロセスは知識、材料、労働力を効率よく価値に変えているか。
□**適時性**：プロセスは望まれる価値を適時に届けているか。
□**信頼性**：プロセスの信頼性は十分か、それとも頻繁に障害が起きるか。
□**品質**：プロセスは常に求められる品質基準を満たす価値を届けているか。

プロセスと構造がうまくかみ合った場合、どのような結果になるかは一目瞭然である。たとえば、特定の顧客セグメントを対象に構築された顧客サービス組織は、チーム間で情報を共有し、すべての顧客グループに関係する問題にも効果的に対応する。

しかし、プロセスと構造と構造が調和していないと――複数のチームが異なる販売プロセスを使って同じ顧客層をめぐって競争するなど――お互いに足を引っぱりあい、グループの戦略を台無しにする。

コアプロセスを改良する

実際に、コアプロセスはどのように改良するのか。最初に、**プロセスマップ**（またはワークフローマップ）を作成する。これは、特定のプロセスにおける各業務が、それを扱う個人やグループの間でどのように流れるかを示した簡単な図である。図６‐２に、注文処理の簡単なプロセスマップの例を示す。

プロセスの各ステージの責任者に、プロセスの流れを初めから終わりまで図に表すよう求める。次にチームに対し、ボトルネックや、隣接する任務の担当者間の接点で問題があるところを特定するよう求める。たとえば、顧客担当の誰かが特別な注文処理の必要をフルフィルメント・グループに伝えた場合にミスや遅れが多発する場合などである。このようなやりとりにはプロセスの欠陥が現れやすい。チームと協力して効果の高い改良の機会を見つけよう。

プロセス分析は集団学習を刺激する。特定のプロセスを遂行するために、部門やグループの内部や相互間で誰が何をしているかをグループ全体が理解するのに役立つ。また、プロセスマップまたはワークフローマップを作成することで、どのように問題が発生するかが明らかになる。そこで、リーダーとその上司やグループは、どのようなプロセス改良方法が最適かを判断できる。たとえば、ワークフローを合理化し、自動化するなどの方法である。

注意すべき点もある。リーダーはおそらくいくつものプロセスに責任を負っている。その場合、それらをポートフォリオとして管理し、一度に複数を見ることになる。組織がどの程度の

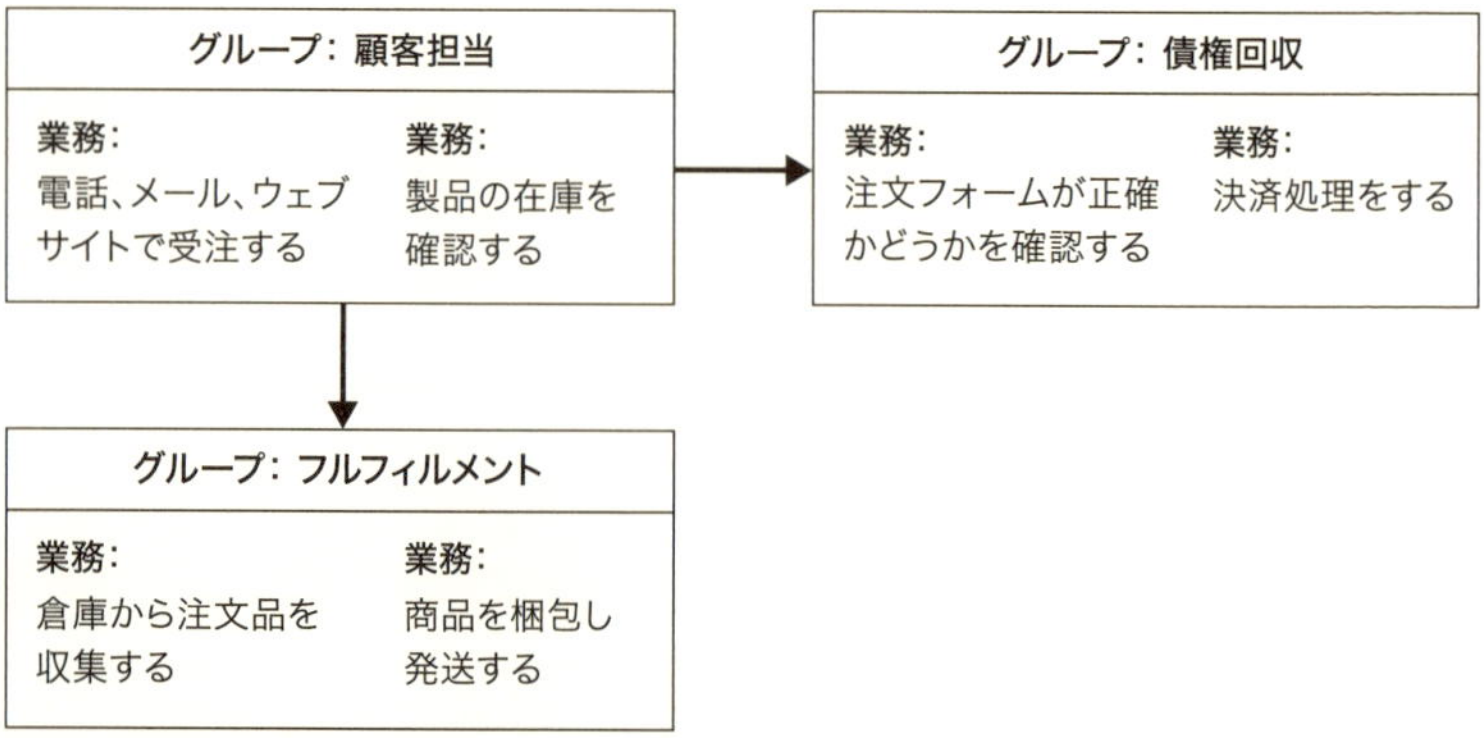

図6-1　組織構造の要素

変化を吸収できるかを考慮すべきである。

■グループのスキルベースを開発する

あなたの部下は、グループのコアプロセスを見事に遂行し、リーダーが見きわめた戦略を支えられるだけのスキルと知識を備えているだろうか。備えていないとしたら、グループ全体の構造が危うくなるかもしれない。スキルベースは次の四種類の知識で構成される。

□**個人のノウハウ**：訓練、教育、経験によって獲得される。
□**関連知識**：個人の知識を統合して決められた目標を達成するために協力する方法についての理解。
□**埋め込まれた知識**：顧客データベースや研究開発技術など、グループの業績が依存するコア技術。
□**メタ知識**：重要な情報を得るにはどこへ行くべきかという認識。たとえば、研究所や技術パートナーなどの外部機関を通じて得るなど。

ギャップと資源を特定する

グループの能力を評価する最大の目的は、（一）必要なスキルや知識と現在のスキルや知識の重大なギャップと（二）部分的にしか利用されていない技術や浪費されているノウハウなど、十分に活用されていない資源を特定することである。ギャップを埋め、十分に活用されていない資源をうまく利用することで、業績と生産性は大幅に向上する可能性がある。

スキルと知識のギャップを知るには、まず、ミッションや戦略と確認したコアプロセスを見直す。グループのコアプロセスを支えるには、四種類の知識をどのように組み合わせる必要があるかと考える。これは、理想的な知識の組み合わせを想像するビジョン構築の演習と考えればよい。次に、グループの現在のスキル、知識、技術を評価する。どのようなギャップがあるだろうか。どのギャップはすぐに修復でき、どのギャップには時間がかかるだろうか。

十分に活用されていない資源を知るには、部門内で平均をはるかに上回る業績をあげている個人やグループを探す。そのようなことが可能な理由は何か。彼らがもっている資源（技術、手法、材料、重要な関係者からの支援）を部門全体に伝えることは可能だろうか。関心が薄かったり投資が足りなかったりして棚上げになっている有望な製品アイデアはないだろうか。既存の生産資源を修正して新しい顧客にサービスを提供できないだろうか。

■文化を変えるために構造を変える

文化は直接変えられるものではないことを覚えておこう。文化は、組織構造の四つの要素とリーダー陣の行動による影響を強く受ける。つまり、文化を変えるためには構造を変え、正しいリーダーシップのための取り組みを強化する必要がある。

一例として、成否の判断をする基準を変え、それらの新基準に合わせて社員の目標やインセンティブとグループへのインセンティブを変えるという方法がある。たとえば、個人へのインセンティブとグループへのインセンティブの比重を変えることを検討してみよう。新製品開発チームなど、成功するために社員が緊密に連携して互いに協力する必要がある場合、グループに対するインセンティブの比重を高めるとよい。営業部門など、グループの社員が個別に業務をおこなっている場合で、個人の業績への貢献度が測定できる場合、個人インセンティブの比重を高めるとよい。

■バランスをとってみよう

この章で説明したすべての分析を利用して、組織のバランスをとる計画を立ててみよう。部下にもっと生産的な行動をとらせようとして何度も挫折している場合、一歩退いて、組織のアンバランスのために問題が起きていないかと考えてみよう。

チェックリスト　組織のバランスをととのえる

1　戦略的方向性、構造、プロセス、スキルのアンバランスについて、どのようなことに気づいたか。その印象を確かめたり修正したりするためにさらに詳しく調べるには、どうしたらよいか。

2　顧客、資金、能力、投資についてどのような決定をおこなう必要があるか。これらの決定をいつどのようにおこなうか。

3　組織の戦略的方向性の一貫性について、現在どのように評価しているか。妥当性についてはどうか。方向性を変えることについて、現在どのように考えているか。
4 組織の構造の強みと弱みは何か。どのような構造改革の可能性について考えているか。
5 組織のコアプロセスは何か。組織はそれらをうまく遂行しているか。プロセス改良の優先課題は何か。
6 どのようなスキルにギャップがあるか。十分に活用されていない資源は見つかったか。主要なスキルベースを強化するための優先課題は何か。

第七章　理想のチームをつくる

リアム・ゲフィンは、プロセスオートメーション会社の問題を抱えた事業部門のリーダーに任命されたとき、前途多難であることはわかっていた。引き継いだチームの前年の業績評価を読んだとき、その難題がどれほどのものかはっきりしてきた。全員が優秀か無能のどちらかなのだ。中間はひとりもいない。どうやら前任者はえこひいきをしていたようだ。

新しい部下と対話し、営業成績を徹底的に見直した結果、業績評価がゆがめられているというリアムの疑念は確かなものになった。とりわけ、マーケティング担当副社長はそこそこ有能とは思われたが、鬼才といわれるほどのものではなかった。ところが、本人はすっかりその気になっていた。営業担当副社長は、前任者からは散々な評価を受けていたが、リアムは堅実な仕事をするという印象をもった。マーケティングと営業の関係がぴりぴりしているのもなるほどと思われた。

リアムは、二人の副社長のうち一方または両方が去るしかないだろうと考えた。二人と個別に面談し、彼らの業績評価に対する自分の考えを率直に伝えた。そして、それぞれに今後二カ月の詳細な計画を伝えた。また、人事担当副社長とともに、ひそかに両ポストの人材を社外で探し始めた。また、二階層下となる中間層の部下とスキップレベル・ミーティングをおこない、能力を評価して責任ある職務に適していそうな人材を探した。

着任から三カ月が過ぎるころ、リアムはマーケティング担当副社長に対し、これ以上は無理だというサインを送った。副社長はすぐに辞任し、部下のひとりが後任になった。一方、営業担当副社長はリアムの与えた課題に応えてみせた。リアムは、この二つの重要なポジションに強力な人材がそろい、次の段階へ進む準備ができたことを確信した。

リアムには、不適切な人材をチームに入れるわけにはいかないとわかっていた。新任リーダーのほとんどは部下のグループを引き継ぐが、それからすぐれた結果を出すために必要な人材を結集するようチームを構築する必要がある。最初の九〇日間にくだすべき最も重要な決定は、人材に関する決定だろう。優秀なチームをつくることに成功すれば、価値創出に計り知れない効果を発揮する可能性がある。つくれなければ、リーダーがひとりで何もかもできるはずがないため、深刻な問題に直面することになる。初めに人材の選定を誤ると、後々まで悩まされることは間違いない。

しかし、適切な人材を見つけることが重要とはいえ、それだけでは十分ではない。まずは既存のチームメンバー（直属、非直属の部下）を評価して、どのような変更が必要かを判断する。次に、新しい人材を獲得したり、維持する人材を適所に配置したりする計画を考える。このプロセス中、短期的な業績にあまり悪影響がおよばないようにする必要もある。これでもまだ十分ではない。チームが望ましい方向へ進むよう、メンバーのバランスをとって士気を高める必要がある。最後に、チームワークを推進する新しいプロセスを確立しなければならない。

■落とし穴にはまらない

チームをつくる段階になるとつまずく新任リーダーは多い。その結果、ブレイクイーブンポイントに達して会社にプラスの価値をもたらし始めるのが大幅に遅れたり、完全に挫折することもある。次にあげるのは、リーダーが陥りやすい特徴的な落とし穴の例である。

□前のリーダーを批判する：着任前に組織を主導していた人々を批判しても何も得るものはない。お粗末な仕事ぶりを見逃せという意味ではないし、まして問題点を強調してはならないという意味ではない。もちろん、前のリーダーの影響を評価する必要はあるが、他人のミスを指摘するより、現在の行動を評価し、業績改善を支えるために必要な改革をおこなうことに集中したほうがよい。

□既存のチームをずっとそのままにしておく：〈立ち上げ〉の場合を除き、チームを一からつくり始めることはない。チームを引き継ぎ、最優先課題を達成するために必要な形へ変えていかなければならない。なかには性急にチームに大きな変更を加えてしまうリーダーもいるが、むしろ妥当な期間を超えてメンバーをそのままチームに置いておくケースが多い。自信過剰なのか（「部下たちが好業績をあげられなかったのは、わたしのようなリーダーがいなかったからだ」）、厳しい人事判断をくだすことに尻込みしているのかはともかく、リーダーは優秀とは言いがたいチームを抱えることになる。このため、リーダーもほかの優秀な社員も、余計な負担を背負いこまなければならない。チーム改革の範囲と移行期間はSTARSの状況による。〈立て直し〉では短く、〈軌道修正〉の状況では長くなると思われる。また、リーダーに許される変革の範囲に制約があるかもしれない。それを受け入れたうえで、たとえば役割を定義するなどして、引き継いだ人材から最大限のものを引き出す方法を考えるべきだろう。いずれにせよ、チームについて結論を出し、行動をとるまでの期日を九〇日計画の中で定め、それを守る必要がある。

□**安定性と変化のバランスをとらない**：引き継いだチームを構築することは、大海原で穴のあいた船を修理するようなものだ。必要な修理をしなければ目的地にたどり着けないが、急いで大改造を施そうとすると船が沈みかねない。大事なことは、安定性と変化の適正バランスを見いだすことだ。真っ先に、特に優先度の高い人事異動だけは早めに着手すべきである。Bクラスの人材でしばらくやっていけそうなら、そうしたほうがよい。

□**組織のバランス調整とチームづくりを並行しない**：船長は、目的地、航路、船種がわからなければ乗組員を正しく選択できない。同様に、戦略的方向性、構造、プロセス、スキルベースの変化と無関係にチームはつくれない。さもないと、適切な人材を不適切な職務に配置しかねない。図7-1に示すように、組織を評価してバランスをとる作業と並行して、チームの評価と必要な人事異動を進めるべきである。

□**良い人材を手放してしまう**：ある経験豊かなマネジャーが、良い人材を失うことの危険性について、身をもって学んだ教訓を教えてくれた。「木を揺すったら、大事な部下まで落ちてしまった」

と彼女は言った。要するに、誰がチームに残り、誰が残らないのかはっきりさせないと、優秀な人材が流出してしまうおそれがあるのだ。誰が残り誰が去るかという話はむやみにできるものではないが、最も優秀な人材に対しては、能力を認めているとそれとなく知らせる方法を探るべきである。ちょっとした保証を与えるだけで、人材をつなぎ止めるには大きな効果がある。

□核が固まる前にチームづくりに着手する：すぐにでもチームづくりに取りかかりたいと思うかもしれないが、その方法は危険が伴う。その作業はグループの結束を強めるが、メンバーのうち数人は辞めるかもしれないのだ。そこで、希望するチーム構成がほぼ固まるまで、明らかなチームづくりの活動は控えるべきである。もちろん、グループとして集まることを控えるという意味ではない。ただ実務に専念していればよい。

□実施に重点を置くべき事項を早急に決定する：大事な計画の実施を成功させるためにチームが前向きに取り組む必要がある場合、核となるメンバーが固まるまで意思決定を先送りしたほうがよい。もちろん、遅らせるわけにいかな

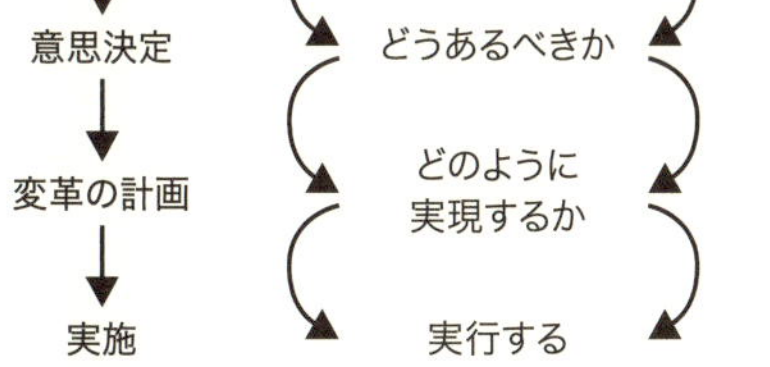

図7-1　構造のバランス調整とチームの再編を並行する

い決定もあるが、メンバー自身が決定に関わっていない行動方針に従わせようとしても、うまくいくとはかぎらない。大事な計画にすぐに取りかかるメリットと、あとから加わったメンバーが前向きに参加する機会を失うデメリットを慎重にはかりにかけるべきである。

□**何もかも自分でやろうとする**：最後に、チームの再編には、感情、法律、企業方針が複雑に関わり合ってくることを覚えておいてほしい。これを自分ひとりでやろうとしてはならない。的確な助言ができて戦略策定の力になる人物を探すべきである。チームの再編には、すぐれた人事担当者の協力は欠かせない。

これらの落とし穴を無事に避けたとして、チームをつくるにはどうすればよいだろうか。最初に引き継いだ人材を厳しく評価してから、チームを求められる姿へと進化させる計画を立てる。これと並行して、戦略的方向性や初期の成果をあげるための優先課題とチームのバランスをとり、うまくチームを率いていくための業績管理プロセスや意思決定プロセスを導入する。

■チームを評価する

あなたが引き継ぐ部下の中には、おそらく優秀な人材（Aクラス）、平均的な人材（Bクラス）、任務を果たせない人材（Cクラス）がいるはずである。また、引き継いだグループには、独自の内部の力学や政治があるはずだ。なかには、あなたの地位を望んでいたメンバーもいるかもしれない。最初の三〇ないし六〇日間（STARSポートフォリオによる）で、重要な人物、各メンバーが担ってきた役割、これまでのグループの働き方を見きわめる必要がある。

評価基準を確立する

チームのメンバーに会い、実績と業績レビューを精査した時点で、当然、メンバーに対してなんらかの印象が形成されるだろう。この第一印象を否定するべきではないが、一歩退いてさらに厳密に評価をおこなうことが重要だ。

最初のステップは、部下を評価する際の明示的な基準と暗黙の基準を意識することである。次の六つの基準について考えてみよう。

□**能力**：仕事をうまく進めるための技術的能力と経験があるか。

□**判断力**：特にプレッシャーを受けたときや大きな目的のために犠牲を迫られたときなど、すぐれた判断力を発揮できるか。

□**エネルギー**：仕事に正しいエネルギーを注ぎこむか、それとも燃え尽きたり離脱したりするか。

□**集中力**：優先課題を設定してそれに集中できるか、それとも視点が定まらずあらゆる方向に手を出すか。

□**人間関係**：チームのほかのメンバーと協調し、集団としての意思決定を支えられるか、それとも一緒に仕事をしにくいか。

□**信用**：言行一致で約束を守る人だと信じられるか。

自分が使う基準をざっとつかむために、表7‐1に記入してみよう。部下を評価するときに何を重視するかに従って、一〇〇ポイントを六つの基準に割り振る。その数字を中央の列に記入し、合計が一〇〇になることを確かめる。次に、これらの基準のうちひとつを自分の「最低基準項目」と定める。その分野で最低基準に満たなければ、ほかの分野はもはや関係ないという意味である。最低基準項目には、右の欄にアスタリスク（＊）をつける。

では、全体を眺めてみよう。この分析は、あなたがチームのメンバーを評価するときに用いる価値観を正確に表しているだろうか。表しているとしたら、自分の部下に対する評価の仕方に何か盲点はないだろうか。時間をとって自分が使っている評価基準について考えることは有意義である。その後、厳格に体系的な評価をおこないやすくなるなるからだ。

自分の想定を確認する

あなたの評価には、部下の何を変えられて何を変えられないかという自分自身の想定が反映されていると考えられる。たとえば、〈人間関係〉に低い点、〈判断力〉に高い点をつけた場合、自分はチーム内の人間関係には影響を与えられるが、判断力には影

評価基準	相対的ウェート （100を6項目に割り振る）	最低基準項目 （アスタリスク＊をつける）
能力		
判断力		
エネルギー		
集中力		
人間関係		
信用		

表7-1　評価基準の検討

響を与えられないと考えているのかもしれない。同様に、多くのリーダーと同じように〈信用〉を最低基準項目に指定した人は、自分の部下を信用できるようにならなくてはと考え、信頼性は変えることのできない特性だと考えているのかもしれない。この想定は正しいかもしれないが、それが自分のつくった想定だと意識することが肝心である。

職能を考慮する

マーケティング、財務、事業運営、研究開発など、幅広い職務分野のメンバーがそろったチームを管理する場合、それぞれの分野におけるメンバーの能力を把握しておく必要がある。これは、とりわけ初めて企業リーダーになった人にとっては、やっかいな仕事である。社内の人間関係に通じているなら、それぞれの職務分野で、チームのメンバーを知っていて信頼できる人に意見を聞いてみるとよい（企業リーダーへの移行とその課題については、『ハーバード・ビジネス・レビュー』二〇一二年六月号［邦訳は『DIAMONDハーバード・ビジネス・レビュー』二〇一二年九月号に収録］の拙著「リーダーとマネジャーの大いなる相違」を参照のこと）。

企業リーダーの任務につこうとする人は、マーケティング、営業、財務、事業運営などの職務分野の人材を評価するためのテンプレートを自分で開発することを検討してほしい。適切なテンプレートには、職能別の重要業績評価指標（KPI）、KPIでわかることとわからないこと、主な質問事項、要注意サインなどが含まれる。各テンプレートを作成するには、経験豊富な企業リーダーに、これらの職務分野に何を求めるか話を聞くとよい。

チームワークの強さを考慮する

評価において適用するウェートは、部下が遂行している仕事によって異なるはずである。たとえば、地理的に分散した地域営業マネジャーのグループを管理する営業担当副社長の任務につく場合を考えてみよう。このグループを評価する基準は、新製品開発プロジェクトのリーダーに任命された場合に適用する基準とはどれくらい異なるだろうか。これらの職務で大きく異なるのは、部下がどの程度独立して業務をおこなうかである。部下たちがある程度独立して仕事をする場合、相互依存性の高い製品開発チームを管理する場合に比べ、協調する能力の重要性ははるかに低い。このような状況では、結束の強いチームかどうかより、優秀なグループであることが条件に適う場合もある。

STARSポートフォリオを考慮する

適用する基準は、STARSポートフォリオによっても異なる。これは、引き継いだ状況における、〈立ち上げ〉〈立て直し〉〈急成長〉〈軌道修正〉〈成功の持続〉の混合割合である。たとえば、〈成功の持続〉の状況では、チームから潜在能力の高いメンバーを一人か二人選んで能力開発する時間があるかもしれない。現在はBクラスだが、Aクラスの水準に達するという確信があるなら、それもいいだろう。[1]一方、〈立て直し〉の場合、すぐにAクラスの仕事ができる人材が必要である。

部下を評価するときには、STARSの経験や能力を基準とし、さらにそれらが現在の状況に合うかどうかを判断する必要がある。たとえば、かつては大成功をおさめたが、次第に傾き始め、軌道修正がうまくいっていない事業を引き継ぐことを想定してみよう。あなたの任務は、この事業を立て直すことである。引き継いだ人材は、〈成功の持続〉や〈軌道修正〉の状況ならAクラスの活躍ができるかもしれないが、〈立て直し〉に必要なタイプのリーダーではないかもしれない。

ポストの重要性を考慮する

最後に、チームメンバーの評価は、彼らのポストがどれほど重要かによって変わってくる。評価をおこなうときは、それが個人だけでなくポストに対するものであることを覚えておくべきだ。[2] そこで、時間をとって、直属、非直属の部下が配置されているさまざまなポストが自分の成功にとってどれほど重要かを考えてみよう。ポストを列挙し、それぞれの重要性を一〇段階で評価してみてもいいだろう。次に、これらの評価を念頭に置いて引き継いだ人材を評価する。

この作業が重要なのは、チームの変革には大きなエネルギーが必要だからである。重要性のさほど高くないポストにBクラスの人材がいても問題ないが、重要なポストでは容認できないかもしれない。

部下を評価する

自分で作成した基準と職務の重要性評価をもとに各チームメンバーの評価を始めた場合、最初の関門は、最低基準の要件を満たさない社員がいるかどうかである。そうした社員がいる場合、入れ替えを計画し始めなければならない。しかし、基準ハードルを超えただけでチームに残すと決まるわけではない。次のステップがある。メンバーの強みと弱みを評価し、各基準に割り当てた相対的価値を考慮するのである。基準をクリアした人、しなかった人は誰か。

新しいチームのメンバーとは、できるだけ早く一対一で面談すべきである。これらの初期の面談を、形式ばらない話し合い、正式なレビュー、その両方のいずれの形式でおこなうかはリーダーのスタイルによるが、おこなうべき準備と定めるべき焦点については標準化しておく必要がある。

1 面談ごとに準備をする：入手可能な履歴、業績データ、その他の評価を見直しておく。チームにおける役割を評価できるよう、各人の技術スキルや専門スキルについて学んでおく。

2 面接のテンプレートを作成する：どの人にも同じ質問をして、答えの違いに注目する。いくつか質問の例を挙げる。

□現在の戦略の強みと弱みは何だと思うか。
□短期的に取り組むべき最大の課題と機会は何か。中期的にはどうか。
□もっと有効に利用できる資源はあるか。
□どうしたらチームが今よりうまく協力できるようになるか。
□あなたがわたしの立場だったら、何を優先するか。

3 言葉の中と外に手がかりを探る：言葉の選び方、ボディランゲージ、強く反応する話題に注目する。

□相手が口に出さないことに注目する。自分から情報を伝えるか、こちらから情報を引き出す必要があるか。自分が担当する問題には責任をとる人か。言い訳をするか。巧妙に他人のせいにしようとするか。
□表情やボディランゲージは言葉と一致しているか。
□どのような話題を振ると感情的に強く反応するか。これは、その人にとって何が動機づけになるか、どのような変化が活力を与えるかを知る手がかりになる。
□この一対一の面談以外の場で、相手がほかのチームメンバーとどのように関わっているかを注視する。誠意が感じられる生産的な関係か。緊張と競争心を感じるか。はっきり物を言うか、それとも遠慮がちか。

部下の判断力を試す

技術的な能力や基本的な知識だけでなく、判断力を評価する必要がある。とても頭はいいが仕事でお粗末な判断しかくだせない人、能力は人並みだがすぐれた判断力をもっている人もいる。主な人材に対してどのような知識と判断力を求めるか、はっきりさせておく必要がある。

判断力を評価する方法のひとつは、相手と長期にわたって仕事をし、(一)確実な予測ができるか、(二)問題を回避するために適切な戦略を立てられるかを観察することである。いずれの能力も、その人の**メンタルモデル**、すなわち目の前の状況の重要な特徴や変化をとらえ、その理解を有効な行動に変えるやり方に関わってくる。これが熟達した判断力というものである。もちろん、それほど時間をかけられない、予測が適切だったかどうか判明するまでしばらくかかるといった問題はある。さいわい、このプロセスを短縮できる方法がある。

そのひとつが、予測に対する結果がすぐに出る分野で判断力を試す方法である。次の方法を試してみよう。相手に、仕事以外で熱の入る話題について尋ねる。政治でもいいし、料理や野球でもいい。その分野で、何かを予測するよう促してみる。「今度の討論会で、誰が優位に立つと思う?」「完璧なスフレを焼くにはどうしたらいい?」「今夜の試合ではどちらのチームが勝つだろう?」など。答えに責任をもてるかと迫る。逃げ腰になるようであれば、そのこと自体が要注意のサインである。次に、その予測が正しいと考える理由を尋ねる。筋が通っているか。できれば、その結果も確かめるとよい。

ここで試すのは、特定の分野で熟達した判断力を発揮する能力である。プライベートな分野で達人になる人は、十分な情熱さえあれば、みずから選んだ仕事の分野でも達人になっている可能性が高い。方法はどうあれ、重要なのはその人の仕事ぶりがわかるまで待つだけでなく、熟達者のしるしを探る方法を見いだすことである。

チーム全体を評価する

個々のチームメンバーを評価するほかに、グループ全体としての仕事の進め方を評価しよう。チーム全体の力学にどのような問題があるかを知るには、次の方法を使う。

□**データを調べる**：チーム・ミーティングの報告書や議事録を読む。会社として各ユニットの文化や士気について調査している場合は、それらも調べる。

□**体系的に質問する**：チームのメンバー一人ひとりと面談したときに、共通の質問に対する個々の答えを検討する。答えが不自然に一致していないか。もしそうなら、相談して方針を決めていたのかもしれない。しかし、現状に対して本当に全員が同じ印象をもっているのかもしれない。どう考えるかはリーダー次第である。逆に、答えがほとんど一致しない場合はどうか。その場合は、チームに一貫性が欠けているのかもしれない。

□**グループの力学を探る**：早い段階のミーティングで、チームがどのように対話するかを観察する。

仲間同士は誰か。個々の態度はどうか。リーダーシップをもっているのは誰か。特定の話題について、誰が誰の意見に従うか。誰かが話しているとき、ほかの人の表情に反対や不満が表れていないか。これらのサインに注意を払い、最初の印象を確かめるとともに、仲間同士や対立勢力を探る。

■チームを進化させる

職能、チームワークの要件、STARSポートフォリオ、ポストの重要性を勘案して個々のメンバーの能力を評価したら、次のステップは、各人へのベストの対応を考えることである。最初の三〇日が経過するころには、メンバーを次の分類のいずれかに暫定的に割り当てられるはずだ。

□**留任**：現在の職務をうまく遂行している。
□**留任・開発**：能力開発が必要だが、そのための時間と労力はある。
□**異動**：優秀だが、今のポストではスキルや個人の資質を活かしきれていない。
□**交替（優先度低）**：交替させる必要があるが、差し迫った状況ではない。
□**交替（優先度高）**：なるべく早く交替させる必要がある。
□**観察**：まだ未知数、もう少し様子を見なければ決定的な判断はくだせない。

これらの評価は、絶対に覆せないというものではないが、九〇％以上の確信が必要である。まだ評価を決めかねる人がいたら、その人は「観察」に分類しておく。時間とともにさらによくわかってきたら、評価を変えたり修正したりすればよい。

代替案を検討する

優先度の高い交替を決定したら、すぐにでも着手したいと思うかもしれない。しかし、まずは代替案について検討してみるべきである。社員をひとり辞めさせるのは、困難で時間のかかる作業である。能力が低いことが文書で十分に示されていたとしても、解雇のプロセスには数カ月かそれ以上かかる場合がある。能力に関する文書がなければ、それを作成するための時間もある。

また、そもそも部下を交替させることが可能かどうかは、法律上の問題、文化規範、政治的な結びつきなど、さまざまな要因による。いくら成績が悪くても人事交替が許されない場合もある。このような場合、手持ちのカードでどうにかする方法を考えるしかない。

さいわい、ほかにも方法はある。あなたが明確なメッセージを送れば、相手が自発的に辞める決心を固めることもある。また、人事部と相談して、もっとその人に合ったポストに移すこともできる。

□**任務を変える**：チーム内でもっとその人に合ったポストに移す。仕事ぶりに問題がある場合、これでは恒久的な解決策にはならないが、適切な後任を探すまでのあいだ組織を動かし続けるという短期的な問題の解決にはなる。

□**職を辞させる**：チームに生産的な貢献ができない場合、またはチームを混乱させたり士気をくじいたりする場合は、価値を壊させるより何もさせないほうがましである。その人の責任を極端に縮小することを検討しよう。これは、相手の貢献度に対する考えを伝える強烈なメッセージにもなるため、みずから転職したほうがよいと判断するきっかけになるかもしれない。

□**社内の別の部署に異動させる**：組織全体の中で適職を見つけられるよう支援する。うまく対応すれば、この異動はリーダーにとっても、本人にとっても、組織全体にとっても吉と出る場合がある。ただし、本当に相手が新しい状況でうまくやれるという確信がなければ、この解決策を進めるべきではない。問題社員をほかの誰かに押しつけるのでは、自分の評価を傷つけるだけである。

バックアップをつくる

長期的に最良のチーム構成を構築しながらもチームを機能させ続けるには、業績の低いメンバーを残したまま交替要員を探す必要があるかもしれない。この人物には無理だとほぼ確信した時点で、ひそかに後任を探し始めるべきである。チームや社内のほかの場所で、昇進させられそうな人材を検討する。スキップレベル・ミーティングや定例報告会議を利用して、人材プールの評価検討をおこなう。人事部にも代替要員を探し始めるよう依頼する。

相手に敬意を払う

チームの進化プロセスのあらゆる段階で、すべてのメンバーに敬意を払うよう力を尽くすべきである。部内の社員がある人物を交替させるべきだという意見で一致していたとしても、フェアな行動ではないと思われたら、あなたの評価は損なわれる。メンバーの能力を査定し、適材適所にあてはめるために気をつかっていることを示すため、できるだけのことをしよう。この任務をどのようにやり遂げるかによって、部下たちのリーダーに対する永続的な印象がつくられる。

■チームのバランスをとる

チームに適切な人材を配置することは重要だが、それだけでは十分ではない。約束した優先課題を実現し、初期の成果をあげるには、どうしたら一人ひとりのチームメンバーが最適な形でこれらの重要な目標を支えられるかを定義する必要がある。このプロセスのためには、大きな目標を要素に分解し、チームと協力して各要素に担当を割り振る必要がある。さらに、各自が自分の目標を管理することに責任を負うようにする必要がある。どのように責任を促せばよいだろうか。

図7-2に示すように、チームのバランスをとって動機づけをするには、プッシュとプルのツールを組み合わせるのが最適である。**プッシュツール**とは、目標、業績評価システム、インセンティブなど、権威、忠誠心、恐怖、生産的な仕事に対する報酬への期待によって動機づけをするツールである。**プルツール**とは、魅力的なビジョンなど、未来に対する前向きで刺激的なイメージを喚起することによって動機づけをするツールである。

プッシュとプルをどのような組み合わせで使うかは、チームのメンバーがどのような動機づけを好むと思われるかによって異なる。エネルギッシュで積極

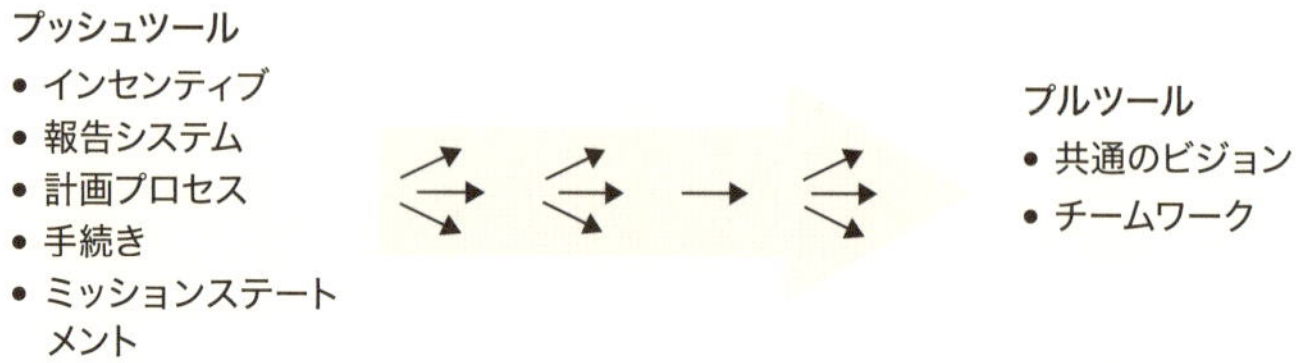

図7-2　プッシュツールとプルツールで動機づけをする

果敢なタイプは、プル型の刺激に喜んで反応するかもしれない。几帳面でリスクを回避するタイプには、プッシュ型のほうが有効かもしれない。

どの組み合わせが適切かは、ＳＴＡＲＳの状況にもよる。〈立て直し〉の状況は、通常、プッシュツールにあふれている。人は目の前に問題があれば、何かする必要があることを学ぶものである。しかし、〈軌道修正〉の状況では、切迫感を生み出すことは難しいかもしれない。そのような場合は、組織の未来の姿について魅力的なビジョンを定義するなどして、プル型のツールに重点を置けばよい。

目標と業績指標を定義する

プッシュツールとしては、明確な業績指標を設定し、それを守ることが責任を促す最良の方法である。メンバーが目標を達成したかどうかができるだけはっきりわかる業績指標を選択しよう。

「売上高を改善する」とか「製品開発にかかる時間を短縮する」といった曖昧な目標は避けるべきである。数値で表せる言葉で目標を定義したほうがよい。たとえば、「製品Ｘの売上高を今年第四四半期で一五ないし三〇％増加させる」、「製品ラインＹの開発時間を二年以内に一二カ月から六カ月に短縮する」などである。

インセンティブのバランスをとる

ここで自問すべき基本的な質問は、望ましい目標を達成するための最適な報奨方法はどのようなものかということである。金銭的な報酬とそれ以外の報酬をどのように組み合わせるか。

個人の業績とグループの業績のどちらにもとづき報酬を決めるかということも重要な判断である。これは、強いチームワークが必要かどうかという判断にもよる。必要なら、グループ報酬の比重を高めればよい。優秀なグループでさえあれば十分なら、個人業績の比重を高めればよい。

適正なバランスを見きわめることが重要である。部下たちが基本的に独立して仕事をしていて、主に個人の業績によってグループの成功が決まるなら、あえてチームワークを推進する必要はなく、個人インセンティブシステムを検討するべきである。部下同士の協力とノウハウの統合が成功にとって重要な意味をもつなら、強いチームワークが必要であり、グループ目標とグループインセンティブを使ってバランスをとるべきである。

通常は、個人の業績（部下が独立して仕事をおこなう場合）とチームの業績（互いに依存し合って仕事をおこなう場合）の両方に対するインセンティブをつくりたいはずである。適切な組み合わせは、部門全体の成功にとっての、独立した業務と相互に依存した業務の相対的重要性による（コラム「インセンティブの方程式」を参照）。

インセンティブの方程式

インセンティブの方程式は、望ましい業績に向けて動機づけをするためのインセンティブの組み合わせ方を決めるものである。まず、基本公式は次のとおりである。

報酬合計＝非金銭的報酬＋金銭的報酬

非金銭的報酬と金銭的報酬の比率は、(一) 昇進や表彰などの非金銭的報酬を利用できるかどうか、(二) それらが当人にどれぐらい重要と認識されているかによって異なる。

金銭的報酬＝固定報酬＋業績連動報酬

固定報酬と業績連動報酬の比率は、(一) 社員の貢献度をどこまで客観的に測定できるか、(二) 仕事をしてから結果に表れるまでのタイムラグによって異なる。貢献度を客観的に測定しにくく、タイムラグが長い場合、固定報酬の比重を高めるべきである。

業績連動報酬＝個人業績連動報酬＋グループ業績連動報酬

個人業績連動報酬とグループ業績連動報酬の比率は、貢献の相互依存性による。個人の努力が合わさってすぐれた業績が達成されるなら、個人の業績を報奨すべきである（例として、営業グループなど）。グループの協力と統合が重要なら、グループベースのインセンティブの比重を高めるべきである（例として、新製品開発チームなど）。グループベースのインセンティブにも、チーム、部門、会社全体などいくつかの階層が考えられる。

インセンティブシステムを考案することは容易ではないが、インセンティブのアンバランスによる危険は大きい。部下には、個人の任務を遂行するときでもグループの任務を遂行するときでも、リーダーの意図に沿って行動してほしい。強いチームワークが必要なときに個人的な目標を追求したり、その逆であったりしてほしくはない。

ビジョンを明確にする

チームのバランスをとるときは、組織のビジョンを忘れてはならない。日々リーダーやチームが働くのも、結局はそれが主な理由なのだ。

社員を奮い立たせるビジョンには、次のような特徴がある。

□インスピレーションの源に触れる。チームワークや社会貢献といった本質的な誘因を基礎としてビジョンを構築している。たとえば、ある整形外科用医療機器メーカーのビジョンステートメントには「動く楽しさを取り戻す」という言葉が使われ、けがをしたスポーツ選手が再び競技に参加できるようになった話や、老人が孫を抱けるようになった話が書き添えられている。

□人を「ストーリー」の一部にする。最高のビジョンステートメントは、人を意味のある大きな物語――たとえば、組織の過去の栄光を取り戻す旅――と結びつける。

□情景が浮かぶような言葉が使われている。ビジョンは、組織が何を達成し、それを達成した人々が何を感じるかを生き生きと表さなければならない。一〇年間で一二機のロケットを打ち上げるというのは目標である。ジョン・F・ケネディ大統領が言った、一九六〇年代のうちに人類を月へ到達させ、無事に地球へ帰還させるというのはビジョンである。

表7‐2の分類を使って共通のビジョンをつくってみよう。なぜ人々は、組織のために定められた目標を達成するべく、もっと努力しようという気持ちになるのだろうと自問し続けることだ。

共通のビジョンの作成と伝達に取り組むときは、次の原則を覚えておいてほしい。

□**相談することで思い入れを生み出す**：ビジョンのうち譲れない要素は明確にしておくべきだが、それ以外については柔軟にほかの人の考えを検討し、ほかの人が共通のビジョンに意見を反映させ、関われるようにする。そうすることによって、ビジョンがみなのものになる。オフサイト・ミーティングは、気をつけてうまく設定すれば、共通のビジョンを作成し、思い入れを生み出すための強力な手

全力を尽くしている？ □理想のために全力を尽くす □理想を実現するために犠牲になる 貢献している？ □顧客やサプライヤーにサービスを提供する □より良い社会、より良い世界をつくる 個人の成長を促す？ □搾取したり恩に着せたりする慣行をなくし、個人を尊重する □人々が潜在能力を発揮するための手段を提供する 信頼と誠意を体現する？ □倫理的で誠実な行動 □公正さ	偉業を達成する？ □卓越、品質、継続的な向上をめざす □やりがいのある機会を提供する チームの一員になる？ □チームワークを大事にし、常にチームの利益を考える □グループ内に個人的に報われる仕事を重視する風土がある 運命を左右する？ □支配し、掌握することを探求する □報酬、評価、ステータス――個人のため、組織のため

表7-2　ビジョンステートメントのインスピレーション

段になることがある（コラム「オフサイト・ミーティング計画のチェックリスト」を参照）。

□ビジョンを伝えるための物語《ストーリー》と比喩をつくる：物語と比喩は、ビジョンの本質を伝える力のある手段である。たとえ話には、驚くほど強い力がある。すぐれた物語は大切な教訓が凝集され、リーダーが奨励したい行動のモデルとなる。

□ビジョンを強化する：説得的コミュニケーションの研究では、反復の力が大いに強調されている。ビジョンは、少数の核となるテーマで構成され、そのテーマが十分に浸透するまで繰り返されると、人々の心に根づく可能性が高くなる。人々がメッセージを理解し始めても止めてはならない。そのビジョンに対する人々の思い入れが深まるまで努力を続ける必要がある。

□ビジョンを伝えるチャネルをつくる：ビジョンは、組織の一人ひとりに直接伝えることはできない。このため、経営チームなど少人数のグループに働きかけるほかに、離れた場所から効果的に説得する手段が必要である。つまり、ビジョンを広範囲に広めるために使うコミュニケーション・チャネルを開発する必要がある。

最後に、何よりも重要なのは、明言したビジョンを実践するよう気を配ることである。リーダーやチームのメンバーなど、リーダー陣の矛盾した行動によってビジョンの価値が損なわれるぐらいなら、そもそもビジョンがないほうがましである。言行一致をつらぬく覚悟が必要である。

■オフサイト・ミーティング計画のチェックリスト

新しいチームメンバーで、日常の環境を離れて集まるオフサイト・ミーティングを設定しようとする場合、まず、オフサイト・ミーティングを開く理由を明確にする必要がある。このミーティングで何を実現しようとしているのか。オフサイト・ミーティングを開くには、少なくとも六つの重要な理由がある。

- □ビジネスに関する共通の理解をつくる（状況判断の目的）
- □ビジョンを定義し、戦略を策定する（戦略の目的）
- □チームが一緒に働く方法を変える（チームプロセスの目的）
- □グループ内の人間関係を築く、または変える（人間関係の目的）
- □計画を立て、それを達成するよう努める（計画の目的）
- □対立に対処し、合意について交渉する（対立解決の目的）

細部にこだわる

グループにとってオフサイト・ミーティングが役に立つと判断したら、次の問いに対する答えをもとにミーティングの詳細計画を検討し始める。

□いつ、どこでミーティングをおこなうべきか。
□どのような問題を、どのような順番で取り上げるか。
□誰が進行役をつとめるか。

進行役の問題をないがしろにしてはならない。あなたが熟練のファシリテーターで、チームから尊敬されているなら——さらに、対立に関わっていないなら——リーダーが進行役を兼任してもよいだろう。そうでなければ、外部から熟練者を起用することをおすすめする。取り上げようとする問題に関するエキスパートか、チームプロセスの編成に熟達した人のどちらかである。

落とし穴にはまらない

一回のオフサイト・ミーティングを盛りだくさんにしようとしないこと。現実には、先ほど述べた目的のうち、一日か二日で達成できるのはせいぜい二つである。少数に的を絞り、集中したほうがよい。

また、順序を誤ってはならない。最初に正しく土台を築くまで、つまり、ビジネス環境について共通の理解を築き（状況判断の目的）、職場の人間関係をととのえる（人間関係の目的）までは、ビジョンの定義や戦略の策定に取りかかることはできない。

■チームを主導する

チームの評価、進化、バランス調整を進めながら、日ごと、週ごとにどのような形でチームと仕事をしたいかということも考える必要がある。チームがグループとしての任務を遂行する方法を決めるために、どのようなプロセスを使うとよいか。会議の扱い方、意思決定の方法、対立解決の方法、責任と業務の切り分け方は、チームによって大きく異なる。新しいやり方を導入したいと思うかもしれないが、性急にことを進めないよう注意すべきである。まず、自分が着任するまでチームがどのように仕事を進めていたか、そのプロセスはどの程度有効だったかを十分に理解する必要がある。そのうえで、うまくいっていたものは残し、そうでなかったものは変えればよい。

チームの現在のプロセスを評価する

チームの現在のプロセスをすばやく把握するにはどうしたらよいだろうか。チームメンバー、同僚、上司に、チームがどのように仕事をしていたか話を聞くとよい。会議の議事録やチームの報告書にも目を通す。次の問いへの答えを探ってみよう。

□**参加者の役割**：重要な問題に対して最も影響力があったのは誰か。常に反対する人はいたか。革新者はいたか。不透明な要素を避ける人はどうか。ほかの全員が話に耳を傾けるような人はいたか。仲裁役は誰か。煽動家は誰か。

□**チーム会議**：チームはどれぐらいの頻度で会合していたか。誰が参加したのか。誰が会議の議題を設定したのか。

□**意思決定**：誰がどのような決定をおこなったか。意思決定にあたり誰に相談したか。決定したあとで誰に伝えていたか。

□**リーダーシップのスタイル**：前任者はどのようなリーダーシップのスタイルを好んだか。すなわち、どのように学習し、コミュニケーションをとり、動機づけし、意思決定を処理することを好んだか。前任者のリーダーシップのスタイルは、自分と比べてどうか。スタイルが大きく異なるとしたら、その違いがチームに与える影響にどのように対処するか。

改革するチームプロセスを絞り込む

これまでチームがどのように機能してきたか、何がうまくいって何がうまくいかなかったかを把握したら、学んだことを活かして、必要と判断した新しいプロセスを確立する。たとえば、多くのリーダーは、チームの会議と意思決定プロセスを改革すれば効果が得られると判断する。もしそうであれば、どのような改革を考えているかを、具体的な言葉で書き表す。チームはどれぐらいの頻度で会合するのか。どの会議に誰が出席するのか。議題はどのように決められ、配布されるのか。明確で有効なプロセスを設定することで、チームは一体化し、グループとして初期の成果をあげることができるはずだ。

参加者を変える

チームがうまく機能しない要因のひとつは、チームのコアミーティングに誰が参加するかという問題である。この問題にうまく対処すれば、変革を起こすというメッセージを伝える絶好の機会となる。組織によっては、重要会議にメンバーを入れすぎ、議論や意思決定に参加する人数が多すぎることがある。このような場合、コアグループの規模を縮小して会議を合理化し、効率と集中を重視するというメッセージを伝えるとよい。また、重要会議があまりにも排他的で、大事な意見や情報をもっていそうな人物が故意に排除されている組織もある。このような場合、参加者を拡大し、えこひいきをしたり少数の意見だけを聞いたりすることはないというメッセージを送るべきである。

意思決定を主導する

意思決定も、改善の余地が大きい分野である。チームの意思決定をうまく主導できるリーダーは少ない。ひとつには、決定の種類によって異なる意思決定プロセスが必要だが、ほとんどのチームリーダーはひとつの方法にこだわるためだ。リーダーには自分が安心できるスタイルがあり、さらに、一貫した方法をとらなければ部下を混乱させるおそれがあると思い込んでいるからである。

研究によれば、この考え方は間違っている。[3] 重要なのは、決定の種類によってアプローチ方法が異なる理由を理解し、伝えるための枠組みをもつことである。

チームが意思決定するにあたり考えられるさまざまな方法を検討してみよう。上からの一方的な決定と、全員一致による決定を両極として、それらの中間に考えられるアプローチを配置してみよう。一方的な意思決定とは、リーダーが相談もなく、または個人的なアドバイザーによる限られた助言だけで決定をくだすことである。この方法に伴うリスクは明白である。重要な情報や知識を見落とし、実施にあたっては中途半端な支持しか得られない可能性がある。

これとは対極にある、少人数ではなく全員の同意を必要とするプロセスは、**散漫化**をまねくおそれがある。いつまでも話し合いが続き、結論に至らない。あるいは、決定がなされたとしても、それは最低限の共通項を満たす妥協である場合が多い。いずれの場合も、重大な機会や脅威に効果的に対処することにはならない。

これらの両極端の間に、ほとんどのリーダーが採用するプロセスがある。**相談・決定**と**コンセンサス形成**である。部下（個人、グループ、またはその両方）に情報や助言を求めるものの、最終決定権はリーダー自身がもつという場合、相談・決定アプローチを使っていることになる。これは実質的に、「情報収集と分析」プロセスを「評価と結論」プロセスから切り離し、その一方だけにグループの力を活かす方法である。

コンセンサス形成プロセスでは、リーダーはグループに情報と分析を求め、さらに決定への参加も求める。目標は全員一致ではなく、十分なコンセンサスである。つまり、グループの必要最小数がその決定が正しいと考え、さらに重要な点として、残りのメンバーがその決定を容認し、実施を支援すると約束することである。

どのような場合に、どのプロセスを選べばよいだろうか。「時間的なプレッシャーがあるときは、相談・決定を使う」などと言い切ることはできない。なぜか。相談・決定アプローチのほうが早く決定に至るかもしれないが、望まれる結果に早く達するとはかぎらないからだ。実際、あとから決定を納得させるのに時間がかかったり、部下が積極的に実施に取り組まず、せっつかなければならなかったりする場合もある。行動強迫症に陥っているリーダーは、特に危険である。早く決定してまとめたいがために、プロセスの最終目的を危うくしかねないからだ。

どの意思決定プロセスを使うかを考えるにあたっては、次の経験則が役に立つだろう。

□決定が分裂を生み、勝者と敗者をつくりそうな場合、通常は相談・決定を使ってリーダーが責任を引き受けたほうがいい。コンセンサス形成プロセスはよい結果を生まず、途中で全員が怒りをぶつけ合うことになるだろう。言い換えると、リーダーが決定をくだし、敗北や痛みをグループで分かち合うのが最善である。

□決定を実施するにあたり、リーダーが仕事ぶりを十分に監督管理できないメンバーによる積極的な支持が必要な場合、通常はコンセンサス形成プロセスを使ったほうがよい。相談・決定プロセスのほうが早く決定できるかもしれないが、望まれる結果に早くたどり着けるとはかぎらない。

□チームメンバーの経験が浅い場合、チームの現状を見きわめて能力開発をおこなうまでは、相談・決定プロセスに頼ったほうがよい。経験の浅いチームでコンセンサス形成アプローチを使おうとすると、いらいらして結局決定を押しつけることになりかねず、そうなればチームワークも損なわれる。

□自分が率いることになったグループに対して、権威を確立する必要がある場合（元同僚の上司になった場合など）、最初のいくつかの重要な決定には相談・決定プロセスを使ったほうがよい。厳しい決断をくだせるだけの冷静さと見識があると思われるようになったら、もう少し肩の力を抜いてコンセンサス形成に頼ってもよい。

リーダーの意思決定に対するアプローチは、STARSのどの状況にあるかによっても異なる。

〈立ち上げ〉や〈立て直し〉の場合、相談・決定がうまくいくことが多い。文化や政治より技術（市場、製品、技術）に関する問題が多いからだ。また、社員は相談・決定スタイルから連想されるような「強い」リーダーシップに飢えていることがある。一方、〈軌道修正〉や〈成功の持続〉の状況で成功するためには、リーダーは無傷の強力なチームを相手に、文化や政治の問題に取り組まなければならない場合がある。このような問題は、通常、コンセンサス形成アプローチで対処したほうがよい。

決定の性質に応じて意思決定のアプローチを変えるには、自分の生来の性質を抑えなければならないこともある。相談・決定による意思決定とコンセンサス形成による意思決定のうち、どちらかにリーダーの好みがあるだろう。しかし、好みは絶対ではない。相談・決定志向のリーダーなら、状況に応じて（十分な）コンセンサスを形成するアプローチを試してみるべきだろう。コンセンサス形成志向でも、そのほうが適切であれば柔軟に相談・決定アプローチを採用すべきである。

混乱を避けるため、自分がどのプロセスをどのような理由で使っているのかを部下に説明するとよい。さらに重要なことは、公正なプロセスを実行するよう努めることである。[4] メンバーは、たとえ最終決定に賛成ではなくても、（一）自分たちの意見と関心が聞き届けられて真剣に考慮され、（二）なぜそのような決定をくだしたか、もっともな理由が説明された場合には、決定を支持することがある。すでに決定していることに対し、支持を得るためだけにコンセンサス形成のジェスチャーを見せてはならないということだ。そんなことでごまかされる人はいない。むしろ、冷笑されて実施に悪影響が出るだけだ。単に相談・決定アプローチを使ったほうがましである。

また、メンバーの関心や立場を深く理解するようになれば、コンセンサス形成と相談・決定のモードを切り替えることもある。たとえば、最初はコンセンサス形成モードでも、このプロセスによる分裂が大きくなってきたら、相談・決定モードに切り替える方法もある。逆に、最初は相談・決定モードでも、メンバーが積極的に実施に関わることが重要で、コンセンサスを得ることが可能だとわかったら、コンセンサス形成モードに切り替えることもできる。

仮想チーム向けに調整する

最後に、メンバーの一部または全員が離れた場所で仕事をしている場合、チームづくりの方法をどのように変える必要があるだろうか。仮想《バーチャル》チームの結束を固めて維持することはきわめて難しい。チームのメンバーを評価することはさらに難しく、状況により最初に顔を合わせることができない場合はなおさらである。効果的なチームワークの原則は、ほとんどが仮想チームにもあてはまるが、加えていくつか考えるべき点がある。

□**可能であれば早期にチームを集める**：バーチャルな対話を支援する技術は日々向上している。しかし、強いチームワークが必要な場合、集まって共通の知識基盤、人間関係、バランス調整、相互協力関係を築くのに代わる方法はない。

□**コミュニケーションに関する明確な決まりをつくる**：これは、どのコミュニケーションツールをどのように使うかといったことである。また、返信についての明確な合意も必要である。たとえば、急ぎのメッセージには一定時間内に返信するといったことだ。バーチャル会議中の対話方法についても、明確な決まりが必要な場合がある。たとえば、普段直接会って話すとき以上に人の話をさえぎらないようにすること、効率的に要点を伝えることなどである。

□**チームのサポート役を明確に定める：**仮想チームは、情報の収集と共有、約束の遂行について、より厳しく規律を守る必要がある。記録係や議題作成係など、グループごとにチームのサポート役（当番制でもよい）を決めるとよい場合もある。

□**チームの対話のリズムをつくる：**同じ場所で働くチームには、自然に対話のパターンやルーチンができる。ほぼ同じ時間に出社したり、お茶の時間に話をしたりといった簡単なことだ。仮想チームの場合、とりわけ複数のタイムゾーンで仕事をしている場合、このような心強いルーチンが自然に生まれる機会がない。そのため、仮想チームの対話のためにはさまざまな構造を提供する必要がある。たとえば、会議の時間を設定したり、決められた議題に従ったりといったことだ。

□**忘れずに成功を祝福する：**仮想チームのメンバーは気持ちがばらばらになりやすい。メンバーのほとんどが同じ場所にいて、数人だけが離れている場合はなおさらだ。たまに時間をとって業績を認めて祝福することは、どんな場合でも重要だが、仮想チームでは必須である。

■チームを始動させる

引き継いだチームに関する決定は、おそらく新任リーダーがおこなう最も重要な決定である。チームを評価し、進化させ、バランスをとり、主導する努力は、うまくいけば、メンバーが目標達成と初期の成果の獲得に集中力とエネルギーをそそぐという形で実を結ぶはずだ。チームづくりに成功したことは、ブレイクイーブンポイントに達したとき――チームが生み出すエネルギーが、チームに注ぎこむ必要のあるエネルギーを超えたとき――にわかる。そうなるには、しばらく時間がかかる。エンジンを始動するには、まずバッテリーを充電しなければならない。

チェックリスト　理想のチームをつくる

1　チームメンバーの業績を評価する基準はどのようなものか。職能、必要なチームワークの強さ、STARSポートフォリオ、ポストの重要性は、基準の比重にどのように影響するか。

2　チームの評価にはどのように取り組むか。

3　どのような人事異動をおこなう必要があるか。急を要する変更、しばらく待てる変更はどれか。バックアップやほかの選択肢はどのようにつくるか。

4　優先度の高い変更はどのようにおこなうか。対象となる人の尊厳を守るために何ができるか。再編プロセス中のチームにはどのような支援が必要で、どこから支援が得られるか。

5　どのようにチームのバランスをとるか。プッシュ（目標、インセンティブ）とプル（共通のビジョン）をどのように組み合わせるか。

6　新しいチームがどのように機能することを望むか。メンバーにどのような役割を担ってほしいか。コアチームは縮小すべきか、拡大すべきか。意思決定はどのようにおこなう計画か。

第八章　味方の輪をつくる

メドデブ社で新しいポストについて四カ月、アレクシア・ベレンコは、本社で続いている官僚的な駆け引きにすでに嫌気がさしていた。「どこへ行けば必要な改革への支援が得られるのだろう」と彼女は思った。

アレクシアは営業とマーケティングのベテランで、世界的な医療機器メーカー、メドデブ社の国内事業で管理職を歴任し、祖国ロシアのマネジングディレクター（非公式に「国内マネジャー」ともいわれる）に登りつめた。

幹部はアレクシアの可能性を評価し、さらに広い地域での経験が必要と判断した。そこで、彼女をＥＭＥＡ（ヨーロッパ、中東、アフリカ）マーケティング担当地域副社長に任命した。これは、ＥＭＥＡ各国の国内事業のマーケティング戦略に責任を負う立場である。アレクシアの直属の上司は、米国本社にいるコーポレートマーケティング担当上級副社長のマージョリー・アーロンで、さらに以前の上司のハラルド・イェーガーも組織図上点線で結ばれた上司である。ハラルドはＥＭＥＡ事業担当国際副社長で、地域内のマネジングディレクター全員を統括していた。

アレクシアも、最初はいつものように意気込んでいた。ＥＭＥＡ地域のほかのマネジングディレクターや前の上司と一対一で対話するなど、現状を徹底的にレビューした。また、マージョリーとその部下数人と会う目的で渡米した。

これらの協議と、この分野における自身の経験から、最も差し迫った問題、そして機会は、新製品発売のマーケティング上の決定を集中化するか、分散化するかの対立にうまく対応することにあると判断した。アレクシアは費用対効果の検討書をまとめ、評価結果を伝えるとともに、一部の分野（全体的なブランドアイデンティティやポジショニングに関する決定など）では標準化を進め、その他の分野（広告宣伝計画の重要な変更など）についてはマネジングディレクターの裁量権を拡大することを進言した。

マージョリーとハラルドは、このアプローチの価値は認めたものの、まだはっきりした態度は示さなかった。両者とも、主なステークホルダーに説明するよう彼女に指示した。アメリカのコーポレートマーケティング担当幹部とＥＭＥＡの国内マネジャーである。

それから六週間、混沌とした会議を繰り返し、アレクシアは泥沼にはまっていた。彼女はコーポレートマーケティングチームの重要メンバーとの会議を設定した。その中に、マージョリー・アーロンの部下でグローバルブランディングを担当する幹部、デビッド・ウォレスもいた。アレクシアは渡米し、三〇人以上のグループに対しプレゼンテーションをおこなった。ほとんどのメンバーが意見を述べたが、それらはすべて、集中管理を強めこそすれ弱めるべきではないと結論づけるものだった。

さらに、ハラルド・イェーガーの部下でかつての同僚でもあるＥＭＥＡの国内マネジャーとの電話会議も低調に終わったことは、彼女にとって想定外だった。彼らは、国内マネジャーの裁量権を拡大するというアレクシアの提案は喜んで受け入れた。ところが、一部の裁量を制限する話になると、メンバーたちはすぐさま結束を固めた。人望の厚いマネジングディレクターのひとり、ロルフ・アイクリッドは、提案された裁量権は失うものに対する補償として十分とは言えないし、本社が本当に約束を尊重するとは思えないと懸念を述べた。「以前にも裁量権を拡大すると約束されたことはあるが、実現しなかった」とロルフは言った。

いつも冷静なアレクシアも、この事態の展開には当惑した。自分には地域マネジャーとして政治的駆け引きを切り抜けるだけの忍耐力と手腕があるだろうかと不安になった。

新しい任務で成功するには、直接自分の権限がおよばない相手からの支持が必要になる。最初は手札となる人間関係がほとんど、あるいはまったくないかもしれない。新しい会社へ転職した場合はなおさらだ。そこで、新しいネットワークづくりにエネルギーをそそぐ必要がある。始めるのは早いほうがよい。いずれ協力する必要がありそうだと思われる人との「人脈の預金」を増やすべく投資を心がける。自分の成功の鍵を握りそうな人物で、まだ会っていない人がいるかどうかを真剣に考える。

新しい任務について、これまでに経験のない影響力の問題に直面した場合にも注意しよう。アレクシアは、地位に伴う権限と、直属の部下のチームによって仕事を進めることに慣れていた。説得や味方づくりなど、これまでとは異なる方法で人を動かす必要があることに早く気づけなかった。

しかし、たとえ十分な地位による権限をもっていたとしても、初期の成果の目標を支えてくれる味方づくりに力をそそぐべきである。これは、誰を動かすべきかを考え、重要な取り組みに誰が協力してくれそうか（また、誰が抵抗しそうか）を見きわめ、浮動票を取り込むという意味である。このための計画は、九〇日計画に欠かせない要素である。

■影響力の目標を定める

最初のステップは、ほかの人の支持が必要な理由を明確にすることである。最初に、初期の成果をあげるためにどのような協力者が必要か考えてみよう。どの成果のために、自分の権限がおよばない（または足りない）人から支持を得る必要があるだろうか。何を達成しようとしているかを明確に理解してこそ、誰の支持が必要か、どうやってそれを確保するかを突き詰めることができる。初期の成果プロジェクト一つひとつに対し、味方づくりの計画を作成することを検討しよう。

アレクシアの最大の目標は、新旧の上司とそれぞれの組織の間で、ＥＭＥＡのマーケティングに関する重要事項を決定する方法について新たな取り決めを交渉することだった。現状は、両者間の長年の妥協を反映していた。不安定な均衡ではあったが、どうにか落ち着いていた。一見したところ、何かを変更すれば必ず勝者と敗者が生まれる状況である。コーポレートマーケティング部門は、当然ながら集中化と標準化を進めたい。ＥＭＥＡ地域のマネジングディレクターは、国ごとの個別化を望んでいる。つまり、両者が支持できる取引パッケージで合意を形成することになる。そもそも合意が可能であればの話だが。

そのような合意を達成するには、アレクシアは両サイドに協力してくれる味方の輪をつくる必要があった。現状に多くを投資してきた人もいるのだから、全員の賛同を得ることは考えにくい。そこでかわりに、コーポレート部門と地域部門の両方で合意に対する必要最小限の支持を獲得することに力をそそぐべきであった。

アレクシアが最初からこのことを理解していたら、最初は違ったことに労力を費やしていただろう。問題を分析し、合理的な解決策を提案するだけでなく、大西洋の両側に広がる政治的な情景に自分の提案がどのようにあてはまるかを理解するために。費用対効果検討書の力でどうにかなるとは考えなかっただろうし、関係者全員を説得しなければならないとも思わなかっただろう。

かわりに、具体的に誰を味方につけるべきかを見定め、組織において必要な影響力を発揮する方法を考えるべきであった。影響力の展望を調査するこのプロセスを遂行しておけば、何が障害になりそうかがわかったかもしれない。支持を取りつけるにあたって、何または誰が邪魔になりそうか。反対勢力を最後にうなずかせるには、どうしたらよかったのか。

■影響力の全体を把握する

人を動かすべき理由がはっきりしたら、次のステップは、自分の成功にとって最も重要な人物は誰かを見きわめることである。重要な意思決定者は誰か。その人にはいつ、何をしてもらう必要があるのか。表8 - 1に、この情報を得るための簡単なツールを示す。初期の成果プロジェクト一つごとに、このようなリストを作成することを検討しよう。

勝利の輪と妨害の輪

次に、初期の成果プロジェクト一つごとに、事態を前進させるにはどの意思決定者が重要かと考える。これらの人物を合わせて支持する力がある。これらの人々が合わさると、あなたの提案を支持する**勝利の輪**という。[1] たとえば、アレクシアは本社ではマージョリーから、EMEAではハラルドから提案に対する承認を取りつける必要があった。これらが、アレクシアが築くべき勝利の輪だった。

また、合わさると提案を却下する力のある**妨害の輪**についても真剣に考えておいたほうがよい。結束して提案を阻止しようとすると思われるのは誰か。その理由は。どのようにプロセスを妨げようとするか。どこから反対意見が出てくるかわかっていたら、その中立化に取り組むことができる。

影響力のネットワークを分析する

上層の意思決定者は、普段から助言や忠告を求めている人の意見によってかなり影響を受けるものである。そこで次のステップは、自分が関心をもっている問題について、誰が誰に影響を与えるかを示す**影響力のネットワーク**を分析することである。影響力のネットワークは、最終的に改革が実現するかどうかの大きな鍵を握ってい

最初に、影響力の展望を調査するため、有力者は誰か、彼らにいつ何を求めるかを見きわめよう。

誰が	何を	いつ

表8-1　有力者を見きわめる

る。組織では、正式な権限だけで力の所在が決まるわけではない。重要な問題や決定となると、人はほかの人の意見に従おうとする傾向がある。たとえば、マージョリーは、地域の個別化を進めたときにブランドアイデンティティにどのような影響が出るか、デビッドに評価を任せるかもしれない。同様に、ハラルドは、人望も厚く同僚たちを代表する存在であるロルフに任せるかもしれない。

影響力のネットワークは、正式な構造と並んで機能するコミュニケーションと説得のチャネルであり、影の組織のようなものである。[2] この非公式なチャネルは、表の組織がやろうとしていることを支援する場合もあれば、覆すように働く場合もある。アレクシアが目的を達成するためには、コーポレートマーケティング内部の影響力のネットワークと、EMEA地域事業の元同僚たちの影響力のネットワークを分析する必要があった。

影響力のネットワークを分析するにはどうしたらよいか。組織のことがわかってきたら、たとえば、同僚たちと仕事をするうちに、ある程度のことは明らかになる。しかし、このプロセスを速めることもできる。まずは、組織と外界の間の主な接点を知っておくとよい。社内、社外の顧客やサプライヤーは、味方づくりの焦点になりやすい。

もうひとつの戦略は、上司に主なステークホルダーを紹介してもらう方法である。グループの外で、上司が知っておくべきだと考える重要人物のリストを求めるのである。そして、早い時期にそれらの人物との会合を設定する（移行の黄金律に従って、新しく部下が加わった場合には積極的に同じことをするとよいだろう。優先度の高い人脈のリストを作成し、接触するために手を貸すのである）。

また、会議などの対話の中で、重要な問題について誰が誰に従うかを注意深く観察することも大切である。人々が誰に助言や意見を求めるか、誰がどのような情報やニュースを伝えるかに注意する。

特定の話題について話し合うときに、誰が誰の意見に従うか。問題が提起されたときに、人々の視線はどこへ向くか。

詳しい情勢がわかってきたら、どうして一部の人が組織の中で影響力をもつに至っているかを見きわめよう。いくつか例を挙げる。

□専門知識
□情報の掌握
□人脈
□予算や報酬などの資源を差配する権利
□個人的な忠誠

時間とともに影響力のパターンがさらに明らかになると、非公式な権力、専門知識、あるいは純粋に性格の力によって極端に影響力をもつ重要人物、オピニオンリーダーがわかってくる。彼らを納得させれば、自分の意見が広く受け入れられるようになる可能性は高い。

やがて**力の連合**もわかってくる。ある目的を追求するため、またはある特権を守るために、長期にわたって表や裏で協力し合ってきた仲間同士のことである。彼らの提案を知り、自分の提案をそれらと結びつけることは、味方づくりの強力な手段になる。ただし、そのために自分がやろうとしていることを曲げたり、政治的策謀に巻き込まれて自分の価値を下げたりしてはならない。

影響力の図を作成する

影響力のパターンについて学んだことを要約するには、アレクシアの状況を示す図8‐1のような影響力の図を作成するとわかりやすい。

円の中央にいるのは、重要な意思決定者である。コーポレートマーケティングではマージョリー、EMEA事業ではハラルドである。アレクシアはこの両者から改革パッケージ案への賛同を取りつけ、二人が勝利の輪になるようにする必要があった。ところが、この図の矢印が示すように、この二人の幹部はそれぞれの組織内の社員から影響を受けている（矢印の線が太いほど、影響力が大きいことを表している）。マージョリーは、グローバルブランディング担当副社長のデビッドと、コーポレート戦略グループ副社長のティム・マーシャルの影響を強く受ける。ハラルドは、部下の国内マネジャー全員の意見により影響を受ける。しかし、北欧諸国のマネジングディレクターを長年つとめてきたロルフは、ハラ

この図は、アレクシア・ベレンコが組織の中で取り組もうとした問題に関して、意思決定を形成する主な影響力の関係を表したものである。

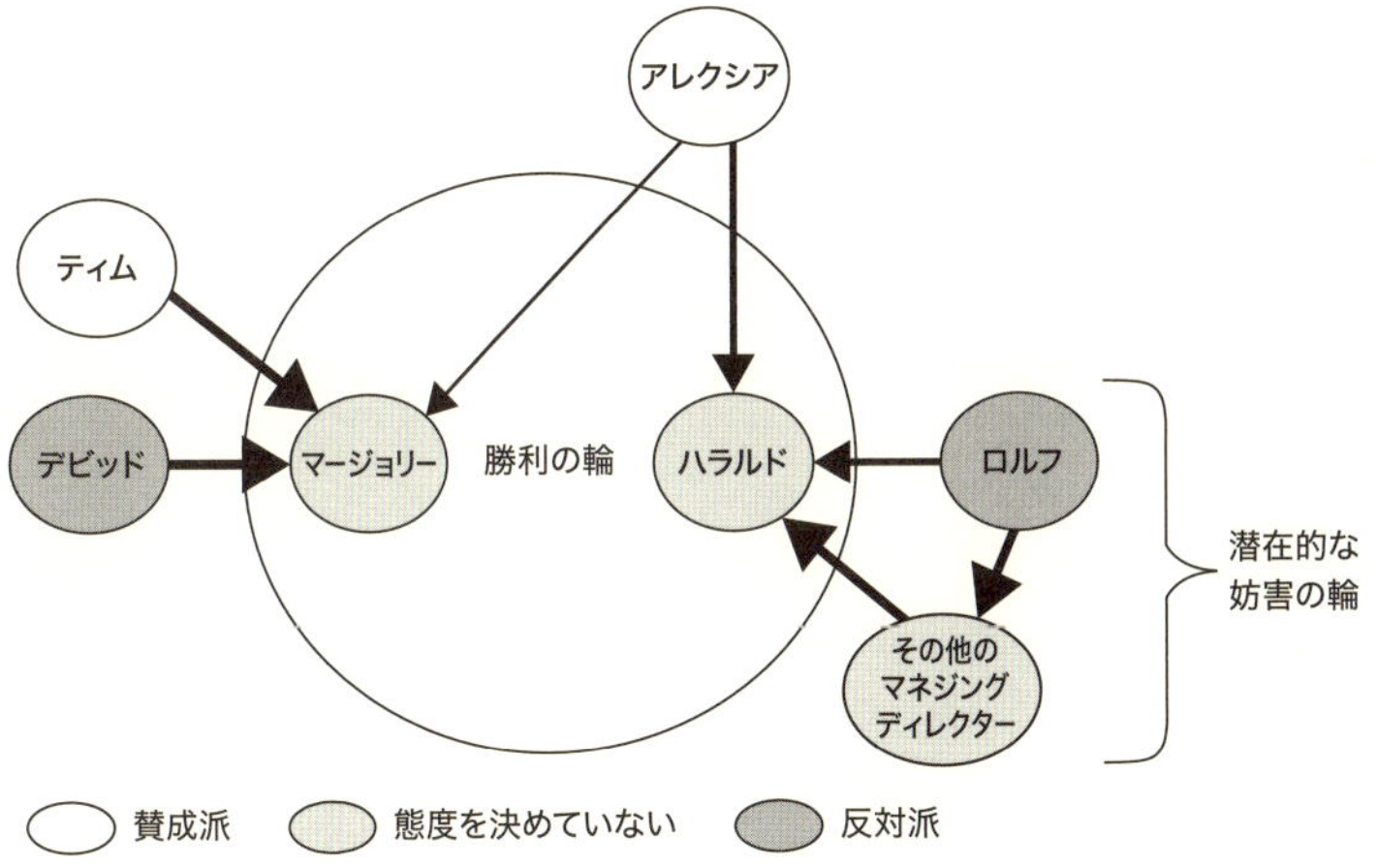

図8-1　アレクシアの影響力の図

ルドの意見形成にも、ほかのマネジングディレクターにも与える影響が大きい。この図からは、アレクシア自身もハラルドへの影響力は大きく、マージョリーにも多少の影響を与えることがわかる。

賛成派、反対派、説得できる相手を特定する

組織の影響力のネットワークを分析するためにおこなってきた作業は、賛成派になりそうな人、反対派になりそうな人、説得できそうな人を探すのにも役立つ。賛成派になりそうな人を見つけるには、次のような人を探してみよう。

□未来に対して自分と共通のビジョンをもつ人。改革の必要性を感じた場合、過去に同様の改革を主張した人を探すとよい。
□小さな規模で淡々と改革に取り組んできた人。たとえば、大幅に無駄を削減する革新的な方法を見つけたプラントエンジニアなど。
□入社したばかりで、まだ会社のやり方に染まっていない人。

賛成派があなたを支持する理由が何であれ、その支持を当然のものと思ってはならない。賛成を得るだけでは不十分で、それを確実なものにし、育てていかなければならない。そのため、宗旨変えした人への伝道も忘れてはならない。また、賛成派には、ほかの人を動かすために協力し、そのために説得力のある主張を展開するなどして、賛同者を増やすよう求める必要がある。

賛成派を探すときは、**便宜的な連携**を築ける相手も探すべきである。多くの分野で意見が異なるが、

ある問題については連携できる人もいるだろう。このような場合、相手をどのように啓蒙して仲間に組み入れるかを真剣に考えるべきである。

次は、反対派になりそうな人である。本当の敵なら、あなたが何をしようと反対するはずだ。彼らは、あなたの状況判断が間違っていると思っているのかもしれない。あるいは、ほかに理由があってあなたの提案に抵抗しているのかもしれない。

- □**現状への満足**：自分の地位を危うくしたり、確立した関係を変えたりするおそれのある変化には抵抗する。
- □**能力がないと見られることへの恐怖**：あなたが提案した変化にうまく順応できず、その後の業績が不十分だった場合、能力がないと見られたり感じたりすることをおそれている。
- □**基本的価値観への脅威**：従来の価値観の定義を否定したり、不適切な行動に報いたりする文化をあなたが推進しようとしていると思っている。
- □**自分の権力への脅威**：あなたが提案している改革（第一線のマネジャーの決定権を拡大するなど）が自分たちから権力を奪うことをおそれている。
- □**仲間への悪影響**：自分が大事にしたり面倒をみたりしている人に、あなたの提案が悪影響を与えることをおそれている。

しかし、相手が敵だと思い込まないよう注意が必要である。抵抗にあったら、何がなんでも反対する気だと決めつける前に、抵抗する理由を探ることだ。抵抗の動機を理解することで、相手の主張に対抗する用意ができるかもしれない。たとえば、新しい環境では能力がないと見られるのではないかという恐怖に対しては、新しいスキルの開発を支援することで対処できるかもしれない。

敵を味方に変えることに成功すれば、象徴的な意味でも強力である。「敵が仲間になった」ことは、ほかの社員たちの反響を呼ぶ強力なストーリーである（そのほか、挽回のストーリーもある。たとえば、閑職に追いやられたり役立たずのレッテルを貼られたりしている人の名誉回復に協力するなど）。

また、関係も良好で多くの点で意見が一致するが、特定の提案については意見が合わない人もいるだろう。これは特別な種類の反対勢力で、この場合に大事なことは、関係を保ちつつ物事を必要な方向へ動かしていくことである。何をどういう理由でおこなう必要があるのか説明し、建設的な問題解決に取り組み、ほかの問題で支援したり後日に恩に報いるなど、相手の損を埋め合わせる方法を検討することによって解決できないか探ってみよう。

最後に、**説得できる相手**のことを忘れてはならない。組織の中で、あなたの計画に無関心だったり、態度を決めていなかったり、中立的な立場をとっていたりするが、動かす方法が見つかれば味方になるよう説得できそうな人である。そのような人を見つけたら、なぜ中立なのかを探ってみよう。次のようなケースが考えられる。

□**無関心**：かわりに相手の提案を支持することで、こちらの提案を支持してもらえる方法がいろいろあるかもしれない。
□**態度を決めていない**：理由を探り、啓蒙と説得を試みる。
□**日和見主義者で、どちらに風が吹くか様子を見ている**：こちらが優勢であることを確信させ、時流に乗るよう説く必要がある。

賛成派と反対派について評価をしたら、先の図8‐1のような影響力マップにまとめることができる。濃いグレーの丸で囲まれた人が反対派、白が賛成派、淡いグレーが態度を決めていない人である（青・黄・赤で色分けしてもよい）。アレクシアの場合、コーポレート側ではティムが賛成派で、デビッドは態度を決めていなかった。ＥＭＥＡ側ではロルフがアレクシアの改革案にやや反対していた。あらためて言うが、取り決めに成功するためには、両サイドで必要最小限の賛成を勝ち取らなければならない。

■重要人物を理解する

組織内の影響力のネットワークを分析し、関係者と味方を見きわめ、賛成派と反対派を分析したら、次のステップは、動かすべき重要人物に的を絞ることである。アレクシアの場合、それはデビッドとロルフである。

最初に、二人にとっての内発的動機づけを検討する。人にはさまざまな動機づけ要因がある。認められたい、支配したい、権力が欲しい、同僚と仲間関係を築きたい、個人的に成長したいなどである。[3] これらの動機づけ要因の比重は人によって大きく異なる。そのため、時間をかけて、何が重要人物を動かすかを知る必要がある。彼らと直接対話することが可能なら、質問をして積極的に話に耳を傾けるべきである。特に、ロルフのような潜在的反対派が何に対し、どのような理由で反対しているのかを理解するよう努める。動機づけを理解したうえで、彼らは具体的にどのような損失を避けようとしているか。彼らにとって埋め合わせとなるような価値ある交換条件を、何か提示できるだろうか。

人々の動機づけを理解することは、話の一端にすぎない。さらに、**状況の圧力**を評価する必要がある。そのときの状況によって作用する推進力と抑止力である。推進力は、人を向かわせたい方向へ推し進める力である。抑止力は、人がノーと言う背景にある事情である。多くの社会心理学研究によれば、わたしたちは、人がなぜそのように行動するのかを考え結論を出すときに、性格による影響を過大評価し、状況の圧力による影響を過小評価することがわかっている。[4] ロルフの反対は、生来の頑固さと、自分の権限や地位を守りたいという気持ちに原因があるとも考えられるが、自分のビジネス上の目標やインセンティブ、あるいは同僚の意見（またはその組み合わせ）といった状況の圧力に反応している可能性もある。そこで、時間をとって、動かしたい相手に作用している力について考えてみる必要がある。そのうえで、推進力を高め抑止力を減じる方法を探っていく。

最後に、重要人物が選択肢をどう認識しているかを考えよう。彼らは、どのような選択肢があると思っているだろうか。ここで肝心な点は、ロルフのような反対派が、表立って、または裏で抵抗すれば現状を維持することに成功すると考えているかどうかである。そう考えているとしたら、もはや現状維持の可能性はないと納得させることが重要だ。これから変化が起きることさえ認識すれば、徹底して反対するのではなく、これからどのような変化を起こすのかというところに影響力争いがシフトしていくかもしれない。アレクシアは、重要な意思決定者に対し、現状は受け入れられない、変化が必要だと納得させることができただろうか。

合意の実施についての懸念も、ここに分類される。相手が譲歩を申し出ても、実際には実現しないだろうと考え、賭に出るよりは現状維持のために戦ったほうがよいと判断されることがある。マネジングディレクターの裁量権を拡大するという約束を本社が尊重するかどうかについて、ロルフが懸念を表明したのも、このような問題があってのことだ。不確かな約束に対する懸念が障害になっていることがわかったら、信頼を高める方法があるかどうかを検討するとよい。たとえば、前の段階が無事に実施されたら次の段階に進むというように、段階的に変革する方法を提案してもよいだろう。

表８‐２に、重要人物の動機づけ要因、推進力と抑止力、選択肢の認識を把握するための簡単なツールを示す。

■相手を動かす戦略を立てる

影響を与えるべき相手について理解を深めたら、相談、組み立て、選択形成、社会的影響、漸進主義、順序づけ、アクション強制イベントなどの典型的な手法の使い方につ

この表を使って、重要人物の動機づけになっている要因、彼らに作用している推進力と抑止力、選択肢に対する認識（自分にどのような選択肢があると思っているか）を評価してみよう。

重要人物	動機づけ要因	推進力と抑止力	選択肢

表8-2　動機づけ要因、推進力と抑止力、選択肢を分析する

いて考えることができる。

相談には、相手の思い入れを強める効果がある。上手な相談とは、相手の話を積極的に聞くことである。質問をし、本当の思いを話すよう促し、聞いた話を要約してフィードバックする。このアプローチは、相手に対して注意を払って真剣に会話をしていることを伝えることになる。説得の技法として、積極的に話を聞くことの効果は、大いに過小評価されている。話を聞くことは、難しい決定を受け入れるよう促すだけでなく、相手の思考を導き、選択肢を組み立てることにもつながる。リーダーがどのような質問をし、答えをどのようにまとめるかは、人の認識に強い影響を与えるため、積極的に話を聞いて組み立てることは説得の技法になりうるのである。

組み立てとは、相手ごとに説得の論旨を慎重に作成することである。組み立てを正しくおこなう作業は、時間をかけるに値する。実際、アレクシアが改革案を支持する魅力ある主張を作成して伝えることができなければ、ほかの何をしても大した効果はない。メッセージは適切なトーンで伝え、影響力のある人物を動機づけし、彼らに作用する力を働かせ、何よりも、重要人物の選択肢に対する認識を形成するものでなくてはならない。

たとえば、アレクシアは、ロルフを反対派から少なくとも中立へ、理想的には賛成派へ変えるには何が必要か探るべきであった。ロルフには何か具体的な懸念があり、対処のしようがあったのではないか。約束どおり実施されることが保証されれば、ロルフが魅力を感じる交換条件もあったのではないか。アレクシアのアプローチに賛成する見返りに、ロルフが抱えているほかの議題を進めるために協力する方法はなかったか。

論旨を組み立てるときは、アリストテレスの修辞学上の分類、**ロゴス**、**エートス**、**パトス**を覚えておくべきである。[5]ロゴスは論理的主張に関するもので、データ、事実、理路整然とした論拠を使って変革の主張を組み立てることを表す。エートスは、意思決定にあたり、適用すべき原則（公平性など）と守るべき価値（チームワークの文化など）を高めることを表す。パトスは、聞き手との間に強力な感情的結びつきをつくること、たとえば、協力することで達成できる胸躍るビジョンを提起することを表す。

組み立ての効果を高めるには、少数の核となるテーマに的を絞り、それらが浸透するまで繰り返す。人々が自分でも気づかずにあなたのテーマを口にするようになってきたら、確かな成功の兆しである。わたしたちは反復によって学習するため、集中と反復は効果的である。同じ歌を三、四回聞いたら、頭から離れなくなる。しかし、同じ歌ばかり聞きすぎてうんざりすることもありえる。同様に、まったく同じ言葉を何度も繰り返し使うと、いかにも説得しようとしているように思われ、かえって反発をまねくこともある。効果的なコミュニケーションの技は、機械的に同じ話を繰り返すのではなく、核となるテーマを繰り返し丁寧に説明することである。

論旨を組み立てるときは、反対派から出ると予想される反論に対して予防策を打つ方法を考えるべきである。予想される反論を先に弱い形で例示し論破しておけば、さらに説得力のある形で同じ主張が繰り返されても、聞き手は流されにくくなる。

表8 - 3は、おこなうべき主張の種類を体系化したチェックリストである。

選択形成とは、自分がもつ選択肢に対する考え方を変えさせることである。ノーと言いにくくするためにはどうすべきか、真剣に考えよう。選択肢を広げたほうがよい場合もあれば、狭めたほうがよい場合もある。こちらの意見を支持することで望ましくない先例をつくるのではないかと相手が懸念

次の分類と質問を使って、人を説得するためにどのタイプの主張をおこなうべきか考えよう。	
ロゴス： データと論理にもとづく主張	□相手はどのようなデータや分析に説得力があると思うか □相手はどのような論理に引きつけられるか □相手がとらわれている偏見はあるか、あるとしたらどのようにそれを示すことができるか
エートス： 理念、ポリシー、その他の「ルール」	□適用すべきだと相手に納得させられる理念やポリシーはあるか □理念やポリシーに反する行動を相手に求める場合、そのような例外を正当化するために協力できるか
パトス： 感情と意味	□共通の利益に対する忠誠や貢献などの、感情的な「トリガー」に訴えることはできるか □理念に賛成または反対することで、相手に意義を見いださせることができるか □相手が感情的に反応しすぎる場合、一歩退いて全体が見えるよう手を貸すことができるか

表8-3　論旨を組み立てる

している場合、ほかの決定とは切り離されたごく限られたケースと位置づけるとよいだろう。また、選択肢を全体的ないくつかの問題の一部ととらえたほうがよい場合もある。

勝つか負けるかの選択と認識された場合、相手に選択をさせることはとりわけ難しい。検討対象の問題や選択肢の範囲を広げれば、パイを拡大して互いに利益のある交換条件を見いだしやすくなるかもしれない。また、毒を含んだ問題があると話が止まってしまうかもしれない。このような場合、その問題を将来の検討事項として明確に棚上げするか、最初に不安を軽減する約束をすることで中和できる場合もある。

社会的影響とは、他人の意見や暮らしている社会のルールによる影響である。人望の厚い人がすでに提案を支持していると知ると、その案の魅力に対するほかの人の見方も変わる。したがって、オピニオンリーダーが納得して支持を表明し、周囲のネットワークを動員すれば、その影響力は強力である。また、人は次のように動きたがる傾向があることがわかっている。

□**強い価値観や信条に従い続ける**：このような価値観は、重要な準拠集団と共有される傾向にある。価値観や信条に反する行動を求められた人は、内面的に心理的不協和を経験する。

□**過去の約束や決定に従い続ける**：約束を守らないと社会的制裁を受ける場合が多く、自己矛盾はあてにならないしるしである。人は、自分の考えを翻すことになる選択や、望ましくない先例をつくって将来の自分の選択肢を制約しそうな選択には尻込みをする。

□**恩に報いる**：相互扶助は強力な社会規範であり、人は過去に受けた恩を思い起こさせるような形で支持を訴えられると弱い。

□**体面を守る**：自分への評価を守ったり高めたりする選択肢は前向きにとらえられるが、評価を落としかねない選択肢は否定的にとらえられる。

つまり、自分の価値観や過去の約束と矛盾したり、自分の地位を落としたり、評価をおびやかしたり、尊敬する人から否定されるリスクを冒したりする選択を人に求めることは極力避ける必要がある。動かすべき相手に、矛盾する過去の約束がある場合、そこからうまく逃れられるよう手を貸すべきである。

漸進主義とは、望ましい方向へ一気に進めない場合に少しずつ動けばよいという考え方である。A地点からB地点への経路を綿密に計画することはきわめて効果的である。小さな一歩を踏み出すたびに、次の一歩を進めるかどうかを決めるための新しい心理的基準点ができるからだ。たとえば、アレクシアは、単に集中化と裁量権の問題について検討するために会合するところから始めてもよかったはずだ。それでも、時間をかければ、グループは関連問題をひとつずつ分析できただろう。やがては、すべての重要問題を慎重に検討し終えて、適切な解決策はどのようなものか、参加者で基本原則を話し合うことができただろう。

組織の問題について複数の人が参加して共通の診断をくだすことも、漸進主義の一形態である。診断に参加すると、厳しい決定の必要性を否定しにくくなる。問題について合意ができれば、次に選択肢を定義し、さらに選択肢を評価するための基準を定義することができる。このようなプロセスを経ると、人は最初は絶対に受け入れなかったであろう結果を進んで受け入れるようになる。

漸進主義は強力な効果をもつことがあるため、間違った方向への流れができる前に意思決定を動かすることが重要である。意思決定のプロセスは川のようなものである。問題を定義し、選択肢を特定し、費用対効果の評価基準を設定する支流プロセスが集まって大きな意思決定になる。問題と選択肢が定義されるころには、実際の選択は決まったも同然かもしれない。最初にプロセスの形成に成功すれば、その先の結果に大きく影響することを覚えておこう。

順序づけは、望ましい方向への流れをつくるため、どのような順番で人を動かそうとするかという戦略である。[6] 最初に適切な人にアプローチすれば、味方づくりの好循環を生むことができる。尊敬される人をひとり味方につけることができれば、味方を増やしやすくなり、手持ちの資源が増える。支持が拡大すれば、提案が通る可能性は高くなり、さらに支持者を増やしやすくなる。アレクシアの場合、メドデブ社の影響力のパターンを分析したうえで、まずコーポレート戦略担当副社長のティム・マーシャルに会って支持を固め、さらにマージョリーを説得するための詳しい情報をティムに提供するべきであった。

全般的に見ると、アレクシアが順序づけを計画するとしたら、改革に向かう流れをつくるよう熟考した順序で、一対一の面談とグループ・ミーティングを設定すればよかった。ここで重要なポイントは、適切な比重を決めることである。一対一の面談は、相手の意見を聞いたり、新しい情報や追加情報を提供して相手の見解を形成したり、場合によっては交換条件を交渉したりといった土台づくりには有効である。しかし、真剣に交渉に参加しても、ほかの人と直接顔を合わせるまで最終的な譲歩や約束はしようとしない人も多く、そのようなときにはグループ・ミーティングが有効である。

アクション強制イベントは、なんらかの行動をとらざるをえない状況をつくり出して、決定を先送りにしたり、曖昧な態度をとったり、少ない資源を出し渋ったりする行為をやめさせるものである。

成功のために協調行動が必要な場合、一個人が態度を決めかねていると影響が波及し、ほかの人に先へ進まない口実を与えかねない。したがって、何もしないという選択肢を排除しなければならない。そのために、アクション強制イベントを設定する。関係者に約束をさせるか行動をとらせるイベントである。会議、レビュー会議、電話会議、締切りなどは、いずれも流れをつくって維持するために効果的である。定例会議で進捗状況をレビューし、約束した目標に達していない人を厳しく問いただすと、最後までやり通すよう心理的プレッシャーをかけることになる。

■まとめ

味方づくりのためには、誰の支持が必要かを考え、影響力のパターンを分析し、賛成派と反対派になりそうな人を見きわめなければならない。これらに成功すれば、重要人物を特定し、彼らの動機づけ要因、状況による圧力、選択肢に対する認識を理解し、勝利の輪をつくるため適切な戦略を立てることができる。

チェックリスト　味方の輪をつくる

1　自分の提案を推進するために、組織の内外に築くべき重要な味方の輪はどのようなものか。

2　ほかの主な関係者はどのような優先課題を追求しているか。それらはどのような場合にあなたの優先課題と調和し、どのような場合に対立すると考えられるか。

3 周囲の人と長期的な幅広い仲間関係を築く機会はあるか。特定の目的を追求するために、短期的な合意を利用できそうな場合はあるか。

4 組織において影響力はどのように作用するか。重要な関心事項について、誰が誰に従うか。

5 誰が提案に賛成してくれそうか。誰が反対しそうか。誰が説得できそうか。

6 重要人物の動機づけ要因、彼らに作用する圧力、彼らの選択肢に対する認識はどのようなものか。

7 効果的な相手を動かす戦略にはどのような要素があるか。論旨をどのように組み立てるか。漸進主義、順番づけ、アクション強制イベントなどのツールは役に立ちそうか。

第九章　自己管理の意味を考える

スティーブン・エリクソンは、大手メディア企業のニューヨーク支社で充実した六年間を過ごしたのち、カナダ事業の上級職に昇進した。ニューヨークからトロントへ移ることはなんでもないと思っていた。カナダ人とアメリカ人は似たようなものだ。町は安全だし、美味しいレストランやカルチャーイベントもあると聞いている。

スティーブンはすぐに引っ越し、トロントの中心部に短期賃貸マンションを借り、いつものように精力的に新しい任務に取りかかった。妻のアイリーンは、熟練のフリーランス・インテリアデザイナーで、自宅マンションを売りに出し、二人の子供――一二歳のキャサリンと九歳のエリザベス――を学年の途中で転校させる準備を始めた。スティーブンとアイリーンは、学年末までの四カ月、子供たちの転校を延ばすことも話し合ったが、家族が離ればなれに暮らす期間が長すぎるという結論に至った。

新しい任務について最初のトラブルの兆しはかすかなものだった。何をするにも、ぬかるみの中を歩くようなまどろっこしさを感じたのだ。生粋のニューヨーカーで、仕事のことは率直に話すことに慣れていたが、カナダの同僚たちはいらいらするほど丁寧で「几帳面」だった。スティーブンはアイリーンに、同僚たちが難しい問題について実際的な議論に参加しようとしないとこぼした。また、ニューヨークで仕事を進めるときに頼りにしていたような大黒柱的な人物がいなかった。

スティーブンが任務についてから四週間が経ち、アイリーンが合流した。新しい家と学校を探し、フリーランスでデザインの仕事を続ける見込みについて調べるためである。スティーブンは仕事が思うようにいかずいらだっていた。アイリーンも気に入った学校が見つからず、次第に不満を募らせた。子供たちは、ニューヨークでは一流の私立学校に楽しく通っていた。二人は引っ越したくないと言い出し、アイリーンはつらい思いをしていた。新しい国に引っ越すのはすてきな冒険だと言って聞かせ、すばらしい学校を見つけると約束して子供たちをなだめていた。落胆したアイリーンは、学年末まで子供たちを今の学校に通わせるべきだと思うと話し、スティーブンも同意した。

スティーブンはトロントとニューヨークを行き来し、アイリーンは子育てしながら働く負担をひとりで背負っていた。じきに事態は悪化し始めた。アイリーンは二回ほど週末にトロントを訪れて学校探しを続けたが、明らかに引っ越しに気乗りがしなくなっていた。週末がストレスになることも多かった。子供たちは父親に会えることは喜んだが、引っ越しはいやだと不平を言った。月曜日に仕事に戻ったときには、スティーブンはくたくたで集中できないことも多く、牽引力を発揮して同僚やチームと関係を築くことはますます難しくなった。仕事の成績が落ちていることは自覚しており、それがさらにストレスを悪化させた。

やがてスティーブンは、どうにかするしかないと腹を決めた。会社のコネを通じて良い学校を探し、候補になりそうな住宅物件もいくつか見つけた。ところが、アイリーンにマンションの売却を進めるよう迫った結果、結婚生活最悪の諍いに発展した。このままでは夫婦の危機だと悟ったスティーブンは、ニューヨークに戻すか、さもなくば辞めさせてほしいと会社に告げた。

リーダーの生活はいつでもバランスをどうとるかだが、移行期間中はなおのことである。先が見えなかったり曖昧だったりすることが重大な支障になりかねない。何がわからないかもわからない。協力者の輪を築くチャンスもなかった。スティーブンのように転居したら、個人の生活も移行中となる。家族がいたら、家族も移行中である。こうした混乱のただなかで、新しい組織に短期間で順応し、前向きな変化を起こし始めることを期待される。こうした理由から、自己管理は移行における重要課題なのだ。

取り組むべきことに適切に取り組んでいるか。活力を維持し、バランスのとれた見方を続けているか。自分自身と家族は、必要なサポートを受けているか。ひとりでやろうとしてはならない。

■現状を検討する

手始めに、今現在、移行の進み具合について自分がどのように感じているかを検討してみるとよい。少々時間をとって、コラム「構造的内省のガイドライン」を参照し、自分の状況を検討してほしい。

現在、どのような気持ちか

□刺激を受けているか。受けていないとしたら、なぜか。それについて何ができるか。
□自信があるか。ないとしたら、なぜか。それについて何ができるか。
□自分の成功をコントロールできているか。できていないとしたら、なぜか。それについて何ができるか。

現在、何が障害になっているか

□誰と人脈をつくれずにいるか。それはなぜか。
□出席した会議の中で、最もやっかいだったのはどれか。それはなぜか。
□見聞きしたことの中で、最も当惑したのは何か。それはなぜか。

うまくいったこと、いかなかったこと

□できれば違う対応をしたかったと思う対話はどれか。期待以上だった対話はどれか。それはなぜか。
□特に良い結果につながった決定はどれか。そうでもない決定はどれか。それはなぜか。

□どの機会を逸したことを最も後悔しているか。良い結果を出せなかったのは主に自分のせいか、それとも自分ではどうしようもないことのせいか。

次に、あなたが直面している最大の課題や困難に目を向けてみよう。自分に正直に答えてほしい。その問題は状況によるものか、それとも自分に原因があるか。経験とスキルのある人でも、問題を自分の行動ではなく状況のせいにすることはある。その結果、もっと積極的に動けるはずなのに、そうしないのである。

では、一歩退いて考えてみよう。希望どおりに事が進んでいないとしたら、それはなぜか。新しい任務につくときに必ず経験する気持ちの浮き沈みにすぎないのか。新しいことに挑む興奮が薄れ、目の前の課題が現実として迫ってきたら、当初の熱意が失せていくのはやむをえないことなのか。着任から三ないし六カ月の時期にリーダーが低迷期に入るのはよくあることだ。さいわい、ほとんどの場合、確実に出口はある。もちろん、九〇日計画を実践していればの話である。

しかし、現在の困難な状況は、収拾のつかない事態をまねきかねない個人的な弱点が原因かもしれない。移行期には、弱みは増幅されることが多いからだ。潜在的な機能不全を示す行動のリストを次に掲げるので、自分にこのような徴候が隠れていないか自問してほしい（そして、可能なら、あなたをよく知っていて誠実なフィードバックをくれる人にも尋ねてほしい）。

□境界線が無防備：何をするか、何をしないかの境界線をはっきり決めておかないと、周囲の上司、同僚、部下たちは、あなたが与えるものをすべて受け取るようになる。与えれば与えるほど、人々はあなたを尊重しなくなり、さらに多くを求めるようになる。これも悪循環のひとつである。やがてあなたは怒りを覚え、食い尽くされてしまうと憤慨するが、悪いのは誰でもない自分自身である。自分で自分の境界線が決められなければ、ほかの人がかわりに決めてくれるなどと思ってはいけない。

□融通がきかない：移行期は先行きが不透明なため、新任リーダーはいつも以上にかたくなに身構えがちである。特に、人に任せることができないタイプはその傾向がある。その結果、誤った行動方針に関わりすぎてしまう場合がある。決断を急ぎすぎ、いまさらあとに退いては信用を失うと考える。そのまま時間が過ぎれば過ぎるほど、自分の過ちを認めにくくなり、ますます悲惨な結果になる。あるいは、目標を達成する方法はこれ以外にないと決めつけているのかもしれない。そのかたくなさのせいで、同じ目標を達成する方法についてほかに有効なアイデアをもっている人がいても、何もできずに終わってしまう。

□孤立しがち：成功するには、行動を実現する人々や地下の情報の流れとつながっていなければならない。新任リーダーは驚くほど孤立しやすく、あなたもじわじわと孤立に追い込まれていくかもしれない。そのようなことになるのは、おそらく少数の人や公式の情報に頼りすぎ、時間をかけて適切な人脈をつくっていないからである。また、気づかないうちに、重要な情報をあなたに提供するのはやめようと思わせている可能性もある。悪い知らせに対するあなたの反応が恐れられているのかもしれないし、あなたは競合する利益にとらわれているると思われているのかもしれない。理由はどうあれ、孤立は情報不足のまま意思決定する原因になり、あなたの信用を落とすとともに、さらに孤立を悪化させることになる。

□**仕事を回避する**：着任当初は、厳しい決定をくださなければならない。不完全な情報をもとに、事業の方向性について重要な決定をくださなければならないこともある。リーダーがくだした人事の決定が相手の生活に甚大な影響を与えることもある。意識してかせずか、リーダーは多忙にかこつけたり、決定をくだすには機が熟していないと自分に思い込ませたりして、決定を先送りにすることがある。その結果、リーダーシップ理論家のいう**仕事回避**に陥る。これは難問に立ち向かうのを回避しようとすることをいい、それによって厳しい問題がさらに厳しくなる。[1]

これらの徴候はいずれも、ストレスを危険なレベルにまで高めるおそれがある。すべてのストレスが悪いわけではない。実際、図9-1に示すように、ストレスとパフォーマンスの関係はヤーキーズ・ドットソン曲線として十分に検証されている。[2] 自発的なもので

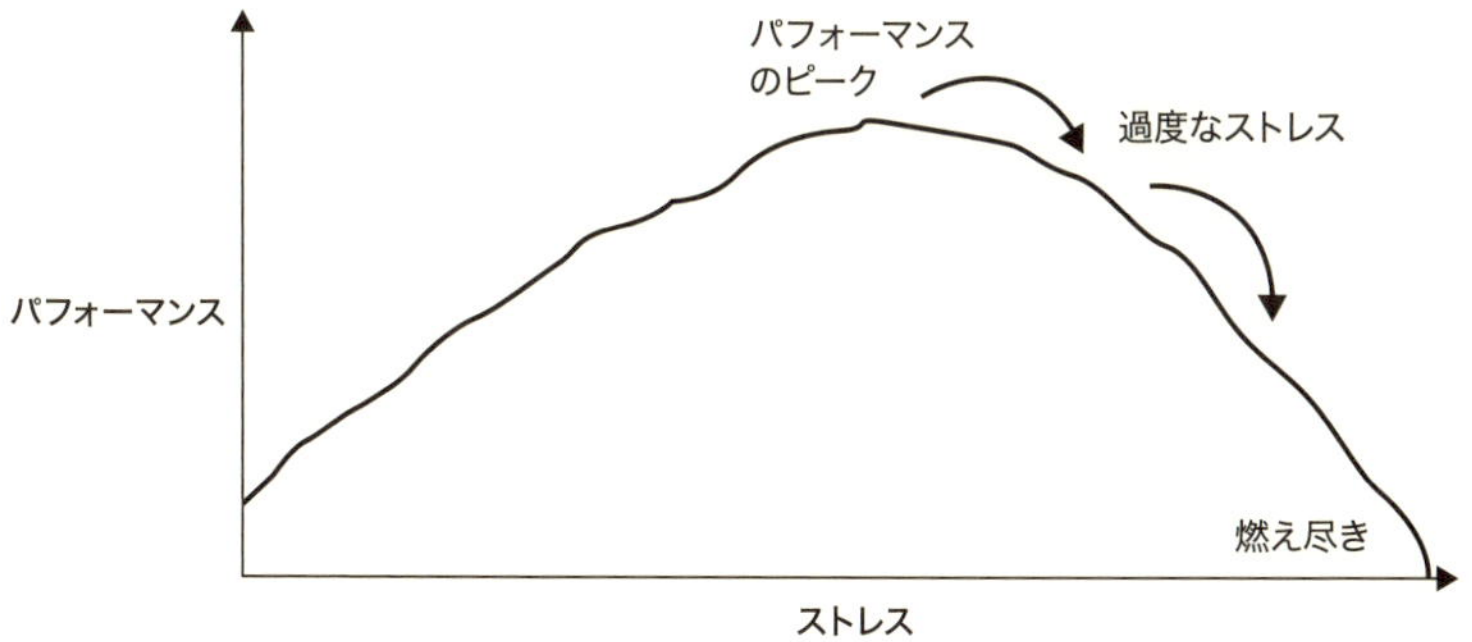

図6-1　組織構造の要素

あれ、外部から押しつけられたものであれ、生産性のためには多少のストレス（正のインセンティブや、何もしなかった結果として生じる場合もある）が必要である。ストレスがなければ、大したことはできない。寝そべってチョコレートでもかじるのが関の山である。

プレッシャーを感じ始めると、少なくとも最初はパフォーマンスが向上する。やがて、ジャグリングするボールが多すぎる、精神的負担が重すぎるなど、要求が増えるにつれパフォーマンスが落ち始めるポイントに達する（このポイントは人によって異なる）。ストレス曲線の頂点を越えると、この変化がさらにストレスを生み、ますますパフォーマンスを低下させ悪循環を発生させる。まれに、疲れ切って燃え尽きてしまう。それよりはるかに多いのが、慢性的なパフォーマンス低迷である。懸命に働くのだが、成果はあがらなくなる。これがスティーブンに起きたことである。

■自己管理の三本の柱を理解する

このような弱みがある場合、それに対し何をすればよいのか。自己管理に積極的に取り組むことが必要である。自己管理は、基礎の上に三本の柱で構築される個人的な習慣である。第一の柱は、これまでの八章で説明した成功戦略を採用することである。第二の柱は、個人的な規律をつくって守ることである。第三の柱は、職場でも自宅でも、バランスを保つための支援システムを形成することである。

第一の柱　九〇日戦略を採用する

これまでの八章で説明した戦略は、準備をととのえ、学習し、優先順位を設定し、計画を作成し、流れをつくるように行動するための方法を示すテンプレートである。これらの戦略が機能し、いくつか初期の成果をものにしたら、自信もつき、自分の業績がエネルギーの源になるだろう。移行を進めながら、表9-1にまとめた主要課題に照らして現在直面している課題について考え、どの章を読み直すべきか確認しよう。

第二の柱　個人的な規律をつくる

何をすべきか知ることと、実際にそれをやることは同じではない。結局、成功するか失敗するかは日々の選択の積み重ねによって決まるものであり、その選択次第で生産的な方向へ進むこともあれば、絶壁から転落することもある。これは自己管理の第二の柱、個人的な規律の領域である。

個人的な規律とは、徹底して自分に課す決まったルーチンである。あなたにとって、具体的にどのような規律の優先順位が高いだろうか。それは、あなたの強みと弱みによる。自分のことはよくわかっているかもしれないが、あなたのことをよく知っている信頼できる知り合いにも相談してみるべきだろう（この場合、三六〇度評価のようなものが役に立つことがある）。人は何をあなたの強みと考え、それ以上に、何を潜在的な弱点と考えているだろうか。

次の個人的規律のリストを使い、自分がつくるべきルーチンについて考えてみよう。

主要課題	診断の質問
準備をととのえる	新しい任務に適した思考をし、過去を切り離しているか
効率よく学ぶ	何を、誰から学ぶ必要があるか、どのように学習プロセスを速めるかを考えているか
状況に合った戦略を立てる	直面している移行のタイプと、それに対して何をすべきで、何をすべきでないかを診断しているか
成功条件を交渉する	新しい上司との関係を築き、期待を管理し、必要な資源を整備しているか
初期の成果をあげる	長期的な目標へと前進し、短期的な流れをつくるための重要な優先事項に重点を置いているか
バランスをととのえる	戦略、構造、システム、スキルのアンバランスを見つけて修正しているか
チームをつくる	これから達成することを活かすため、チームの評価、再編、バランス調整をおこなっているか
味方の輪をつくる	取り組みが徒労に終わらないよう、組織の内外に自分の提案に対する支持基盤を築いているか

表9-1　主要課題の評価

計画を計画する

日ごと、週ごとに計画・作業・評価のサイクルに時間を使っているだろうか。使っていなかったり、不定期だったりする場合、計画に対してもっと厳しく取り組む必要がある。一日の終わりに一〇分を使い、目標をどこまで達成できたか評価し、翌日の計画を立てる。各週の終わりにも同じことをする。これを習慣化する。遅れが出たとしても、状況をコントロールできる。

重要課題に専念する

毎日、完了すべき最も重要な業務に時間をかけているか。急な仕事が入ると、重要なことが後回しになりやすい。電話、会議、メールといった業務の流れに追われ、長期どころか、中期的な問題に取り組む時間もなくなる。本質的な仕事に取り組むのに苦労している場合、毎日三〇分でもいいので、ドアを閉め、電話を切り、メールを無視し、ひたすら集中する時間をつくるよう心がける。

うまく約束を先送りにする

その場の勢いで約束をしてしまい、あとで悔やむことはないか。どうせ先の話だと思って軽はずみに引き受けてしまい、その日になったらスケジュールがぎっしりで自分を責めることはないか。そんな経験があるなら、約束を先送りすることを覚えるべきだ。誰かに何かを頼まれたら、「おもしろそうだね。考えてから返事をさせてくれないか」と答えるのだ。その場でイエスと言ってはならない。催促されたら（たぶん相手はあなたがプレッシャーに弱いことを知っているのだろう）、「今すぐ返事が必要なら、断るしかないよ。でも、待ってくれるなら、もう少し考えてみよう」と答える。最初はノーである。あとからイエスと言うのは簡単なことだ。しかし、先にイエスと言ってから返事を変えることは難しいし、自分の評判を落とすことになる。相手は、スケジュールがまだあいているときを狙って、かなり早めに約束を求めてくることに注意しよう。

桟敷席に登る

難しい状況で、つい感情が高ぶってしまうことはないだろうか。そんなときは後ろへ下がり、一〇キロ離れた場所から全体を眺め、生産的な介入をおこなうよう心がける。リーダーシップや交渉の分野の第一人者たちは、昔からこのように「桟敷席の上に登り」、客観的になることの価値を称えてきた。[3] 賭けるものが大きく、自分が感情的に関わっているときにそうするのは大変かもしれないが、規律と練習によって身につけられるスキルである。

自分の状況を確認する

移行中の出来事に対する自分の反応について、必要なだけ意識しているだろうか。意識していないなら、自分の状況について構造的内省をおこなうよう心がけるべきである。構造的内省のために、一日の最後に考えたこと、印象、疑問などをいくつかメモしているリーダーもいれば、毎週、状況評価をおこなうために時間をとっているリーダーもいる。自分のスタイルに合った方法を見つけ、定期的におこなうよう心がけること。得られた見識は行動に活かすべきである。

やめどきを知る

格言を借りるなら、移行はマラソンであって短距離走ではない。ストレス曲線の頂点を越えたと思うことが増えたら、やめどきを知ることを心がけるべきである。もちろん、これは言うは易く行うは難しである。期日が迫っていて、あと一時間あれば状況が変わるかもしれないと考えている場合はなおさらである。短期的に見ればそのとおりかもしれないが、長期的には法外なコストがかかるかもしれない。いつ収益が見合わなくなるか真剣に見きわめ、どのような形でもいいから休憩をとってリフレッシュするべきである。

第三の柱　支援システムを構築する

自己管理の第三の柱は、個人的な支援システムを固めることである。それはつまり、身近な環境の支配権を確立し、家庭内を安定させ、しっかりした助言と忠告のネットワークを構築することである。

周辺の支配権を確立する

自分を支える基本的なインフラがなければ、仕事に集中することは難しい。たとえ差し迫った懸念があっても、すばやく新しいオフィスを用意し、ルーチンを作成し、助手への期待を明確にするなどの措置をとる。必要なら、恒久的なシステムが機能するまでのあいだ、暫定的な資源を集めて乗り切ればよい。

家庭内を安定させる

戦線を拡大しすぎないことは、戦争の基本的原則である。新任リーダーにとってこれは、仕事に専念できるよう家庭内の情勢を安定させるということだ。家庭で価値を破壊しながら仕事で価値を生み出すことは望めない。これがスティーブンが犯した根本的な過ちである。

新しいポストに転居が伴う場合、家族も移行期に入る。アイリーンのように配偶者の仕事も移行することになるかもしれず、子供も友人と別れたり転校したりする必要があるかもしれない。つまり、最もサポートと安定を必要とする時期に、家族の生活を支える構造が崩れてしまうかもしれないのだ。あなたの仕事における移行のストレスが、家族の移行による緊張を増幅させるかもしれない。また、家族の悩みが、すでに重くなっている精神的負担を倍加し、価値創出の能力が低下してブレイクイーブンポイントに達するまでに時間がかかるようになるかもしれない。

そこで、家族の移行を速めることも考えなくてはいけない。まずは、家族が移行を快く思っていないかもしれないし、怒りすら感じているかもしれないと認めることである。今までの暮らしが途絶えることは避けられないが、話し合って一緒に喪失感を克服することが救いになるかもしれない。

そのほかにも、家族の移行を円滑にするためのガイドラインを紹介しよう。

□**家族の既存の支援システムを分析する：**転居は、医師、弁護士、歯科医、ベビーシッター、家庭教師、コーチなど、家族に大切なサービスを提供している人々との関係を絶つことになる。支援システムのリストを作成し、優先順位をつけ、早急に代わりの人を探すために投資しよう。

□**配偶者を軌道に戻す：**配偶者は、転居後に新しい仕事を探そうと考えて元の仕事を辞めるかもしれない。職探しが長引くと不満が鬱積する。速めるには、あらかじめ求職支援について会社と交渉したり、転居直後にそのような支援を探したりするとよい。何よりも、配偶者が仕事の再開を先送りすることのないようにすべきである。

□**家族の転居のタイミングに気を配る**：子供にとって、学年途中の転校は非常に難しい。家族の引っ越しは学年末まで待つことを検討したほうがよい。もちろん、その代償として、愛する家族と離れて暮らさなければならないし、遠距離を往復する疲労もある。ただし、この方法をとる場合、配偶者の負担を軽くするためにサービスの利用を増やすべきである。ひとりで子育てするのは大変な重労働である。

□**慣れ親しんだものを守る**：慣れ親しんだ家族の習慣をなるべく早く取り戻し、移行中も続けることが大事である。祖父母など、仲のよい親戚の協力を得ることでも違いが生まれる。

□**文化になじむために投資する**：外国へ引っ越す場合、異文化間の移行についてプロの助言を得たほうがよい。言葉と文化の壁がある場合、家族にとって孤立のリスクは大きい。

□**会社にリロケーション・サービスがある場合、できるだけ早く利用する**：会社のリロケーションサービスは、通常は住宅探し、家財の移動、学校探しの支援程度のものだが、これだけの支援でも大きな違いがある。

家族で引っ越すことに決めた場合、苦労は避けられない。しかし、それを最小限に抑えて全員の移行を速めるためにできることはいろいろある。

助言と忠告のネットワークを築く

どれほど能力とエネルギーがあっても、これらをすべてひとりでできるリーダーはいない。組織の内外に、いま経験していることを徹底的に話し合える信頼できるアドバイザーのネットワークが必要である。このネットワークは、孤立して周囲が見えなくなることを避けるために欠かせない資源である。はじめに、技術アドバイザー、文化の解説者、政治カウンセラーの三種類のアドバイザーを求める必要がある（表9-2参照）。

社内と社外のアドバイザーをどのような割合で求めるかということも真剣に考える必要がある。社内の人間は組織、文化、政治についてよく知っている。現状を把握するため、人脈が広く信頼できる人物を探そう。そのような人は貴重な資源になる。

しかし、社内の関係者の場合、公平な立場から冷静に状況を見ることは期待できない。そのため、リーダーが問題を解決したり決定をくだしたりするのを手助けする外部のアドバイザーやカウンセラーによって、社内のネットワークを補強する必要がある。外部のアドバイザー

種類	役割	どのような支援を受けられるか
技術アドバイザー	技術、市場、戦略について専門的な分析を提供する	新しい技術の適用を提案する。技術データを解釈し、分析をおこなう。迅速に的確な情報を提供する
文化の解説者	新しい文化を理解し、(それが目的であれば)順応するための支援を提供する	文化規範、メンタルモデル、基本的な前提について知識を提供する。新しい組織における言葉の使い方を覚える手助けもする
政治カウンセラー	新しい組織で政治的な人間関係を踏まえて助言する	技術アドバイザーの助言を実施するために協力する。優先課題を実施するための選択肢を検討するにあたり、相談役をつとめる。さまざまな想定のもとにリーダーに質問をぶつける

表9-2 アドバイザーの種類

は、話を聞いたり質問をしたりするスキルに長け、組織の機能の仕方をよく理解し、あなたの利益を最優先に考える人であるべきだ。

表9-3を使って自分の助言と相談のネットワークを評価してみよう。技術アドバイザー、文化の解説者、政治カウンセラーのうちどの分野の支援者か、社内の人か社外の人かでそれぞれを分析する。

次に、全体を眺めてみよう。既存のネットワークは、新しい任務であなたが必要とする支援を提供してくれるか。過去に役に立った人が新しい状況でも同じように役に立つと思ってはいけない。遭遇する問題が異なれば、前のアドバイザーが新しい任務についても支援できるとはかぎらない。たとえば、責任が重くなれば、すぐれた政治的助言の必要性がはるかに高まるのが通常である。

また、先を見越すことも必要である。効果的なネットワークをつくるには時間がかかるため、次のポストでどのようなネットワークが必要になるかを考え始めても早すぎることはない。助言に対するニーズはどのように変化するだろうか。

効果的な支援ネットワークを築くには、適切な支援が得られ、必要なときに支援ネットワークがそこにあることが重要である。あなたの支援ネットワークは、次のような特徴を備えているだろうか。

種類	技術アドバイザー	文化の解説者	政治カウンセラー
社内のアドバイザーとカウンセラー（組織内）			
社外のアドバイザーとカウンセラー（組織外）			

表9-3　助言と忠告のネットワークの評価

□技術アドバイザー、文化の解説者、政治カウンセラーの割合が適切。
□社内アドバイザーと社外アドバイザーの割合が適切。社内アドバイザーによる誠実なフィードバックと、客観的な社外アドバイザーの公平な視点が必要である。
□新しい組織や部門に対してではなく、あなた個人に対して忠実な外部支援者。通常は、長年の同僚や友人である。
□信頼でき、個人的な優先課題があなたと競合せず、率直で正確な助言を与えてくれる社内のアドバイザー。
□主な関係者の見方を理解させてくれる各分野の関係者の代表。ひとつやふたつの視点にとらわれないようにすべきである。

■軌道を外れないために

自己管理には日々取り組む必要がある。結局、成功するか失敗するかは日々の小さな選択の積み重ねによって決まる。これらの選択によって、組織にもリーダーにも良い流れができることもあれば、リーダーの力を損なう悪循環が生まれることもある。移行期間中の日々の行動は、組織だけでなく、個人の有効性、ひいては個人の幸福に関わるその後のあらゆる物事のパターンを決めることになる。

チェックリスト　自己管理の意味を考える

1　新しい任務において、自分の最大の弱点は何か。どのようにそれを補う計画か。

2　どのような個人的規律をつくったり強化したりする必要があるか。それをどのような方法でおこなうか。めざすべき成功はどのような形か。

3　身近な環境をコントロールするために何ができるか。

4　家族の移行を楽にするために何ができるか。どのような支援関係を築く必要があるか。どれが最優先課題か。

5　助言と忠告のネットワークを強化するにあたり、何が優先課題か。社内のネットワークをどの程度重視する必要があるか。社外のネットワークはどうか。技術、文化、政治、個人のうち、どの分野で最も支援の強化を必要とするか。

第一〇章　組織全体の移行を速める

本書は、移行中のリーダー個人を対象として企画された。リーダーが自分の置かれた状況を診断し、主な課題を定義し、流れをつくる計画を立てるために役立てればと書いたものである。このアプローチは何十万というリーダーの役に立ち、第三者の調査によると、ブレイクイーブンポイントまでの時間が約四〇%も短縮されたという。[1]

新任リーダーがうまくいかないと、本人にとっては深刻な、へたをするとキャリアが終わってしまうほどの打撃になる。しかし、会社におよぼす影響についてはどうだろう。移行に失敗した場合――完全な挫折であれ、そこまでいかなくともパフォーマンスが低迷した場合であれ――会社にもコストがかかる。最先端の移行加速システム（以下「加速システム」という）を導入すれば企業のリスクが軽減され、競争で優位になり、改革の実施が加速することから、そのコストの大きさは推して知るべしである。

最初に、上級管理者の移行によるリスクについて、社外からの新規採用と社内からの昇進に分けて考えてみよう。上級管理者レベルになると、一回の失敗によるコストは、機会損失や事業へのダメージを考えない直接費用だけで数十万ドルにのぼることがある。「はじめに」でも述べたように、ジェネシス・アドバイザーズのプログラムとコーチングプロセスに関する第三者の調査では、給与を控えめに想定した場合、ＲＯＩは一四〇〇％と評価された。しかし、それだけではない。この調査結果からの次の引用は、挫折やパフォーマンス低迷による影響がいかに重大なものかを物語っている。[2]

□「ある企業では、ひとりの新任リーダーが苦戦したために、ある地域の成長率が半分に落ち込んだ。これによる税引き後利益への影響は、七〇〇万から八〇〇万ドルにのぼる」

□「イニシアチブはとられず、結果は達成されなかった。新製品の発売は遅れた。新製品開発の問題が発生した時点で、移行に失敗したことによる影響は一億ドルとも推定される」

□「重要なコストは、人材の喪失である。これは直接的な損害額以上に大きなコストである。潜在能力の高い人材は希少な資源だが、われわれはその人材に厳しく要求する。応えられなければ、潜在能力の高い人材をひとり潰したことになる」

たいていの会社は、同等の重大性をもつほかのリスクについて評価、管理するシステムを導入しており、幹部の移行リスクについても同様に厳しく扱うべきである。つまり、加速システムは企業全体のリスクマネジメントに関わる要素なのだ。

次に、あらゆる階層で起きているさまざまな移行が業績に与える累積的な影響について考えてみよう。フォーチュン五〇〇企業では、一年間に平均で全リーダーの約四分の一が職を変わっていることを思い出してほしい。上級管理者の場合、年間の移行率はさらに高く、ある調査によればトップから三階層の経営幹部のうち三五％にもなる。このうち二二％が社内での異動、一三％が社外からの採用である。また、ひとりが移行することで、実質的に、そのリーダーの周囲にいる同僚、部下、上司など約一二人の業績に影響がおよぶ。

これらの移行がすべて、四〇％とは言わなくとも一〇％ほど速まったらどれほどの価値になるか想像してみよう。全員の加速に成功すれば、そのまま会社の業績向上につながる。競争で優位に立てる可能性さえある。全員を速く軌道に乗せることができれば、企業はより敏速に対応できるようになる。したがって、加速システムは企業がすぐれた業績をあげるための重要な要素なのだ。

最後に、企業が再編、急成長の一局面、買収事業の統合など大がかりな変革イベントの過程にある場合について考えてみよう。大きな変化のたびにあちらこちらで個人の移行が発生し、それが段階的に組織全体に伝わっていく。適切な構造とシステムを導入し、重要なポジションに人材を配置するといった重要な「ハード面」の作業は、変革を実施する第一段階にすぎない。買収のシナジー目標といった計画上の目的を達成するには、戦略的方向性が組織の下部まで浸透し、役割、責任、決定権が明確にされ、関係構築が加速されなければならない。

本書で述べた九〇日のフレームワークは、ジェネシス・アドバイザーズがすすめるラピッド・リワイヤー実施法において、組織改革の第二段階を加速するために応用され成功している。この方法では、通常、チームの加速に重点が置かれ、トップチームから組織全体に流れが伝わる。あらゆる階層のチームが同じ方法、言語、ツールを使って九〇日計画を作成し、関係とチームワークを築く。このアプローチをうまく適用するかどうかで、目標を達成するか、無残に失敗するかの違いが生まれる。多くの企業が身をもって学んだように、変革はソフト面のほうが厳しいからだ。つまり、加速システムは組織改革を管理するツールキットの重要な要素となる。

目的がリスクマネジメント、パフォーマンス改善、改革の実施のいずれであれ、あるいは三つともであれ、企業はあらゆる階層――社内でも社外でも、個人としてでも組織としてでも――の移行を速めることに大きな関心をもっている。これらの企業は、重要なビジネスプロセスを管理するのと同じように、適切な枠組み、ツール、組織を加速するシステムを導入して、リーダーシップ移行の加速を管理する必要があるのだ。

では、企業は加速システムの設計にどのように取り組むべきか。一〇の設計原則を紹介しよう。これらのガイドラインを適用することで、それぞれの企業に合った解決策を構築できるはずだ。

■重要な移行を特定する

まず、社内でいくつの移行が起きているかを理解し、そのうち最も重要なものから重点的に加速する。採用された人、昇進した人、部門間を移った人、水平移動した人が何人いるかという基本的な質問をしてみると、答えられない企業が多いことに驚かされる。移行の頻度についてきちんとしたデータがないと、また、いつ移行が起きているのかがわかっていないと、加速システムを設計することは難しい。

各階層で支援を提供するための費用と効果を検討し、効率的に資源を割り当てるには、移行の頻度を理解する必要がある。たとえば、事業が急成長しているなどの理由で、第一線のリーダーの異動が比較的多い（三〇％以上）と見込まれる場合について考えてみよう。経験則から言って、このレベルのリーダーは、着任から六〇日以内に移行ワークショップ（直接参加でも、仮想でも）に参加するべきである（さらに、あとで述べるように、着任と同時に初期の資源を受けられることが望ましい）。これらのワークショップは、通常は一五人から二〇人でおこなうのが最適である。この情報をもとに、いつどこで移行サポートを提供するかを計画するとよい。

移行の頻度を知るほかに、オンボーディング（社外からの移動）、インボーディング（部門間の移動）、昇進、水平移動の比率を知ることも重要である。それによって、提供するサポートの内容を調整できる。あとで詳しく述べるが、リーダーが経験する移行のタイプによってサポートを多少カスタマイズする必要がある。

次に、特に重要な移行に焦点を当てる必要がある。社内で起きている最も重要な移行はどれか。たとえば、急成長中の小規模な製薬会社について考えてみよう。最近、有望な新薬の承認を受けたばかりである。販売戦力を新規採用し、競争相手より速く軌道に乗せる必要がある。新しい営業部員のオンボーディングに成功するかどうかで、大きな成功をおさめるか、そこそこの業績で終わるかの違いがでる。そこで、最初はすべての営業部員ができるだけ早く軌道に乗るよう支援に力を入れるとともに、営業組織全体が形になるよう支援する必要もある。図10‐1のヒートマップツールを使って、組織内でどの移行が最も重要かを分析してみよう。

■失敗が決定づけられているケースを特定する

「はじめに」で述べたように、新任リーダーが陥りやすい落とし穴がいくつかある。たとえば、安心できる領域にいつまでもとどまったり、速く多くをやろうとしすぎたりといったことである。このような落とし穴を避けるには、本書で紹介した原則に従って加速システムを導入すればよい。

しかし、リーダーを新しい任務につけるときに組織が誤りを犯すこともあり、これには加速システムの設計によって対処しておく必要がある。[3]「はじめに」で紹介したHBR／IMD調査の回答から、会社側の設定がリーダーの失敗を決定づける典型的なパターンが浮き彫りになった。無用な挫折やパフォーマンス低迷が起きる原因を表10‐1にまとめた。

このように会社の設定がリーダーの失敗を決定づけた場合、加速システムを導入してもあまり意味がない。それよりも、新しいシステムを導入する努力の一環として、文化の改革に取り組むべきだろう。たとえば、会社がリーダー

移行のヒートマップは、次の例に示すように、組織で最も優先すべき移行加速についてまとめるツールである。最初に、左の列に組織の主な部門、グループ、プロジェクトを記載する。次に、各部門、グループ、プロジェクトの中で起きている重要な変革イベントを書き出す。最後に、各組織内で起きている主な移行タイプ（オンボーディング、昇進、地理的な移動、水平移動）の比重を評価する。この結果を利用すると、優先課題についてコミュニケーションをとることができる。

		移行の比重			
組織部門	重要な変革イベント	オンボーディング	昇進	地理的な移動	水平移動
A部門	急成長	高	低	高	中
B部門	立て直し	中	低	低	高
C部門	買収	なし	低	中	高

図10-1　移行のヒートマップ

に課すべきハードルの高さを見誤ったらどうするか。そのような場合、「はじめに」で紹介した移行リスクの評価ツールを組織的に利用するよう求めるとよい。また、全般的に期待を明確に伝えることができていない場合、第四章で説明した五つの会話をしっかり適用することで対処できる。

■既存の移行支援を診断する

会社には、既存の移行支援システムが寄せ集められている場合がある。ある部門は階層の低いリーダーをうまく昇進させ、別の部門は効果的な幹部オンボーディングシステムを導入し、また別の部門は海外転勤をうまくサポートしているといった具合である。しかし、共通の核となるフレームワークを基準として全社的な加速システムを導入することに大きな効果があるため、このような既存システムの寄せ集めは、通常は大幅に修正するか、完全に入れ替える必要がある。

全社的な加速システムを設計する前に、既存のシステムを徹底的に評価するとともに、現在支援が提供されていない分野を見つけなければならない。このような評価をおこなうためのガイドラインを紹介する。

□会社に現在ある加速支援のフレームワークとツールの状況を調べて評価する。どのような理由でどのようなアプローチが使われているか。それらはどの程度ベストプラクティスといえるものか。

□会社があらゆる階層のリーダーを教育し、移行を支援するために現在使っているアプローチ（コ

すべての移行に関係する理由
・期待と指示をはっきり伝えない。リーダーは、成功のために何が必要なのか十分に情報を与えられていないか、矛盾する情報を与えられている ・採用や登用にあたり、STARSの状況を考慮しない。その状況に最適な人材かどうかを十分考えずにリーダーが選任されている。たとえば、〈立て直し〉が得意な人物を〈成功の持続〉や〈軌道修正〉の状況に採用するなど ・リーダーに高すぎるハードルを押しつける。リーダーは、移行リスクがきわめて高い任務につかされる。そして、責任が大きすぎるため失敗する ・ダーウィン進化論的リーダーシップ文化がある。「生き残りたくば自分ではいあがれ」という誤ったリーダーシップ開発法を重視する文化があり、リーダーに移行中の十分なサポートが提供されない

昇進に関係する理由	オンボーディング固有の理由 (部門間の移動にも関係する)
・現在の仕事で良い成績をあげたというだけで昇進させる。一段上のレベルで力を発揮する能力が十分に評価されていない ・トレーニングを提供するのが遅すぎるか、まったく提供しない。リーダーが成果をあげるために必要なスキルのトレーニングを受けておらず(または何カ月も経ってから受け)、移行期間中に信用を築く機会を失う ・リーダーに、前の任務と新しい任務を並行するよう求める。会社の継承計画に問題があるせいで、新しい任務において最も重要な時期に、前の任務にもエネルギーを使わなければならない	・採用にあたり文化的適合性を考慮しない。文化に合っているかどうかにかかわらず、特定の能力があるというだけでリーダーを採用している ・文化適応のためのサポートを提供しない。新規採用されたリーダーは、自分で文化を理解することを期待され、早い時期に無用な間違いを犯す ・主なステークホルダーを知ってつながりをもつためのサポートを提供しない。新規採用されたリーダーは、誰が成功の鍵を握っているか自分で判断することを期待され、早い時期に適切な人脈をつくれない

表10-1　移行に失敗する理由

ーチング・プログラム、仮想ワークショップ、自己研修資料など）を調べる。それらの費用対効果を評価する。

□各種の移行タイプ（オンボーディング、昇進、水平移動、海外転勤など）を支援する組織的アプローチに全体として一貫性があるかどうかを評価する。あらゆる移行を加速するための共通の核となるモデルはあるか。

□移行中にサポートを提供する、またはできると思われる主なステークホルダー（上司、同僚、部下、人事担当者、研修・開発担当者など）を特定する。

□会社の人事情報システム（ウェブサイトなど）で、直接移行を支援したり、いつどこで移行が起きているかというデータを提供したりすることにより、タイムリーに支援を提供できているかどうかを評価する。

■共通の核となるモデルを採用する

社員が新しい任務につく頻度と、一回の移行がほかの社員に与える影響を考えると、上司、部下、同僚も含めたすべての人が、共通の核となる移行支援モデルを採用することに意義がある。

加速システムの基礎となるのは、移行について語り、移行を計画するための企業全体で統一されたフレームワーク、言語、ツールキットである。これは、会社が加速システムを構築する過程において、単独の作業としては最も重要なステップだろう。移行中のすべてのリーダーが、次の内容について上司、同僚、部下と会話できたらと考えてみよう。

□自分が引き継いだ状況のＳＴＡＲＳポートフォリオ（〈立ち上げ〉〈立て直し〉〈急成長〉〈軌道修正〉〈成功の持続〉）と、それに関連する課題と機会
□技術、文化、政治の学習と、学習計画の主な要素
□上司や部下との五つの会話（組織の状況、上司の期待、仕事のスタイル、資源、自己啓発）の進捗状況
□約束された優先課題と、どこで初期の成果をあげるかの計画
□築くべき味方の輪

共通の核となるモデルがあれば、これらの問題についての話し合いがはるかに効率的になる。おそらくそれ以上に重要なのは、このモデルがなければなかったであろう会話が生まれることだ。また、社員が前向きになり、考えや情報を伝えることが増え、移行に苦労しているほかの人に対して寛容になる。このような組織的な支援は、自分ではいあがるのを待つより組織を前進させる。

■タイムリーに支援する

移行は、予測可能ないくつかの段階を経て進む。新任リーダーの移行は、集中的な診断作業から始まる。学習が進み、状況を把握できてきたら、組織の戦略的方向性（ミッション、目標、戦略、ビジョン）の定義に移る。めざす方向が明らかになったら、構造、プロセス、人材、チームといった組織の重要な問題について決定をくだせるようになる。これとあわせて、初期の成果をあげ、変革プロセスを推進し始める機会を見きわめることができる。

つまり、新任リーダーが必要とする支援の種類は、移行プロセスが進むにつれ予測可能な形で変化する。初めのうちは、技術、文化、政治の学習を速めるための支援が鍵となる。リーダーの理解が深まったら、戦略的方向性の定義、成功の基礎づくり、初期の成果の達成などに支援の対象を移す必要がある。

重要なことは、リーダーが消化できる分ずつ移行支援を提供することである。着任早々は、次々に起きる出来事の流れにのみこまれ、学習、内省、計画にはごく限られた時間しか割けない。支援はタイムリーに提供しなければ、利用されずに終わるだろう。

また、このことから、着任前の時間を最大限に活用すべきである。移行は、リーダーが正式に就任した時点ではなく、採用や選定とともに始まっている。これは、新任リーダーが組織についての学習を開始し、着任直後の計画を立て始められる貴重な期間である。

そこで、加速システムは、新任リーダーが着任前の期間を最大限に活かせるよう設計すべきである。このためには、初期の診断活動を計画するための主な文書やツールを提供したり、できるだけ早く主なステークホルダーと連絡をとれるようにするなどして、学習プロセスを支援する。経営幹部の場合、移行コーチが主なステークホルダーとの面談などの着任前診断に参加し、それによって得た知識をアクションにつながる分析評価としてまとめ、それをもとに初期の議論をおこなうとよいだろう。

■構造化プロセスを使う

移行加速のジレンマは、移行中のリーダーが、忙しすぎて移行の学習や計画をおこなうひまがないと感じる場合があることだ。利用できる資源を活かし、移行の計画に時間を使うべきだとわかってはいるが、新しい任務に伴う緊急の課題が優先され、この重要な仕事は後回しになってしまう。着任前の時間を活用することやタイムリーな支援を提供することも役に立つが、移行プロセスにはアクション強制イベントも必要である。たとえば、プロセスの段階ごとに設定されたコーチミーティング、リーダーを多忙な日常から引き離し、思索や九〇日計画の作成と見直しに従事させるグループイベントなどである。

要するに、移行支援はリーダー自身がペースを決める自由なプロセスであってはならない。コーチミーティングやグループセッションのように、重要な段階でいくつか焦点となるイベントをつくったほうがよい。たとえば、着任前に状況について診断をおこない、リーダーの自己評価を支援しておくと、着任後もコーチとクライアントで実りあるミーティングをおこない、順調にプロセスを始動できる。

移行コーチングを提供する場合、新任リーダーとコーチが早い時期に緊密かつ集中的につながることが重要である。コーチが着任前の集中診断に参加するとよい理由のひとつは、コーチは新任リーダーに伝えることのできる貴重な資源――状況に関する知識――をもっていることである。移行当初の重要な時期にコーチの見識を提供することは、コーチとクライアントの関係を強めるために役に立つ。

■移行のタイプに合わせて支援する

九〇日のフレームワークとツールキットは、あらゆるタイプの移行の状況に応用できる。しかし、リーダーが経験する移行のタイプによって、それぞれの活動の重要性――たとえば、文化に関する学習の比重を高めるか抑えるかなど――は大きく異なる。そこで、会社が支援すべき最も重要な移行タイプを決め、それを支援するために具体的に的を絞った補足資源を開発すると役に立つ。なかでも、特に多い二つの移行タイプに対応した追加資源を新任リーダーに提供するとよい。

□**昇進の場合**：第一章で述べたように、リーダーが昇進したときには、いくつか予測可能な課題に出会う。新しいレベルで成功するために必要な能力は、前のレベルで成功の要因となったスキルとはまったく異なるかもしれない。また、以前とは異なる役割を担い、異なる行動を示し、部下と異なる関わり方をすることを期待されるかもしれない。そこで、昇進したリーダーが、新しいレベルにおける成功とはどのようなものかを理解し、自己評価をおこない、自己啓発計画を立てることができるよう、集中的に資源を提供するとよい。

□**オンボーディングの場合**：同様に、リーダーが新しい会社に転職するか、文化の異なる部門間を移動した場合、期待を理解し、新しい文化に適応し、適切な人間関係を築くにあたって大きな課題に直面する。仕事を進めるうえで何が必要か理解できるよう、的を絞った利用しやすい資源を用意し、主なステークホルダーを知ってつながりをもてるよう支援することで、挫折の危険を減らし、パフォーマンスを高めるまでの時間を短縮できる。

■リーダーの階層に合わせて移行を支援する

コストの問題がなければ、移行中のすべてのリーダーが、個別の集中的サポートを受けられる。理想の世界では、新任リーダー一人ひとりに専属の移行コーチがつき、着任前に独自に診断をおこなって、その結果をリーダーに説明する。コーチはリーダーの自己評価にも協力し、主な移行リスク要因を見きわめる。さらに、診断計画や目標設定をサポートし、チームの評価とバランス調整を手伝い、リーダーの仕事ぶりに対するフィードバックを集め、もちろん、リーダーに求められれば具体的な問題について話し相手になる。

経営幹部はビジネスに与える影響が大きいため、場合によってはこのような移行コーチングをおこなうことに意味がある（その場合、移行コーチングはリーダーシップ開発コーチングとはまったく異なることを理解しておく必要がある。コラム「移行コーチングと開発コーチング」を参照のこと）。しかし、通常は、階層の低いリーダーにコーチをつけることは経済的にありえない。ならば三段階の方法で問題を解決しよう。第一に、何種類かの移行支援方法を考える（たとえば、コーチング、グループセッション、仮想ワークショップ、自己研修資料など）。第二に、各支援の費用対効果を比較検討する。第三に、投資収益率が最大になるよう、会社が擁するリーダー候補の階層に合わせて支援の方法と範囲を決定する。

移行コーチングと開発コーチング

移行コーチングは開発コーチングとはまったく異なる。移行コーチは、移行中のリーダーの信頼できるアドバイザーとして行動するために必要なビジネスノウハウをもっている。さらに、組織とその文化について熟知していることも成功のための条件となる。このため、新規採用されたリーダーが自分のコーチを連れてくることは危険である。移行の経験や、リーダーがこれから足を踏み入れる文化や政治システムへの理解が不足している場合があるからだ。

移行コーチング	開発コーチング
● コーチは次のことを手伝う ―ビジネスの状況と着任後のリーダー自身の両方を評価する ―流れをつくるための戦略を立てる ―自己管理の戦略を立てる ―行動計画を作成する ● コーチのビジネスノウハウをもとに助言と行動コーチングを適切に織りまぜる	● コーチは次のことを手伝う ―リーダーの現在の能力と行動を評価する ―能力不足の分野や機能不全の行動を見きわめる ―これらの課題を改善し、重要な能力を伸ばす

表10-2　移行コーチングと自己開発コーチング

■役割をはっきりさせインセンティブのバランスをとる

移行支援はチームスポーツである。どのような新任リーダーの周囲にも、移行の成否に影響を与えうる多くの人がいる。主なプレーヤーは、上司、同僚、部下、人事担当者、コーチ、指導者などである。移行を支援する責任の大部分はひとり――通常はコーチか人事担当者――が担っているかもしれないが、ほかの人が果たす支援の役割についても考え、支援を促す方法を探ることが重要である。たとえば、上司は、新任リーダーが短期間で軌道に乗れるかどうかの鍵を握るばかりでなく、その他の急な要求にも対応できる。上司をはじめとする主な関係者に、集中して効率よく新しい部下を支援するためのガイドラインとツールを提供することを注意深く検討すべきである。人事担当者も、新しく組織に加わるリーダーに対し、新しい文化の案内役として貴重な支援を提供できる。しかし、どちらにも何をすべきかという知識とそうするためのインセンティブが必要である。

■ほかの人材管理システムと統合する

加速システムは、会社の人材採用システムやリーダーシップ開発システムと連動したときに最も効果を発揮する。このような統合の必要性は、一見あたりまえのことのように思われる。どれほどすぐれたオンボーディングシステムでも、採用システムがお粗末だったら埋め合わせはできないからだ。文化に合わない人材を採用したら、オンボーディングによって挫折のリスクを軽減しようにも、ほとんど手の打ちようがない。

そう考えると、多くの企業がいまだに採用とオンボーディングを正しく統合していないことは驚きである。これらの機能は、組織の別部門として縦割りされ、責任者も異なれば、目標、成功基準、インセンティブまで別々ということもある。まず必要なステップは、これらを同じ組織に統合し、目標とインセンティブを一致させることである。

そのほか、会社は採用に携わるときにも移行リスクについて考えておく必要がある。これは、図10‐2に示すように、求人プロセスの中に移行リスクを許容できる部分をつくっておくということだ。企業は、「トッププレーヤー」の採用を実践することが多い。必要な能力を備えているというだけで人材を採用し、文化に合うかどうかはたいして重視しない。個人の能力と文化への適合性を慎重にはかりにかけた結果なら、また、採用期間中に移行リスクを明確に評価したのなら、リスクを承知でまったく文化の異なる人材を採用するのもいいだろう。もちろん、そのためには会社は自分たちの文化を熟知し、社員が順応のために苦しむ理由を理解しなければならない。この図に表したように、オンボーディングの成否をフィードバックとして取り入れれば、この理解を深めることができる。

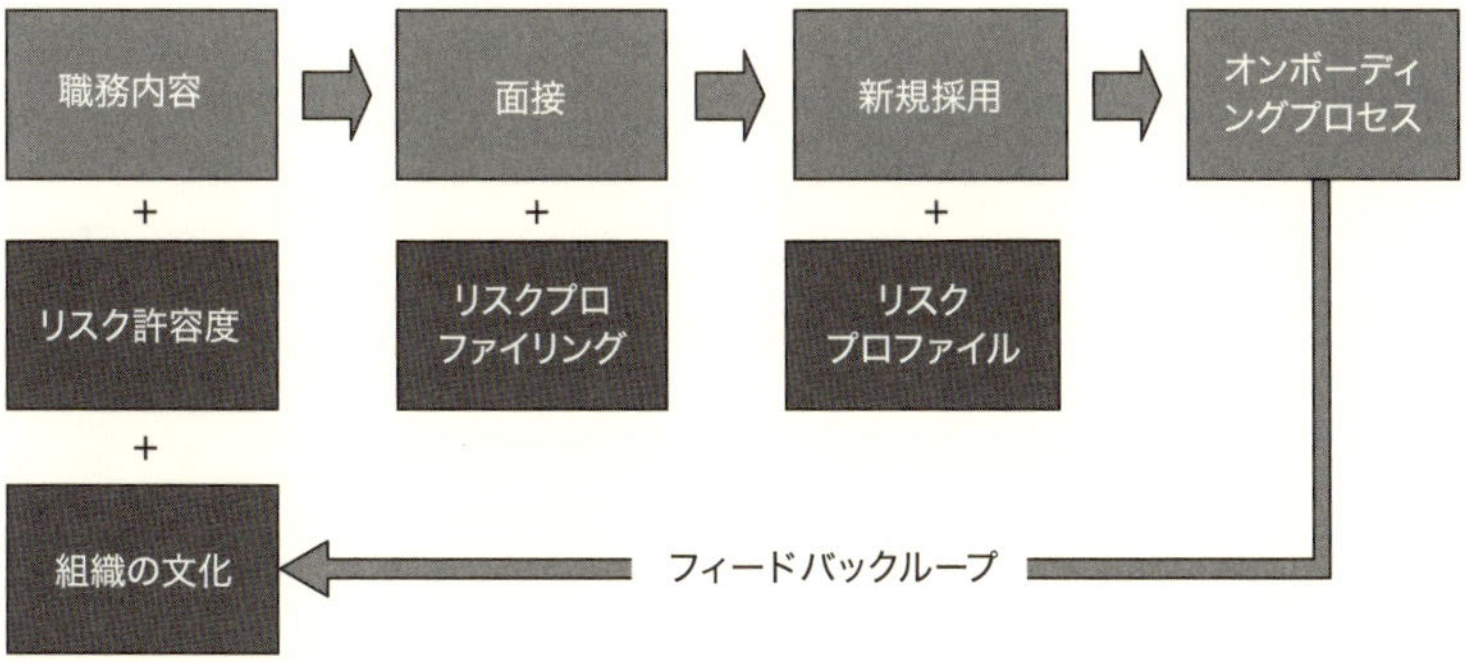

図10-2　採用とオンボーディングの連動

採用プロセスからオンボーディングプロセスへ、潜在リスクに関する情報を送ることにも大いに価値がある。採用には、心理測定手法や詳細な面接など、何通りもの評価方法を用いるのが通常である。これらの手法は、移行コーチやワークショップの進行役に、リーダーのスタイルや、文化への順応にどのように苦労しそうかといった貴重な情報を提供する。面接も、移行リスクの可能性に関するすぐれた情報源になる。ただし、新規採用者について評価をおこない、移行リスクプロファイルを作成するよう面接官に明確に依頼しておく必要がある。

さらに、リーダーシップ開発システムと移行加速システムの関係がある。リーダーシップ開発システムは、次のレベルへ進む人材を育成する。移行加速システムは、その人材が実際に階段をのぼるのを支援するものである。このように説明すると二つは別のものだと思われるかもしれないが、実際には、開発と加速を一体化する方法もある。

一例として、リーダーシップ開発プログラムの中に、組織の中核的な移行加速モデルへの習熟プロセスを組み込む方法がある。これによって、リーダーには移行に対する心構えができ、そのときがきたらどのように次の任務に移ろうかと考えるようになる。また、ここで覚えたことを基礎として移行中にノウハウを積み上げることもできる。新任リーダーに課される要求の大きさを考えると、この基礎は貴重である。

もうひとつの例は、ＳＴＡＲＳモデルを使ってさまざまな移行タイプにおけるリーダーの経験を評価する課程を組み入れ、リーダーシップ開発を強化するというものだ。このモデルは、高い潜在能力をもつリーダーが、一連のポストを歴任して進化していく中で、多様なビジネスの状況に対処する能力を身につけるための基礎になる。これは、リーダーシップ開発の過程で潜在的な欠点を見つけることにもつながる。たとえば、リーダーにほとんど〈立て直し〉の経験しかなく、もっと幅広いビジネス状況を経験する機会を与える必要がある場合などである。

例として、自分自身の職歴について考えてみよう。時間をとって表10‐3のような開発グリッドに入力してみるとよい。これは職業開発計画ツールである。

■まとめ

組織で起こるさまざまな移行と、それらが与える影響を考えると、全社的な加速システムを設計して導入した場合の費用対効果を検討することには意味がある。すぐれたシステムとは、移行加速の核となるフレームワークとツールキットを基礎とし、タイムリーに支援を提供し、移行のタイプに応じて多少個別化され、コスト効果の高い方法で組織全体に配置されたシステムである。また、主なステークホルダーのバランスをとってインセンティブを与え、採用システムやリーダーシップ開発システムと連動することによって、組織の状況も考慮できるシステムである。

各行はあなたが経験してきた職種を、各列はあなたが経験してきたビジネス状況のタイプを表す。これまでに経験したすべての役職と、主なプロジェクトやタスクフォースの任務を記入する。たとえば、最初の仕事が立て直し中の組織（または部門）のマーケティングだったとしたら、表中の対応する欄に①（初めての管理職を表す）を記入する。次の仕事が新規部門（または新製品や新規プロジェクト）の営業だとしたら、営業の立ち上げの欄に②を記入する。並行して、新会社の事業運営上の問題を扱うタスクフォースに参加していた場合、該当欄に三角形で囲んだ2を記入する。すべての仕事を記録し、それぞれを線で結ぶと、あなたの仕事の軌跡が描かれる。空白の列や行はあるか。今後新しいポストにつくにあたり、この結果は何を意味するか。潜在的な盲点はないか。

	立ち上げ	立て直し	急成長	軌道修正	成功の持続
マーケティング					
営業					
財務					
人事					
事業運営					
研究開発					
情報管理					
その他					

表10-3　開発グリッド

チェックリスト　組織全体の移行を速める

1　組織で最も重要な移行は何か。それはどのような頻度で発生するか。
2　組織は、いつ、どこで移行が発生するかを把握できているか。
3　共通の核となる移行加速のフレームワーク、言語、ツールキットがあるか。
4　リーダーは、移行期間中にわたり、必要なときに必要な支援を得ているか。オンボーディングと昇進の移行のために集中的に資源を提供するには何をすればよいか。
5　会社の採用システムと移行加速システムは適切に連動しているか。
6　会社は潜在能力の高いリーダーを開発する課程に移行加速を組み入れているか。
7　再編や買収後の統合といった組織の改革を加速するために、九〇日のフレームワークをどのように使えばよいか。

謝辞　一〇周年記念版によせて

一〇年で世の中はなんと変わったことだろう。二〇〇一年に本書の執筆に取りかかったときは、新しい任務を軌道に乗せたり、新しい会社に順応したりする方法（以下「リーダーシップの移行」という）についての本はほとんどなかった。[1] 当時、わたしはハーバード・ビジネススクール（ＨＢＳ）で交渉術と企業外交術を教えていた。一九九九年に、ダン・チャンパとの共著で上級管理職の移行に関する『Right from the Start（転職時代）』を刊行し、そこそこ売れはしたが、ＨＢＳの同僚からは、このテーマをこれ以上追求することはキャリアの危機をまねくと忠告された。[2]

アドバイスはありがたく受け止めたが、結局、この本を書くことに決めた。それほどリーダーシップの移行はおもしろく、研究するにも機が熟していると思えたからだ。しかも、知識面でも実践面でもほとんど未開拓の分野だった。また、『Right from the Start』を刊行した直後の一九九九年の終わりに、ジョンソン・エンド・ジョンソン（J＆J）の企業管理者開発グループから、同社のリーダーの移行を速めるワークショップとコーチング・プロセスを開発してほしいと依頼されていた。この仕事はやがて魅力的な開発パートナーシップへと発展し、J＆Jはわたしのアイデアを開発して導入する試験台となった。

本書は当初、約二年半のあいだに、世界のあらゆる地域の副社長、部長レベルのリーダー数百人と協力して学んだことをまとめたものであった。それには、『Right from the Start』で取り上げたいくつかの基本的な考えがもとになっている。たとえば、効率よく学習すること、初期の成果をあげること、味方をつくることの重要性などである。しかし、これらの考えを補強し、検証し、修正し、実践的なフレームワークやツールに変えることで、あらゆる階層のリーダーが移行を速められるようにした。

こうして概念、ツール、事例、実践的なアドバイスを織りまぜてまとめた結果、移行中のリーダーたちのニーズにぴたりとはまったのである。本書を二〇〇三年一一月に出版してから、うれしいことに売上げはぐいぐい伸びた。二〇〇四年夏には、本書は『ビジネスウィーク』のベストセラーリストに入り、それから一四カ月リストから外れなかった。たまたまこの時期にハーバードを辞めたわたしは、本書の成功もあって、次は学術機関に職を求めないことにした。企業の新しい職務への移行支援を専門とするリーダーシップ開発会社、ジェネシス・アドバイザーズを共同設立したのだ。

ビジネス書は、成功したとしても、一年か二年売れて消えてしまうことが多い。本書はそうではなかった。うれしいことに一〇年にわたって売れ続け、英語版だけで累計約八〇万部に達した。このうち七万五〇〇〇部が二〇一一年の売上げである。これまで一〇年間、本書は常にハーバード・ビジネス・レビュー・プレスのベストセラーに入っていた。さらに、二七か国語に翻訳され、ハーバード・ビジネス・パブリッシングの受賞歴をもつeラーニングツール、「リーダーシップ・トランジション」のベースにもなった。[3]

このような実績を残したことから、本書は「ビジネス書の古典」と呼ばれるようになった。「古典」という言葉は古くささを感じさせ、わたしはあまり良い気分ではなかった。しかし、二〇〇九年には、八〇〇‐CEO‐READのジャック・コバートとトッド・サッターステンによる徹底したレビューの結果、本書がアメリカCEOのベストビジネス書一〇〇の一冊に選ばれるという光栄に浴した。この評価は、本書のアイデアの重要性と恒久性の証というだけでなく、すべての新しい世代のリーダーたちが成功する移行術を学ぶことを必要とし続けている証である。

本書の成功は、人材管理、新規採用者のオンボーディング、CEOの継承に対する企業側の関心が高まったこととも相互に関係している。当初から、J&Jにおけるジェネシス・アドバイザーズの仕事は、新規採用の加速と社内登用のスピードアップに重点を置いていた。わたしは今でも、オンボーディングだけに重点を置いて、すべての移行を加速させようとしないのは間違いだと信じている。しかし、この分野を本格的に発展させたのは、オンボーディングに対する関心であった。人材獲得競争が激しさを増し、挫折、パフォーマンス低迷、新規採用者の離職によるコストの高さが明らかになってきたためだ。そこで、多くの企業が新規採用者のオンボーディングを加速するために最初の九〇日という考え方を採用し始めた。ジェネシス・アドバイザーズのクライアントとおこなってきた仕事のほかに、何千という企業の学習・開発や人事のプロが、独自に最初の九〇日の概念やツールを修正し、導入してきた。二〇〇六年、『エコノミスト』は本書を「オンボーディングのバイブル」と称した。[4] 最近では、この分野が成熟してきたことを示すように、オンボーディングと移行の加速をテーマとした大規模なカンファレンスが開かれるようになった。

もちろん、この一〇年でわたし自身の考えも進化してきたため、今回の新版では多数の修正を加えることとなった。現在でも、移行中のリーダーと協力し、研究をおこない、わたしの実務経験と発見をもとにフレームワークとツールを改良する取り組みに力を入れている。その後刊行された主な書籍や記事は次のとおりである。

□*Shaping the Game*（ゲームをつくる）二〇〇六年ハーバード・ビジネス・レビュー・プレス刊。新任リーダーが、交渉現場からのアイデアをいかに応用して移行を成功させるべきかに注目した。[5]

□*The First 90 Days in Government*（最初の九〇日・政府編）本書の内容を公共セクターに応用したもの。元財務省高官のピーター・デーリーとケイト・レビスとの共著。[6]

□「The Pillars of Executive Onboarding（経営者のオンボーディングの柱）」『タレント・マネジメント』二〇〇八年一〇月号の記事。ビジネス志向、期待、バランス調整、文化への適応、政治的つながりなど、オンボーディングに関する主な要素に焦点を当てた。[7]

□*Your Next Move*（キャリアチェンジ）二〇〇九年ハーバード・ビジネス・プレス刊。移行中のリーダーが組織改革上の課題と個人的な適応上の課題を区別する必要性について説明した。昇進、元同僚の上司になること、オンボーディング、海外転勤などの具体的な移行の種類についても詳しく説明した。[8]

□「Picking the Right Transition Strategy（STARSモデル—新任リーダーの成功原則）」『ハーバード・ビ

ジネス・レビュー』二〇〇九年一月号の記事。本書の初版で紹介したSTARSフレームワーク〈立ち上げ〉〈立て直し〉〈急成長〉〈軌道修正〉〈成功の持続〉をさらに発展させ、さまざまなビジネスの状況に合わせて移行戦略を立てられるようにした。[9]

□「How Managers Become Leaders（リーダーとマネジャーの大いなる相違）」『ハーバード・ビジネス・レビュー』二〇一二年六月号の記事。部門の上級管理者から事業全体を運営する立場への難しい移行にあたってリーダーが経験する「七つの変化」に関する研究をまとめた。[10]

過去八年間、ジェネシス・アドバイザーズのクライアントのために次世代の最初の九〇日ツールを開発する中で、わたしの考えも大きく影響を受けてきた。最近では、新世代の効率化コーチング・プロセス、仮想ブレイクアウト・グループなどのウェブベースのワークショップ、医師の臨床診療や研究機関から商業環境への移行を支援する専門プログラムなどを実施している。

また、本書とその後のわたしの仕事が、移行の加速という発想の研究や実用化への関心を生んだことを喜ばしく思っている。独創性の高いすぐれた研究や執筆活動がおこなわれている。[11]また、模倣は心からの賛辞というから、わたしの概念、ツール、用語をほかの実務家やコンサルタントが採用したことも賛辞と受け止めている。たとえば、STARSフレームワーク、移行の落とし穴、初期の成果をあげることの重要性、[12]「ファジー・フロントエンド」の考え方（職が決まってから正式に着任するまでの期間のことで、ダン・チャンパと共同で開発した）、[13]新任リーダーの移行リスクを評価する際に組織改革上の課題と個人の適応上の課題を区別することの重要性[14]などである。

この一〇年間はすばらしい旅だった。この旅を実現させてくれた多くの人々に感謝を伝えたい。まず誰よりも、はじめにわたしのアイデアを開発し、実社会で応用するにあたって大きな影響を受けた二人の人物に感謝したい。『Right from the Start』の共著者のダン・チャンパと、パートナーのショーナ・スラックである。次に、ハーバード・ビジネス・レビュー・プレスの担当編集者と発行者の方々。なかでもジェフ・ケホーは、いつも励まし、指南し、わたしの作品に磨きをかけてくれる。また、わたしたちの研究のために気持ちよく投資してくださったジェネシス・アドバイザーズの主要クライアント企業のリーダーたち、特にフェデックスのベッキー・アトキーソンと社員の皆様、ジョンソン・エンド・ジョンソンのイニャキ・バスタリカ、ロン・ボサート、キャロリン・キャメロン、マイケル・エレット、テッド・グエン、ダグ・スー・フーの支援に感謝している。最後に、大変な仕事をこなしてくれるジェネシス・アドバイザーズのスタッフたち、とりわけ原稿編集を手伝ってくれたケリー・ブラネルに心からの感謝を伝えたい。

訳者あとがき

伊豆原 弓

本書が書店に並ぶころには決着がついているはずだが、これを書いている現在、世の中は都知事選で騒がしい。またひとり、未来を担う新任リーダーが生まれようとしている。

本書は、新たに管理職についた人が初期の移行期間をどのように過ごすべきかを体系的にわかりやすく述べたものである。管理職といっても、初めて少人数のチームを率いることになったリーダーから大企業のCEOまでさまざまである。「謝辞」にもあるとおり、初版が刊行されたのは二〇〇三年。著者はハーバード・ビジネススクールの助教授だった。当時はこのようなテーマを扱ったビジネス書はほとんどなく、たちまちベストセラー入りを果たした。各国語に翻訳され、日本でも二〇〇五年に『ハーバード・ビジネス式マネジメント』(村井章子訳、アスペクト刊)として発売されている。移行について悩むリーダーがいかに多かったかということだろう。

その後も、この手のビジネス書としては異例のロングセラーとなった。その間に著者はハーバードを辞め、ジェネシス・アドバイザーズというリーダーシップ専門のコンサルティング会社を共同設立した。時代の変化と新会社で得た知見をもとに一〇年ぶりにまとめ直したものが、この『90日で成果を出すリーダー』である。内容は大幅に更新され、半分近くが変更されたり、新たに追加されたりしている。

著者によると、移行に成功するための基本は八つある。(一) 新しい任務に合わせて思考回路を切り替えること、(二) 必要な知識や情報を効率よく学ぶこと、(三) 状況に合った戦略を立てること、(四) 上司と関係を築いて下地づくりをすること、(五) まず小さな成果をあげて流れをつくること、(六) 組織のバランスに歪みがないか見きわめて調整すること、(七) 部下を評価してチームづくりをすること、(八) 内外の支持基盤を確立することである。さらに、私生活の管理や会社としての移行支援も重要だとしている。これらを九〇日の枠内で計画し、実践するのだ。

現在移行に直面している人も、そうでない人も、本書で得た知識をもとに人の移行を見ると学べることがあるのではないだろうか。たとえば、新しい東京都知事がこれからの九〇日をどのように過ごすのか観察してはどうだろう。過去の自分にこだわらず新しい任務に合った思考ができるか。短期間で必要なことを学び、状況を理解し、自分に対する期待を正しく理解し、初期の成果をあげることができるか。わたしは東京都民ではないが、国民として、また一学習者として、そのような視点で新任リーダーの九〇日を見守ってみたい。

最後に、本書の翻訳にあたっては、翔泳社の外山圭子氏に大変お世話になった。このような良書との出会いをつくっていただき、原稿を細かく読み込んでアドバイスをくださり、一冊の本に仕上げていただいたことに心から感謝したい。

二〇一四年一月

cal Success Strategies for New Public Managers at All Levels (Boston: Harvard Business School Press, 2006).

7. Michael Watkins, "The Pillars of Executive Onboarding," *Talent Management*, October 2008.
8. Michael Watkins, *Your Next Move: The Leader's Guide to Navigating Major Career Transitions* (Boston: Harvard Business Press, 2009).
9. Michael Watkins, "Picking the Right Transition Strategy," *Harvard Business Review*, January 2009, 47.（マイケル・ワトキンス「STARSモデル――新任リーダーの成功原則」、『DIAMONDハーバード・ビジネス・レビュー』2009年3月号）
10. Michael Watkins, "How Managers Become Leaders: The Seven Seismic Shifts of Perspective and Responsibility," *Harvard Business Review*, June 2012, 65.（マイケル・ワトキンス「リーダーとマネジャーの大いなる相違」、『DIAMONDハーバード・ビジネス・レビュー』2012年9月号）
11. すぐれた例をいくつか挙げる。Boris Groysberg and Robin Abrahams, "Five Ways to Bungle a Job Change," *Harvard Business Review*, January 2010, 137.（ボリス・グロイスバーグ、ロビン・エイブラハムズ「転職で失敗する理由」、『DIAMONDハーバード・ビジネス・レビュー』2011年3月号）Keith Rollag, Salvatore Parise, and Rob Cross, "Getting New Hires Up to Speed Quickly," *Sloan Management Review*, January 15, 2005. Jean-Francois Manzoni and Jean-Louis Barsoux, "New Leaders: Stop Downward Performance Spirals Before They Start," *HBR Blog Network*, January 16, 2009, http://blogs.hbr.org/hmu/2009/01/new-leaders-stop-downward-perf.html（2014年1月現在）経営幹部リクルート会社も多数の調査を実施しており、なかにはCEO継承の移行要素に関するきわめて堅実な研究もある。
12. これらはすべて本書の初版で紹介されている。
13. Ciampa and Watkins, *Right from the Start*（前掲書）の第一章 The Challenge を参照。
14. Watkins, *Your Next Move*（前掲書）の序章を参照。

第九章

1. Ronald Heifetz, *Leadership Without Easy Answers* (Cambridge, MA: Belknap Press, 1994), 251.（ロナルド・A・ハイフェッツ『リーダーシップとは何か！』幸田シャーミン訳、産能大学出版部、1996年）
2. これは、最初は不安のモデルとして開発された。R. M. Yerkes and J. D. Dodson, "The Relation of Strength of Stimulus to Rapidity of Habit Formation," *Journal of Comparative Neurology and Psychology* 18 (1908): 459-482 を参照。もちろん、このモデルには限界があり、メタファとしてとらえるとよい。
3. 交渉において「桟敷席の上に登る」ことについては、William Ury, *Getting Past No: Negotiating Your Way from Confrontation to Cooperation* (New York: Bantam Doubleday, 1993) の第一章を参照。（ウィリアム・ユーリー『決定版ハーバード流 "NO" と言わせない交渉術』新装新版、斎藤精一郎訳、三笠書房、2010年）

第一〇章

1. ジェネシス・アドバイザーズの移行プログラムまたはコーチングの参加者125名を対象とした、フォーチュン100グローバル・ヘルスケア企業による独自調査。プログラム参加者は平均で38%、コーチングを受けた経営幹部は平均で40%もパフォーマンスが向上した。
2. 同じジェネシス・アドバイザーズのプログラムとコーチング・プロセスの研究から直接引用。
3. 会社がリーダーの失敗を決定づける仕組みについては、J. Manzoni and J. L. Barsoux, *The Set-Up-To-Fail Syndrome: Overcoming the Undertow of Expectations* (Boston: Harvard Business Press, 2007)（ジャン＝フランソワ・マンゾーニ、ジャン＝ルイ・バルスー『よい上司ほど部下をダメにする』平野誠一訳、講談社、2005年）の考察がすぐれている。

謝辞　一〇周年記念版によせて

1. 次の二冊はこのかぎりではない。John J. Gabarro, *The Dynamics of Taking Charge* (Boston: Harvard Business School Press, 1987) Linda Hill, *Becoming a Manager: How New Managers Master the Challenges of Leadership*, 2d ed. (Boston: Harvard Business School Press, 2003).
2. Dan Ciampa and Michael Watkins, *Right from the Start: Taking Charge in a New Leadership Role* (Boston: Harvard Business Press, 1999).（前掲書）
3. Michael Watkins, *Leadership Transitions Version 3.0* (Boston: Harvard Business Publishing, 2008). このeラーニング製品は、2001年のブランドン・ヒルeラーニング・エクセレンスのパフォーマンス重視デザインカテゴリーで銀賞を受賞した。
4. "Executive Onboarding: That Tricky First 100 Days," *The Economist*, July 13, 2006.
5. Michael Watkins, *Shaping the Game: The New Leader's Guide to Effective Negotiating* (Boston: Harvard Business School Press, 2006).
6. Peter H. Daly, Michael Watkins, and Cate Reavis, *The First 90 Days in Government: Criti-*

Charles O'Reilly III, *Winning Through Innovation: A Practical Guide to Leading Organizational Change and Renewal*, rev. ed. (Boston: Harvard Business School Press, 2002) を参照。

第七章

1. プレーヤーのタイプについては、T. DeLong and V. Vijayaraghavan, "Let's Hear It For B Players," *Harvard Business Review* (June 2003): 96-102, 137を参照。(トーマス・J・ドゥロング、ビニータ・ビジャヤラガバン「『Bクラス社員』のレーゾンデートル」、『DIAMONDハーバード・ビジネス・レビュー』2003年9月号)
2. M. Huselid, R. Beatty, and B. Becker, "'A Players' or 'A Positions'? The Strategic Logic of Workforce Management," *Harvard Business Review* (December 2005): 110-117, 154.(マーク・A・フセリド、リチャード・W・ビーティ、ブライアン・E・ベッカー「Aポジション・マネジメント」、『DIAMONDハーバード・ビジネス・レビュー』2007年1月号)
3. 例として、A. Edmondson, M. Roberto, and M. Watkins, "A Dynamic Model of Top Management Team Effectiveness: Managing Unstructured Task Streams," *Leadership Quarterly* 14, no. 3 (Spring 2003): 297-325 を参照。
4. グループ・プロセスにおいて公正と認識されることの重要性については、W. Chan Kim and Renee A. Mauborgne, "Fair Process: Managing in the Knowledge Economy," *Harvard Business Review* (July-August 1997): 127-136 を参照。(W・チャン・キム、レネ・モボルニュ「フェア・プロセス――協力と信頼の源泉」、『DIAMONDハーバード・ビジネス・レビュー』2008年8月号)

第八章

1. この用語の由来については、David Lax and Jim Sebenius, *Negotiation Analysis*, ed. H. Peyton Young (Ann Arbor: University of Michigan Press, 1991) の "Thinking Coalitionally" を参照。
2. D. Krackhardt and J. R. Hanson, "Informal Networks: The Company Behind the Chart," *Harvard Business Review* (July-August 1993) を参照。
3. 人間の動機づけに関する有望な研究として、David McClelland, *Human Motivation* (Cambridge: Cambridge University Press, 1988) (デイビッド・C.マクレラン『モチベーション:「達成・パワー・親和・回避」動機の理論と実際』梅津祐良、薗部明史、横山哲夫訳、生産性出版、2005年) がある。
4. L. Ross and R. Nisbett, *The Person and the Situation: Perspectives of Social Psychology*, 2d ed. (London: Pinter & Martin, 2011) を参照。
5. Aristotle, *The Art of Rhetoric*, trans. H. Lawson-Tancred (New York: Penguin Classics, 1992).(アリストテレス『アリストテレス 弁論術』戸塚七郎訳、岩波文庫、1992年)
6. James Sebenius, *Wise Choices: Decisions, Games, and Negotiations*, ed. Richard J. Zeckhauser, Ralph L. Keeney, and James K. Sebenius (Boston: Harvard Business School Press, 1996) の "Sequencing to Build Coalitions: With Whom Should I Talk First?" を参照。

(May 2006): 92-100（ボリス・グロイスバーグ、アンドリュー・N・マクリーン、ニティン・ノーリア「GE出身者でも失敗する時」、『DIAMONDハーバード・ビジネス・レビュー』2007年1月号）も参照。
2. Michael Watkins, *Your Next Move*（前掲書）
3. 「持っている道具が金槌だけだったら、すべてのものを釘として扱いたくなるだろう」Abraham Maslow, *The Psychology of Science: A Reconnaissance* (New York: Harper Collins, 1966), 15.

第二章

1. N. M. Tichy and M. A. Devanna, *The Transformational Leader* (New York: John Wiley & Sons, 1986).（N.M.ティシー、M.A.ディバナ『現状変革型リーダー——変化・イノベーション・企業家精神への挑戦』小林薫訳、ダイヤモンド社、1988年）

第五章

1. 初期の成果の重要性については、Dan Ciampa and Michael Watkins, *Right from the Start*（ダン・チャンパ、マイケル・ワトキンズ『転職時代——夢も落とし穴もいっぱい』松本博子・鈴木恭子訳、流通科学大学出版、2000年）の第二章で論じている。
2. John J. Gabarro, *The Dynamics of Taking Charge*（前掲書）を参照。
3. http://en.wikipedia.org/wiki/Confirmation_bias（2014年1月現在）を参照。
4. George Will, "Price of Safety Sometimes Paid in Technology-Boosted War," *Washington Post*, June 12, 1994.
5. この二つを区別するという有意義な考え方は、わたしの仕事仲間のエイミー・エドモンドソンが開発した。
6. Michael Watkins and Max Bazerman, "Predictable Surprises: The Disasters You Should Have Seen Coming," *Harvard Business Review* (March 2003): 5-12.（マイケル・ワトキンス、マックス・H・ベイザーマン「ビジネス危機は予見できる」、『DIAMONDハーバード・ビジネス・レビュー』2003年10月号）

第六章

1. これはマッキンゼーの「7S」組織分析法の応用である。R. H. Waterman, T. J. Peters, and J. R. Phillips, "Structure Is Not Organization," *Business Horizons*, 1980 を参照。概要については、Jeffrey L. Bradach, "Organizational Alignment: The 7-S Model," Case 9-497-045 (Boston: Harvard Business School, 1996) を参照。7Sとは、戦略 (Strategy)、構造 (Structure)、システム (System)、人材 (Staffing)、スキル (Skills)、スタイル (Style)、共有価値 (Shared value) である。
2. http://en.wikipedia.org/wiki/SWOT_analysis（2014年1月現在）を参照。SWOTについての初期の説明は、Edmund P. Learned, C. Roland Christiansen, Kenneth Andrews, and William D. Guth, *Business Policy: Text and Cases* (Homewood, IL: Irwin, 1969) にある。
3. この二つを両立できる「両刀使い」の組織を築くことは難しい。Michael L. Tushman and

■注

本書の初版

Michael Watkins, *The First 90 Days: Critical Success Strategies for New Leaders at All Levels* (Harvard Business School Press, 2003).（マイケル・ワトキンス『ハーバード・ビジネス式マネジメント——最初の90日で成果を出す技術』村井章子訳、アスペクト、2005年）

はじめに

1. 2008年にIMDビジネススクールと提携して人事担当リーダー1,350人を対象に実施した調査。Michael Watkins, *Your Next Move* (Boston, MA: Harvard Business Press, 2009)で報告した。
2. Genesis Advisers, *Harvard Business Review*, and International Institute of Management Development、未公開電子調査、2011年。
3. 2000年にフォーチュン500企業の人事担当上級管理者を対象に実施した調査。結果は本書の初版で報告した。
4. 一人が移行すると、その何倍もの部下、上司、同僚のパフォーマンスにマイナスの影響がおよぶ。2009年に企業の社長とCEOを対象とした調査で、中間層の新人マネジャーが一人着任することによって著しくパフォーマンスが低下する社員の数を推定してもらった。回答の平均は12.4人だった。
5. 2000年にフォーチュン500企業の人事担当上級管理者を対象に実施した調査。結果は本書の初版で報告した。
6. ジェネシス・アドバイザーズのプログラムとコーチングのクライアント二社（フォーチュン100のヘルスケア会社とフォーチュン500の金融サービス会社）が実施した調査。両社ともパフォーマンスの改善については主観的な推定を用い、控えめな給与コスト基準にもとづきROIを推定している。2006年にグローバル・ヘルスケア企業が実施した調査は、移行プログラムまたはコーチングの参加者125名を対象としている。プログラム参加者のパフォーマンスは平均38%向上し、コーチングを受けた経営幹部のパフォーマンスは平均40%向上したとされる。推定投資収益率は1400%である。2008年に金融サービス会社が実施した調査は、「最初の90日」プログラムの参加者50名について、ブレイクイーブンポイントまでの期間がどれだけ速まったかを評価した。参加者によると、ブレイクイーブンポイントまでの期間は平均1.2カ月短縮された。このプログラムのROIを計算すると、給与コストのみを考えても約300%となった。
7. 2010年と2011年、ハーバード・ビジネススクールの二つの一般経営プログラム（GMP）グループの参加者を対象としたマイケル・ワトキンスの調査。未公表。

第一章

1. 2008年にIMDビジネススクールの関係人事担当リーダー1,350人を対象として実施した調査。Michael Watkins, *Your Next Move*（前掲書）で報告した。Boris Groysberg, Andrew N. McLean, and Nitin Nohria, "Are Leaders Portable?" *Harvard Business Review*

相談 212
相談・決定アプローチ 190
組織構造を設計 137
組織の状況 84
組織の設計者 134
組織のバランス 135
組織のビジョン 182
ソフト面のデータ 38

た行

チームの再編 164
チームのバランス 178
チームワークの強さ 170
チームを主導する 187
　～意思決定 189
チームを進化する 175
チームを評価する 166, 174
力の連合 204
直接話し合う 95
つながりを計画する 118
強み 21
手近な成果の罠 109
トッププレイヤー 257

な行

ネットワーク 22

は行

ハード面のデータ 38
バックアップ 177
パトス 213
パフォーマンス低迷 228, 242, 246
反対派 206
引き継いだチーム 164
非金銭的報酬 181
ビジョンステートメント 182
評価基準 167
不意討ち 128
フォーチュン五〇〇 xiii, 243
フォグランプ (FOGLAMP) 124
部下を評価 171
プッシュツール 178
プルツール 178
ブレークイーブンポイント xiv, 32, 76, 107, 163, 234, 241
プレッシャー 6, 135, 167, 228
　時間的な～ 128, 190
文化 13
文化規範 16, 85
文化の解説者 15, 25, 236
変革の波 107
変革を主導する 63, 123
便宜的な連携 206
妨害の輪 202
報酬 180
ポストの重要性 171

ま行

マズロー，アブラハム 21
マトリクス構造 134
学び方 21
味方づくり 217
味方の輪 200
メンタルモデル 173
目的と業績指標 179
問題の嗜好 18

や行

ヤーキーズ・ドットソン曲線 227

ら行

リーダーシップ開発システム 258
リスクマネジメント 112, 242
理想 168
流通業者 39
レビュー・ミーティング 99
ロゴス 213

キャリア 22, 137, 241
キャリアパス 96
業績連動報酬 181
共通の核 249
共通の言語 14
金銭的報酬 181
九〇日計画 98, 225, 229, 252
組み立て 212
グループ・ミーティング 217
グループ業績連動報酬 181
ケネディ，ジョン.F 182
現状診断 80
コアプロセス 139
　～のバランスをとる 153
コアミーティング 188
構造 139
　～を評価する 150
　文化を変えるために～ 158
構造化学習法 40
構造化プロセス 252
構造的内省 224
行動変革 126
コーチミーティング 252
コーチング 106, 126
顧客 38
個人業績連動報酬 181
個人的な規律 229
コンセンサス形成 190

さ行

採用システム 256
桟敷席に登る 232
挫折 129, 163, 241, 253, 256
サプライヤー 39
賛成派 206
シェイクスピア，ウィリアム 6
支援システム 233
支援ネットワーク 237
資源 89
自己管理 67
　～の三本の柱 228
自己啓発 96
仕事回避 227
仕事のスタイル 92
システム 137
社会的影響 215
集団学習プロセス 125
重要人物 209
主要課題の評価 230
順序づけ 217
状況の圧力 220
上司の期待 80, 85
昇進 3, 253
情報源 37
勝利の輪 202
初期の成果 80, 110
　～のプロジェクト 120
　～を見きわめる 113
職能 169
助言と相談のネットワーク 237
ジョンソン・エンド・ジョンソン 264
新任リーダー 12
信用を築く 116
スキップレベル・ミーティング 162, 177
スキルベース 139
　～を開発する 157
ストレス曲線 228, 233
ストレスとパフォーマンス 227
成功条件を交渉する 77
成功に報いる 69
政治カウンセラー 236
説得できる相手 208
ゼネラル・エレクトリック 43
潜在的な機能不全 225
漸進主義 216
選択形成 213
戦略的方向性 139
　～を定義する 143

■索引

英数

ROI 242
STARSポートフォリオ 61, 85, 90, 170
STARSモデル 55, 85, 192
　軌道修正 58
　急成長 58
　成功の持続 59
　立ち上げ 55
　立て直し 58
SWOT 44, 145
TOWS 146

あ行

相手を動かす戦略 211
アクション強制イベント 217
アクションにつながる理解 32
足を引っ張ろうとする人 23
新しい会社への転職 8
アリストテレス 212
アンバランス 140
移行 3
　～に失敗する理由 248
　～の悪循環 xvii
　～の落とし穴 xv, 135, 163
　～の好循環 xviii
　～のコスト 233, 241
　～のヒートマップ 246
　～のリスク xxii, 254, 258
　上級管理職の～ 242
移行加速システム 241, 258
　～のフレームワーク 247
移行加速のジレンマ 252
移行コーチ 251
移行コーチング 252, 255
移行支援 24
　～タイプに合わせて 253
　～リーダーの階層 254
　タイムリーな～ 250
移行リスクプロファイル 258
移行ワークショップ 245
意思決定 5
一対一の面談 217
五つの会話 81
　部下との～ 100
インセンティブ 134
　～の方程式 180
　グループの～ 158, 179
　個人の～ 158
インセンティブシステム 133, 182
インテグレーター 40
インボーディング 17, 50, 245
影響力 5
　～の図 205
　～の全体像 201
　～のネットワーク 202
　～の目標 200
エートス 213
オープン 137
オフサイト・ミーティング 125, 183
オンボーディング 11, 50, 245, 253
オンボーディングシステム 50, 247, 256
オンボーディングプロセス 40

か行

開発コーチング 254
外部のアナリスト 39
学習課題 33
学習計画 30, 46
　～のテンプレート 47
学習支援 49
学習の障害 30
仮想チーム 193
家族の移行 234
技術アドバイザー 22, 236
基本原則 110

本書内容に関するお問い合わせについて

このたびは翔泳社の書籍をお買い上げいただき、誠にありがとうございます。弊社では、読者の皆様からのお問い合わせに適切に対応させていただくため、以下のガイドラインへのご協力をお願い致しております。下記項目をお読みいただき、手順に従ってお問い合わせください。

●ご質問される前に

弊社Webサイトの「正誤表」をご参照ください。これまでに判明した正誤や追加情報を掲載しています。

正誤表　http://www.shoeisha.co.jp/book/errata/

●ご質問方法

弊社Webサイトの「刊行物Q&A」をご利用ください。

刊行物Q&A　http://www.shoeisha.co.jp/book/qa/

インターネットをご利用でない場合は、FAXまたは郵便にて、下記"翔泳社 愛読者サービスセンター"までお問い合わせください。
電話でのご質問は、お受けしておりません。

●回答について

回答は、ご質問いただいた手段によってご返事申し上げます。ご質問の内容によっては、回答に数日ないしはそれ以上の期間を要する場合があります。

●ご質問に際してのご注意

本書の対象を越えるもの、記述個所を特定されないもの、また読者固有の環境に起因するご質問等にはお答えできませんので、予めご了承ください。

●郵便物送付先およびFAX番号

送付先住所　〒160-0006　東京都新宿区舟町5
FAX番号　03-5362-3818
宛先　(株) 翔泳社 愛読者サービスセンター

※本書に記載されている会社名、製品名はそれぞれ各社の商標および登録商標です。

■著者紹介

マイケル・D・ワトキンス（Michael D. Watkins）

リーダーのキャリア移行を支援する移行加速の世界的エキスパート。フォーチュン500企業向けにオンボーディングと移行加速のソリューション、ワークショップ、コーチングを企画するリーダーシップ開発コンサルティング会社、ジェネシス・アドバイザーズ（www.genesisadvisers.com）の共同設立者。また、スイス・ローザンヌのIMDビジネススクールのリーダーシップ学教授として、上級管理者課程で教鞭を執る。ハーバード・ビジネススクールとハーバード・ケネディ・スクール・オブ・ガバメントの教授も歴任。経営幹部がうまく采配を振ってチームを主導し、組織を改革できるよう支援することに熱意を傾ける。また、リーダーシップと移行に関する多数の記事や書籍を単独または共同で多数執筆。邦訳に『予測できた危機をなぜ防げなかったのか？――組織・リーダーが克服すべき3つの障壁』（東洋経済新報社）など。

■訳者紹介

伊豆原 弓（いずはら ゆみ）

翻訳家。1966年生まれ。上智大学文学部英文学科卒業。訳書に『イノベーションのジレンマ』（翔泳社）、『奇跡の生還へ導く人』（新潮社）、『プログラミングの心理学』『パーフェクトソフトウエア』『アドレナリンジャンキー』『熊とワルツを』（以上日経BP社）などがある。

ハーバード流 マネジメント講座
90日で成果を出すリーダー

2014年3月17日　初版第1刷発行
2025年8月 5日　初版第7刷発行

著　者：マイケル・ワトキンス
訳　者：伊豆原 弓
発行人：臼井 かおる
発行所：株式会社 翔泳社（https://www.shoeisha.co.jp）
DTP＆編集協力：有限会社風工舎
印刷・製本：大日本印刷株式会社

ISBN978-4-7981-3550-2　　Printed in Japan

Harvard Business School Press

ハーバード・ビジネス・セレクション・シリーズ

http://www.shoeisha.com/book/hp/harvard/

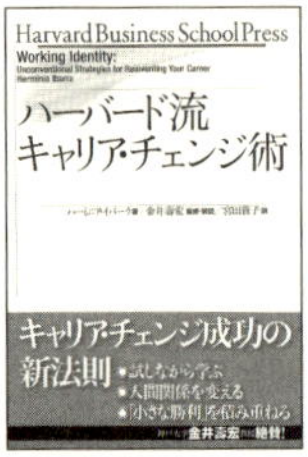

ハーバード流 キャリア・チェンジ術

ハーミニア・イバーラ著、金井壽宏監修・解説、宮田貴子訳
定価：2,200円＋税、ISBN978-4-7981-0386-0

キャリア・チェンジ成功の新法則

自分のやりたいことは別にあるのではないか。いまさらキャリアを変更することなど可能なのか。本書ではさまざまな状況においてキャリアの転換を試み、成功した39人の例をとりあげ、真の自分にあった道を探すキャリア・チェンジの極意を紹介する。

隠れた人材価値

チャールズ・オライリー、ジェフリー・フェファー著、
長谷川喜一郎監修・解説、廣田里子、有賀裕子訳
定価：2,200円＋税、ISBN978-4-7981-0224-5

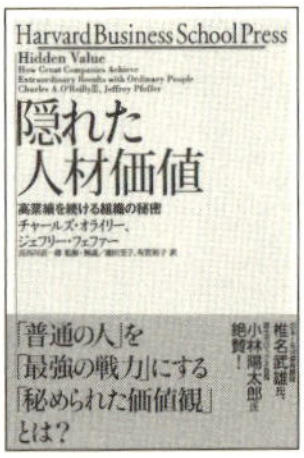

高業績を続ける組織の秘密

一見どこにでもいる平凡な人が働いているのに、驚異の高業績をあげ続けている企業がある。サウスウエスト航空やシスコシステムズが成し遂げられて、リーバイスができなかったことは何か――このミステリーを解く旅に出かけよう。

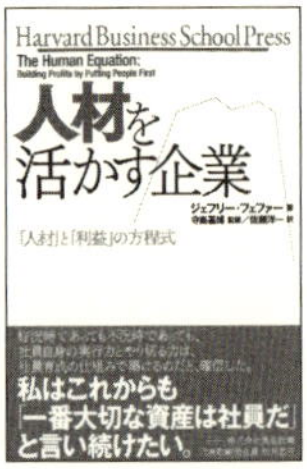

人材を活かす企業

ジェフリー・フェファー著、守島基博監修、佐藤洋一訳
定価：2,400円＋税、ISBN978-4-7981-2081-2

名著復刊！ 「人材」と「利益」の方程式

今、本当に必要なのは、働く人と企業との関係が契約の束へと向かいつつある状況を、信頼の束へと戻ることだ。本書は、広範なデータと企業事例から、人材重視の経営が最良の戦略であることに明らかにする。